에리우제나, 중세 조직신학의 선구자

에리우제나, 중세 조직신학의 선구자

발현과 회귀 개념을 중심으로

초판 발행 2025년 12월 22일

지은이: 김재현
펴낸이: 손영란

펴낸곳: 키아츠
주소: 강원도 화천군 간동면 용호길 33-13
이메일: kiatspress@naver.com
홈페이지: smartstore.naver.com/kiats
블로그: blog.naver.com/kiatspress
페이스북: www.facebook.com/kiatspress

ISBN: 979-11-6037-241-0(03230)

에리우제나, 중세 조직신학의 선구자

발현과 회귀 개념을 중심으로

김재현 지음

키아츠
KIATS

특별한 감사

이 책이 나오기까지 후원과 기도로 함께해 주신 분당중앙교회 최종천 담임 목사님과 성도님들께 깊이 감사드립니다.

분당중앙교회는 1991년에 다음과 같은 세 가지 목표를 갖고 시작되었습니다. 첫째, 역사와 성도를 의식하는 교회, 둘째, 인물을 키워 세상을 변화시키는 교회, 셋째, 성도들의 영적 건강을 책임지는 교회.

분당중앙교회는 교회 안에 인재양성원을 세워, 교회 내부의 성도들뿐만 아니라 교회와 직접 관련이 없는 신학 및 목회 분야의 외부 인물들을 지원해 왔습니다. 그 결과 다양한 교단 배경을 가진 100여 명이 넘는 신학자와 목회자가 한국 교회를 섬기는 데 기여했습니다.

제가 인재양성원의 해외신학생 지원 과정의 책임자로 장학생들을 선발하고 지원하는 일을 10여 년간 맡았던 것은 제 인생의 기쁨이었습니다. 이 과정을 통해 세계 신학계의 상황과 흐름을 파악하고, 유럽의 여러 역사 현장을 둘러볼 기회를 얻었습니다. 이는 저의 중세 연구에 도움을 주었고, 2004년 설립된 키아츠가 국제적인 시각을 갖추는 데 도움을 주었습니다.

분당중앙교회는 키아츠의 연구 사역에 언제나 든든한 후원자였습니다. 키아츠가 한국 기독교의 신앙 유산을 정리하는 틀을 갖출 수 있도록, 제가 박사학위를 받고 귀국한 시점부터 7년간 매년 3천만 원의 연구비를 지급해 주셨습니다. 2005년에는 키아츠가 한국 기독교 고전 시리즈의 첫 번째 책인 『만사성취』를 간행하도록 도와주셨습니다. 그리고 이번 책이 '분중신학총서' 지원 과제로 출간될 수 있도록 배려해 주셨습니다.

30년이 다 되도록 믿고 격려해 주신 최종천 목사님, 장로님들, 교우들께 깊은 감사를 드립니다. 분당중앙교회는 저에게 또 하나의 가족이었습니다.

2025년 12월 김재현

추천사

프린스턴신학교(Princeton Theological Seminary)에서 2003년에 제출된 박사학위 논문에서, 김재현은 중세 초 가장 종합적인 신학자 가운데 한 사람인 요한 스코투스 에리우제나(John the Scot, Eriugena)의 중심 사상 구조, 즉 '발현'(procession)과 '회귀'(return) 개념을 연구 주제로 삼았습니다.

김 박사는 이 도전적인 주제를 탁월하게 다루며, 에리우제나의 라틴어 원문을 그리스 신학의 배경 속에서 세밀하게 분석하고, 오늘날의 여러 언어로 축적된 방대한 연구 문헌을 함께 검토했습니다. 에리우제나의 주요 저작은 후대의 고전적 작품인 토마스 아퀴나스(Thomas Aquinas)의 『신학대전』(*Summa Theologiae*)과 같은 저술에 선행하는 위대한 작품으로 평가됩니다.

따라서 이제 책으로 출간된 김재현 박사의 이 인상적인 논문은, 후대 스콜라 신학(scholastic theology)과 체계적인 조직신학(systematic theology)의 핵심 요소를 조명하는 중요한 학문적 기여라 할 수 있습니다.

_폴 로렘, 박사과정 지도교수, 프린스턴신학교 중세교회사 명예교수

들어가는 말

서양 중세 기독교의 신학적 틀을 찾아서

이 책은 필자가 2003년 프린스턴신학교에 제출한 철학박사 학위논문을 한글로 풀어 보완한 것이다. 여기서 샤를마뉴 대제에 의해 촉발된 이른바 카롤링거 르네상스 시대에 기독교의 발전을 가장 잘 보여준 인물 중 한 명인 요한 스코투스 에리우제나의 신학을 집중적으로 조명하였다.

서로마 제국의 붕괴 이후, 서유럽은 오랫동안 '지식과 문화'의 단절과 쇠퇴를 경험했다. '무지의 시대'라 부를 정도로 침체의 시간을 보내고 있던 시대에 기독교가 유입되었고, 카롤링거 제국의 등장과 더불어 서유럽의 정치·사회뿐 아니라 종교와 문화 전반에 걸쳐 중대한 변화가 시작되었다. 신성로마제국이라는 명칭이 의미하듯 강력한 제국과 로마 기독교의 결합은 정치적·종교적 안정을 넘어 서유럽 사회 전반에 걸친 신학적·문화적 르네상스를 일구어냈다.

이 시기 기독교는 교회 제도의 발전과 선교 차원의 확장에 그치지 않고, 신앙생활과 신학 사상에서 주목할 만한 발전을 이루었다. 이러한 역사적·사상적 결합과 발전 양상을 '카롤링거 시대의 기독교적 조합'이라 부른다. 특히, 에리우제나는 이러한 조합의 신학적 정점을 상징하는 인물로, 그의 사상을 '에리우제나의 종합'이라 지칭하는 것도 당연해 보인다. 에리우제나의 신학은 카롤링거 르네상스가 기독교 전통 안에서 어떠한 신학적 열매를 맺었는지를 잘 보여주는 상징적 사례이며, 이후 중세 기독교 사상의 형성과 발전에도 적지 않게 기여했다.

중세 초기, 카롤링거 시대 신학자들은 치열한 논쟁과 저술 활동을 통해 신학 전반에 걸친 다양한 주제를 섭렵하였다. 하나님과 삼위일체론을 비롯하여 예정론과 자유 의지, 예전과 성례전, 정치와 종교의 관계 등 폭넓은 주제가 논의되었다. 특히 중세 기독교 사상의 중요한 두 개의 축인 아우구스티누스와 위-디오니시우스에 관한 연구도 활발히 이루어졌으며, 합리적이고 논증적인 신학뿐 아니라 신플라톤주의에 기반한 신비주의적 요소도 더 깊이 수용되었다. 신성로마제국과 비잔틴 제국 사이의 역사적 맥락을 반영하듯, 비잔틴 신학과 서방 신학 간의 사상적 조화를 모색하려는 시도 역시 등장했다. 에리우제나는 이러한 복합적이고 분주한 신학적 상황을 가장 잘 보여주는 대표적인 신학자라 할 수 있다.

이 책에서 필자의 주된 관심은 12-13세기 스콜라 신학자들에 의해 본격적으로 전개된 체계적 신학의 구조가 어디에서 발원되고 어떤 과정을 거쳐 발전해 왔는지를 찾는 데 있다. 즉, 오늘날 조직신학이라고 불리는 신학 구조가 중세의 어느 시점에, 또한 어떤 신학적 맥락에서 형성되었는지를 묻는 것이다. 이 책에서 다룬 에리우제나의 '발현과 회귀' 개념은 바로 이 시기에 등장한 대표적인 신학 구조로, 창조론, 인간론, 죄론, 구속론, 종말론과 같은 주요 조직신학 주제들이 이 개념 안에서 전개되었다.

에리우제나는 또한 이러한 논의를 통해 성경에서 출발한 교부 신학의 유산이 어떻게 틀을 갖추어 나가고, 재해석되었는지를 보여준다. 에리우제나의 신학 작업은 위-디오니시우스와 고백자 막시무스의 사유를 바탕으로 전개되며, 이를 통해 비잔틴 기독교와 서방 기독교 간의 사상적 교류와 해석의 통로를 명확히 보여준다. 이 시기 기독교 신학 연구는 주로 훈고학적 주석과 해석을 중심으로 진행되었지만, 비잔틴 기독교는 신학적 기반이 상대적으로 취약했던 서방교회에 주요 신학 개념과 구조를 제공하였다. 이 과정에서 초기 교부들의 연구와 관련된 방대한 문헌과 사상적 논의가 축적되었고, 이는 중세 중기 이후의 스콜라주의 발전에 중요한 토대를 제공하였다. 더욱이, 이들의 신학적 작업은 단지 교회 내부에만 영향을 미친 것이 아니라 중세 사회 전반에도 일정한 신학적·문화적 파급력을 행사하였다.

중세 연구의 여정

나의 중세 연구는 1990년대 초 서울대학교 대학원 재학 시절부터 시작되었다. 개신교 신앙을 갖고 성장해 온 내게 중세는 낯설게 느껴졌지만, 중세에 대한 관심은 매우 자연스러운 물음에서 출발했다.

'내 삶과 신앙의 중요한 토대였던 기독교 전통을 따르는 사람들이 왜 중세에 대해서는 거의 관심을 갖지 않을까? 사람들은 왜 중세를 '암흑기'라 부를까? 중세인들이 정말 무지했던 것일까, 혹시 우리가 그들에 대해 무지한 것은 아닐까?'

기독교 2천 년의 역사에서, 아우구스티누스로부터 16세기 종교 개혁가들에 이르는 약 1천 년의 시기를 건너뛴 채 제대로 된 기독교 역사를 이해하는 것은 불가능해 보였다. 나무의 나이테에 단절이 없듯이, 역사와 신앙의 흐름에 단절을 찾기 어렵기 때문이다.

대학원 석사 과정 시절, 나는 중세 기독교의 대표적인 신 존재 증명에 관한 논문을 제출했다. 존재론적 신 존재 증명의 대표자인 성 안셀무스, 우주론적 증명의 상징인 토마스 아퀴나스, 그리고 이 두 방법의 조화를 시도한 둔스 스코투스를 중심으로 스콜라 사상의 형성과 논리 구조를 중세 인물들의 문헌과 사상에 근거해 분석하였다. 이후 총신대학교 신학대학원에서는 졸업논문으로 중세 시대의 반유대교 운동을 다루었다. 이 논문에서는 예수를 죽인 민족이라는 낙인을 안고 살던 유대교인에 대해, 중세 기독교가 지배 종교로서 어떻게 그들을 통제하고 억압했는지를 살펴보았다.

미국 하버드대학교 신학대학원 재학 중에는 졸업논문 두 편을 규정에 따라 제출하였다. 하나는 사막 교부들의 삶과 그들의 성경 해석을 다룬 것이고, 다른 하나는 중세 여성 신비주의자 빙엔의 힐데가르트의 라틴어 설교를 분석한 논문이었다. 사막 교부들에 대한 관심은 이후 중세 영성 연구로 이어졌으며, 오늘날 키아츠의 기독교 영성 시리즈 편찬 작업으로 확장되었다. 한편 힐데가르트 연구는 중세뿐 아니라 기독교 역사 안에서의 여성들의 삶과 활동에 대한 지속적인 관심의 출발점이 되었다.

프린스턴신학교 박사과정에서는 이 책의 배경이 된 신학자들, 위-디오니시우스, 아우구스티누스, 고백자 막시무스, 에리우제나를 깊이 있게 연구할 수 있었다. 이 시기에 아우구스티누스 연구의 권위자인 피터 브라운(Peter Brown) 교수와 위-디오니시우스 전문가인 폴 로렘(Paul Rorem) 교수의 지도를 받았다. 박사과정 첫 학기에 지도교수와 동료들과 함께 에리우제나의 『천상의 위계에 대한 주석』(Expositiones in hierarchiam coelestem)을 라틴어 원전으로 함께 읽고 토론하였다. 이 수업을 통해 나는 오래전부터 품어온 질문을 다시 마주하게 되었다.

'중세 스콜라 사상의 정교한 신학적 틀은 어디에서 유래했는가? 12세기의 신학적 부흥을 예비한 사상적 선 모델은 없었을까?'

그 질문에 대한 힌트를 나는 카롤링거 기독교의 신학적 발전, 그리고 그 중심에 있었던 요한 스코투스 에리우제나에서 찾게 되었다. 이 책은 바로 그 연구 여정의 작은 결과물이다.

책의 구성

총 여섯 개의 장으로 구성된 이 책에서 에리우제나가 발현과 회귀 개념을 사용해 어떻게 신학 전체를 구성하는 틀을 형성하는지 살펴보려

한다.

제1장에서는 전체 연구 개요와 더불어, 초기 기독교 전통 속에서 발현과 회귀 개념의 등장을 고찰하겠다. 몇몇 예로, 최초의 조직 신학자라 불리는 오리게네스, 비잔틴 기독교 전통에서 '신학자'라 불리는 세 인물 중 한 명인 나지안주스의 그레고리우스, 그리고 신플라톤주의와 기독교 신앙을 연결하는데 기여한 프로클루스를 살펴보겠다. 이어서 이 책의 중심 인물인 에리우제나의 생애와 주요 저작을 소개하고, 그의 신학의 핵심 구성 원리들을 살펴보겠다. 특히 그의 사상을 이해하는 데 중요한 몇 가지 개념인 변증법과 분석법, 부정신학과 긍정신학, 은유와 상징, 대립성과 조화에 주목하려 한다.

제2장에서는 에리우제나에게 깊은 영향을 끼친 두 인물, 위-디오니시우스와 고백자 막시무스가 자신들의 저작에서 발현과 회귀 개념을 어떻게 전개하는지를 분석하겠다. 위-디오니시우스의 경우, 그의 다섯 편의 저작, 『신비신학』, 『신의 이름들에 관하여』, 『천상의 위계』, 『교회의 위계』, "편지"를 중심으로 발현과 회귀 논의를 살펴보겠다. 고백자 막시무스에 대해서는 그의 주요 저작들을 통해 에리우제나와 연결되는 신학적 개념들, 특히 다섯 가지 분리와 통합, 창조론, 인간론, 기독론, 신화 개념을 중심으로 발현과 회귀 개념이 어떻게 정교화되는지를 고찰하겠다.

제3장에서는 에리우제나의 발현 개념을 살펴보겠다. 먼저 발현과 회귀 개념의 사상적 기원을 분석하고, 디오니시우스와 막시무스의 영향 아래 에리우제나가 이를 어떻게 수용하고 재구성했는지를 고찰하겠다. 다음으로 에리우제나 사상에서 발현이 구체적으로 드러나는 세 가지 주요 양상, (1) 하나님 안에서, (2) 하나님으로부터의 창조, (3) 신현과 언어를 중심으로 그의 논의를 살펴보겠다.

제4장에서는 발현과 회귀의 변증법적 전환점에서 에리우제나가 규정한 인간과 그리스도의 역할을 살펴보겠다. 발현과 회귀 구조 안에

서 인간은 소우주로서 독특한 위치를 차지하며, 그리스도는 그 구조의 결정적 전환점으로 자리한다. 여기서는 에리우제나의 인간론과 기독론을 상징적 독해와 변증법적 통합이라는 이중적 틀 안에서 분석하겠다. 특히 벌레에서 불사조로 이어지는 '벌레 그리스도론'과 웃시야 왕의 성전 건축 본문을 배경으로 한 '모퉁잇돌'에 대한 해석은 그의 독특한 성경 해석의 예를 잘 보여줄 것이다.

제5장에서는 발현의 완성으로 제시되는 회귀 개념을 중심으로 에리우제나의 신학 구조를 고찰하겠다. 회귀는 단순한 귀환이 아니라 신화를 통한 존재의 재통합이며, 에리우제나에 있어 창조의 목적이자 구원의 완성이다. 에리우제나는 이를 일반 회귀, 특별 회귀, 신화라는 삼중 구조로 정리하고, 다양한 성서 해석과 상징체계를 통해 풀어낸다. '이중 회귀', 즉 일반 회귀와 특별 회귀를 설명하면서 에리우제나가 활용한 낙원과 생명나무, 등잔과 양초, 열 처녀의 비유는 성경 본문에 대한 그의 창조적 해석의 예를 잘 보여줄 것이다.

제6장의 결론에서는 에리우제나의 사상이 이후 중세 신학에 끼친 영향을 간략히 조망하겠다. 그의 동시대인들이 에리우제나 사후 어떻게 그의 사상에 관심을 가졌는지, 그리고 12세기 이후 그의 사상의 부흥과 생 빅토르의 휴와의 연관성과 스콜라 사상에서의 조직신학으로의 발전 가능성을 중심으로 에리우제나 사상이 중세 신학의 기초를 어떻게 마련했는지를 살펴보겠다.

아쉬움 속의 기대

철학박사 학위논문을 제출한 지 20년이 넘어서야 한글로 다듬어 책을 내게 되었다. 영어로 쓰인 논문을 한글로 다듬는 일은 또 한 권의 책을 쓰는 것 같은 인내와 열심을 요구한다. 30대 젊은 시절의 열정을 온전히 담아내지 못했지만, 그때 지니지 못한 생각과 관점을 더 깊고 여유롭게 살펴볼 수 있었다. 이 과정에서 느낀 몇 가지 아쉬움과 기대를 담아보고자 한다.

학위논문은 특정 주제를 논증하기 위해 깊이 파고들지만, 학자층을 넘어 일반 독자들을 위해 친절하게 설명해 주지는 못한다. 특히 한국 기독교인들에게는 낯선 서양 중세의 이야기를 가독성 있게 풀어내기보다는 중세 라틴어 문헌에 기초해 신학적 논의를 전개하는 이 책은 말할 것도 없다. 필자의 논지를 증명하기 위해 인용한 교부들과 중세 신학자들의 압축적인 구절을 독자들이 쉽게 이해하기는 어려울 것이다. 책에 담긴 중세 신학과 영성을 잔잔히 풀어내는 일은 다음 기회로 미루고, 대신 독자들이 책의 논지를 무난하게 따라오도록 생소할 수 있는 각주를 대폭 줄였다. 이 주제에 관심이 더 있는 독자들은 부록에 담긴 참고문헌을 활용하기 바란다. 또한 이 책은 이 분야의 최근 학문적 논의를 많이 포함하지 못했다. 에리우제나 연구의 국제적인 학술모임은 1970년에 시작되어, 50년이 넘는 세월 동안 많은 연구자들이 관련 논문을 발표하고 책을 간행해 왔다. 필자의 논문이 에리우제나의 원전에 기초한 작업이었고 학위논문을 제출할 당시 이 분야의 중심 주제는 거의 다루어진 상태였다. 이후 학자들의 계속된 연구는 다음 기회에 보완하기를 소망한다.

인문학은 세월의 경험이란 보약을 먹고 내면이 깊어진다. 필자를 가르친 스승들에게 큰 영향을 끼친 예일대학교의 야로슬라프 펠리칸(Jaroslav Pelikan)은 동방과 서방 기독교의 상호 이해를 강조하며 기독교 전통의 역사를 다섯 권의 책으로 기술했다. 필자가 학위를 받은 후 진행해 왔던 한국 가톨릭과 개신교 문헌 연구는 서양기독교와 동양기독교, 특히 한국 기독교와 세계 기독교의 상호 소통에 많은 시사점을 제공해 주었다. 이에 더해 지금까지 한국인으로 신학함의 의미를 강조해 온 필자는 한국에서 서양 중세에 관한 일반적인 연구가 좀 더 확대되고, 한국의 기독교인들과 개신교인들이 그동안 간과됐던 중세가 주는 값진 통찰력과 혜안을 얻고 오늘날 우리의 삶과 신앙생활에 활용하기를 소망한다. 그래서 언젠가는 한국과 서양의 기독교 문헌들을 나란히 펼쳐두고 한국인으로 주체적인 신학을 갖추고, 세계 기독교에 동반자로 기여하기를 꿈꾼다. 그런 소망을 마음에 두고, 이 책을 통한 기대를 아래 몇 가지로 담아보겠다.

첫째, 위-디오니시우스 전통이라 불리는 중세 사상사의 잊힌 한 축을 새롭게 조명하는 작업이다. 중세 기독교는 아우구스티누스 전통과 위-디오니시우스 전통이 두 축을 이루어 발전해 왔다. 그런데 한국 기독교에서는 위-디오니시우스 전통에 대한 이해가 상대적으로 빈약하다. 필자는 이 책에서 시리아 수도사로 추정하는 위-디오니시우스 신학뿐만 아니라 비잔틴 기독교의 대표적인 학자인 고백자 막시무스와 비잔틴 기독교와 서방 기독교의 조합을 꿈꾼 에리우제나를 살펴보았다. 쉽게 말해, 아우구스티누스와 쌍벽을 이룬 또 하나의 중요한 신학 사상의 흐름을 다루었다. 디오니시우스 전통은 중세 기독교의 예전과 봉건주의 제도뿐만 아니라, 중세 영성과 신비주의의 근간이었다. 이런 맥락에서 이 책은 균형 잡힌 중세 기독교에 대한 이해를 도와줄 것이다.

둘째, 한국 기독교인들이 이성과 신앙의 균형을 인식하고 추구하는 일이다. 에리우제나는 일곱 가지 자유학예에 기초하여 이성과 신앙의 조화를 강조했고, 신플라톤주의와 기독교의 대화와 조합을 자신의 저서에서 잘 보여주었다. '에리우제나의 종합'이라 불리는 이런 자세는 극우화된 한국의 많은 기독교인들이 익숙한 관습과 교단의 틀에서, 즉 자기만의 신앙적 동굴에서 벗어날 좋은 기회를 만들어주기를 바란다. 한국인들은 바울이 사도행전에서 언급한 아테네 시민들만큼 종교성이 강하고, 확증 편향적 보수적 신앙에 얽매여 있는 경우가 많다. 우리가 지녀온 보수적 가치를 소중히 지키는 것도 중요하지만, 이성과 상식의 힘을 빌려 우리를 되돌아보는 것 역시 중요하다. 나아가 에리우제나는 이성과 신앙의 조화를 통해 이미 확립된 전통을 단순히 수용하는 것을 거부하고, 신학에 대한 끊임없는 질문을 제기하고, 기존의 신학적 단어가 그런 질문에 답할 수 없을 때 새로운 단어와 개념을 주저 없이 만들어냈다. 이는 관습적 전통에 강한 한국 기독교에 큰 교훈이 될 수 있을 것이다. 한국 기독교가 지금이야말로 새로운 사상과 자세로 지금 마주하는 어려움을 극복할 수 있을 것이라 믿기 때문이다.

셋째, 풋풋한 중세의 영성이 피폐한 현대인들에게 새로운 삶의 의미를 부여하는 일이다. 20세기에 중세에 대한 관심이 증대된 이유는 자본주의와 결탁한 현대 기독교의 한계도 한몫했다. 자본주의와 개인주의에 지친 영혼들은 관습화되고 관념화된 종교에서 큰 위로를 받지 못했다. 인간은 종교적 동물이라고 주장한 미르시아 엘리아데의 주장을 반복하지 않더라도, 종교적 영성은 여전히 인간에게 의식주 못지않게 중요하다. 그런 의미에서 중세, 특히 중세 영성과 신비주의는 현대인들에게 여전히 매력적인 신앙적 복음자리를 제공할 수 있다. 21세기 들어 후기 기독교 사회를 급격히 넘어 탈 기독교 사회로 진입한 한국인들에게도 마찬가지이다. 세계 교회사에 유례가 없을 정도로 분화되고 분열된 한국 기독교가 에리우제나가 말한 '발현'의 끝자락에서 그리스도의 자기 비하와 인간 본성의 의미를 재발견하여 이제는 모든 분열과 구분을 넘어 참된 하나님을 찾아 나서야 할 시점이 아닐까? 달리 말하면, 이제 한국 교회가 회귀의 여정을 시작할 시간이다.

감사의 말

이 논문을 제출한 지 20년이 지난 지금까지도, 중세 연구 과정에서 스승들이 베풀어주신 관심과 격려는 변함이 없었다. 학위과정 시절 관심을 가진 주제들은 2003년 학위를 받고 한국으로 귀국한 후 몇몇 논문과 책으로 간행되었다. 이 모든 과정에서 세 명의 스승이 나의 학문적 여정 전체에 큰 영향을 끼쳤다.

하버드대학교의 비벌리 킨질리(Beverly Kienzle) 교수는 유학 초기 내가 영어권에서 다양한 언어적 기반을 다지는 데 큰 도움을 주었으며, 중세 성서 해석과 여성 연구라는 새로운 지평으로 인도해 주었다. 필자는 지금도 킨질리 교수와 함께 힐데가르트 관련 연구 발표에 참여하고 있다. 펜실베이니아대학교의 앤 매터(Ann Matter) 교수는 중세 기독교 문헌, 특히 라틴어 사본학과 고문서학 분야에서 깊은 통찰을 제공해 주었는데, 그 가르침은 이후 내 연구에 중요한 기반이 되었다. 프린스턴신학교의 폴 로렘(Paul Rorem) 교수는 박사 논문 지도교수로서 내가 긴장감을 잃지 않도록 항상 지적 자극을 제공했으며, 에리우제나 연구의 방향을 견고히 세우는 데 결정적 역할을 했다. 로렘 교수는 박사과정 수업에서 같이 읽었던 에리우제나의 자료에 관한 책을 2005년 Eriugena's Commentary on the Dionysian Celestial Hierarchy로 출간하였다. 이번 필자의 책을 위해서도 기꺼이 축복의 인사말을 더해 주셨다.

프린스턴신학교와 프린스턴대학교에서 함께한 동료 연구자들과 교수들 역시 나의 연구 과정에서 소중한 자극과 비평을 주고받았다. 특히 피터 브라운(Peter Brown), 그리고 지금은 작고한 앤드류 월스(Andrew Walls) 교수 같은 학계 원로들이 남긴 한마디 한마디는 시대를 초월한 학자 정신을 보여주었고, 나 스스로 학문을 접하는 태도를 성찰하는데 길잡이 역할을 했다.

프린스턴신학교의 당시 박사과정 디렉터였던 캐서린 자켄펠드(Katharine Sakenfeld) 교수와 행정 직원들은 연구에 필요한 환경을 적극적으로 조성해 주었다. 다양한 학회 발표를 위한 재정 지원과 프로그램 역시 이들의 보이지 않는 수고 덕분이었고, 내가 파리 국립도서관(Bibliothèque nationale de Paris)에서 중세 필사본을 연구할 수 있도록 배려해 준 것도 그들이었다. 미네소타 주의 에이치엠엠엘(HMML, Hill Monastic Manuscript Library)에서 제공한 핵맨 장학금은 디오니시우스를 비롯한 중세 신학자들의 필사본 연구를 가능하게 했고, 델라웨어 밸리 중세학회(Delaware Valley Medieval Association) 장학금은 영국 리즈 중세학회(Leeds Medieval Conference)에서 연구 성과를 발표할 기회를 제공했다. 또한 분당중앙교회 최종천 목사는 교회 내의 인재양성원을 통해 유럽의 중세 관련 역사 현장을 직접 답사하고 학문적으로 살펴볼 수 있는 여건을 만들어주었다. 이 책의 출간도 분당중앙교회의 재정 지원으로 시작되었다.

무엇보다 소중한 가족의 존재는 언제나 힘든 연구 과정의 동력원이자 위안이었다. 지금은 작고하신 어머니 김순임 권사는 생전에 가장 큰 기도 후원자였고, 사랑으로 내 삶을 이끌어주었다. 아내 손영란은 대학 시절부터 지금까지 삶과 학문의 길을 함께 걸어온 내 동반자였다. 그녀는 컬럼비아대학에서 학업을 병행하면서도 세 아이를 돌보며 내 박사 논문이 4년 만에 완성될 수 있도록 헌신했다. 유학 시절뿐 아니라 그 이후에도 나의 가장 큰 기쁨은 세 자녀인 명준, 승준, 준이이다. 이렇게 이 책은 수많은 이름과 기억들 속에서 쌓여온 시간의 총합이자, 공동의 작업에 가까운 결과물이다. 이 모든 이들의 손길이 없었다면 오늘 이 책은 존재할 수 없었을 것이다. 이 책의 편집 작업을 함께 해 준 키아츠의 류명균 팀장과 박송화 디자이너에게도 감사를 드린다.

차례

약어

CCCM Corpus Christanorum, Continuatio Mediaevalis. Turnhout: Brepols.

CCSG Corpus Christanorum, Series Graeca. Turnhout: Brepols.

CCSL Corpus Christanorum, Series Latina. Turnhout: Brepols.

CSEL Corpus Scriporum, Ecclesiasticorum Latinorum. Wien: Österreichische Akademie der Wissenschaften.

CD Corpus Dionysiacum. Berlin; New York: de Gruyter, 1990-1991.

PG Migne, J.-P. (ed), Patrologiae cursus completus, Series Graeca. Paris [reprint Turnhout: Brepols]

PL Migne, J.-P. (ed), Patrologiae cursus completus, Series Latina. Paris [reprint Turnhout: Brepols]

SC Sources Chrétiennes. Paris: Les Éditions du Cerf.

SM Studi Medievali

SP Studia Patristica

제1장

초기 기독교 역사의 발현과 회귀, 에리우제나

1. 프롤로그

인간의 기원과 운명에 대한 질문은 기독교 신학과 역사에서 중심적인 주제이다. 기독교 신학에서는 이를 창조와 타락, 그리고 구속과 회복이라는 범주로 나누어 논의하는 것이 일반적이다. 이러한 개념들은 중세 기독교, 특히 스콜라 신학에서 핵심적인 주제를 형성하였다. 스콜라 신학은 이성과 철학의 역할을 이전보다 강조하면서, 오늘날의 용어로 표현하면 조직신학적 체계를 형성해 나갔다.

그러면 스콜라 신학이 등장하기 이전에는 창조, 구속, 종말론 같은 주제들은 어떤 용어와 구조를 사용해 전개되었을까? 예를 들어, 중세 유럽 기독교의 틀을 형성했던 카롤링거 신학에서는 '발현'(processio)과 '회귀'(reditus)라는 개념과 구조를 사용하였다. 이 책에서 발현으로 번역한 '프로케시오'(processio)는 본래 '앞으로 전개됨' 혹은 '진전'을 뜻한다. 이는 창조 당시 하나님으로부터 비롯된 모든 피조물이 구분되고 확장되는 과정을 가리키며, 하나님의 섭리에 따라 세계가 전개되는 모습을 반영한다. 반면, 회귀를 뜻하는 '레디투스'(reditus)는 '되돌아감'을 의미하는데, 이는 구속의 전환점과 종말론의 단계를 통해 인류가 창조된 원천, 곧 근원인 하나님으로 다시 돌아가는 역전된 과정을 의미한다.

중세 기독교에서 발현과 회귀 개념은 로마서 11장에 나오는 바울의 고전적인 선언에서 출발한다. "만물이 주에게서 나오고, 주로 말미암고, 주에게로 돌아가나니"(롬 11:36).

이후 기독교 신학이 형성되면서 초기 기독교의 카파도키아 교부들과 위-디오니시우스를 비롯한 신학자들이 이 개념을 발전시켰다.

또한 신플라톤주의자들은 유사한 개념을 철학적으로 빈번히 사용하였으며, 몇몇 초기 기독교 신학자들은 신플라톤주의 사상을 활용하여 발현과 회귀 개념을 더욱 정교하게 다듬어 활용하였다. 에두아르 조노(Édouard Jeauneau)와 폴 로렘은 오리게네스에서 토마스 아퀴나스에 이르는 시기에 신학자들이 신플라톤주의 사상을 어떻게 이해해 왔는지를 잘 개관해 주었다.[1]

중세 초기와 중기에 활동한 조직 신학자들은 창조 신학과 인간의 종말론적 비전을 형성하는 데 중요한 기여를 했다. 그렇다고 이러한 개념이 신학자들만의 전유물은 아니었다. 당시 일반 그리스도인들이 발현과 회귀 개념을 학문적으로 깊이 있게 이해하지 못했을지라도, 신앙생활 전반에 걸쳐 그러한 개념을 체험하고 표현하였다. 중세인들은 창조에서 종말에 이르는 주제를 회화, 건축물, 채색된 필사본, 전례, 모자이크, 교회 구조물에까지 깊게 새겨 넣었다. 이러한 맥락에서 발현과 회귀 개념의 역사적이고 신학적인 발전 과정을 추적하는 작업은 중세 기독교와 지성사를 이해하는 데 유용하고 흥미로운 통찰력을 제공할 수 있다.

필자가 이 책에서 주로 다루는 위-디오니시우스, 고백자 막시무스, 그리고 에리우제나는 초기 중세 시대에 발현과 회귀 개념을 신학적이고 철학적으로 탐구하며, 중세 기독교 신학의 발전에 유용한 틀을 제공한 인물들이다. 예를 들어, 스콜라 사상의 대표주자였던 13세기 토마스 아퀴나스(Thomas Aquinas)가 위-디오니시우스의 『신의 이름들』을 해석하는 방식을 보면, 위-디오니시우스의 저작들이 발현과 회귀라는 관점에서 자주 읽혔음을 알 수 있다. 실제로 위-디오니시우스의 중요한 기여는 신플라톤주의 사상을 기독교 신학과 창의적으로 결합한 것이다. 이 책에서도 그가 발현과 회귀라는 철학적 개념을 기독교 신학에 적응시킨 점에 주목하고 있다. 이후 고백자 막시무스에 이르러서는 이 개념이 더욱 구체화되어 기독교 구속사에서 우주론적 차원을 설명하는 데 체계적으로 적용되었다.

그러나 중세 유럽 기독교에서 발현과 회귀 개념을 보다 체계적이고 완전하게 발전시킨 인물은 카롤링거 왕조 시대를 대표하는 학자인 요한 스코투스 에리우제나였다. 에리우제나는 처음에는 고백자 막시무스의 저작을 통해 위-디오니시우스의 작품을 번역하고 주석했다. 그는 위-디오니시우스의 난해한 구절을 라틴어로 번역하고 이해하는 과정에서 막시무스의 위-디오니시우스의 해석을 유용하게 활용했다. 나아가 에리우제나는 초기 중세 유럽의 가장 위대한 신학자 중 한 명으로, 9세기 중반 카롤링거 왕조의 말기에 이르러 심화된 신학적 연구의 전형을 보여주었다.

8세기 '카롤링거 르네상스'라 불리는 기독교와 일반적인 문예 부흥의 발전과 전개 속에서 에리우제나는 중세 초기 기독교에서 유례없는 신학적 독창성을 여러 차원에서 폭넓게 펼쳐 보였다. 첫째, 에리우제나는 프로클루스(Proclus)를 포함한 신플라톤주의자들과 전설적인 신학자 위-디오니시우스로부터 발현과 회귀 개념을 받아들이고, 이를 깊이 소화하여 자신의 신학 체계로 발전시켰다.[2] 둘째, 그의 대표작인 『페리퓌세온』(Periphyseon)은 초기 중세 기독교 신학의 걸작 중 하나로 평가된다. 이 책은 토마스 아퀴나스의 『신학대전』(Summa Theologiae)을 예견하는 동시에, 그에 필적할 만한 신학적 깊이를 지녔다. 셋째, 에리우제나는 초기 교부들의 신학과 사상을 깊이 이해하고 충실히 따르면서도, 동방과 서방의 기독교 사상을 철학적이고 신학적으로 통합하여 일명 '에리우제나의 종합'이라는 명칭을 얻었다. 특히 발현과 회귀의 개념과 관련하여, 그는 선배 학자들의 신학적 논의를 창의적으로 재구성하며 발전시켰다.

제1장인 이 장에서는 에리우제나가 자신의 사상을 전개하면서 크게 의존한 위-디오니시우스와 고백자 막시무스의 발현과 회귀 개념을 간략히 살펴보고 신학적으로 분석하려 한다. 이는 이 개념이 이후 에리우제나의 저술과 해석에 어떻게 스며들었는지를 보여줄 것이다. 또한 다음 장에서 진행될 본격적인 신학적 분석을 위해 다음과 같은 몇 가지 예비적인 주제를 다루려 한다. 첫째, 초기 기독교에서 등장하는 발현과 회귀 개념의 몇 가지 사례를 검토하여, 이것이 어떻게 위-디오니시우스, 고백자 막시무스, 에리우제나로 이어지는지 고찰해 보겠다. 둘째, 이 책의 중심 인물인 에리우제나의 생애, 저술, 영향력에 대해 살펴보겠다. 셋째, 에리우제나의 주요 저서에 등장하는 네 가지 원칙을 중심으로, 그의 신학적 틀과 방법론을 형성하는 사상적 원칙들을 고찰해 보겠다. 넷째, 이 책의 이어질 중요 장들을 간략히 소개하면서 이 장을 마무리하겠다.

2. 초기 기독교에서의 발현과 회귀

초기 기독교의 몇몇 사상가들은 발현과 회귀 개념이 기독교 역사의 출발점에서 어떻게 발전해 왔는지를 보여준다. 이 개념이 디오니시우스, 막시무스, 에리우제나와 같은 후대 신학자들에게 중요한 영향력을 미쳤기 때문에, 오리게네스, 나지안주스의 그레고리우스, 그리고

프로클루스 같은 몇몇 중요 인물들을 살펴보는 것이 유익할 것이다.[3]

2.1. 오리게네스

기독교의 가장 이른 시기의 대표적인 학자인 알렉산드리아의 오리게네스(Origenes, c.185-c.253)는 자신의 주된 저서인 『첫 번째 원리에 대하여』(Περὶ Ἀρχῶν)에서 하강과 상승 개념을 논의하며, 발현과 회귀 개념의 초기 활용 사례를 보여준다. 기독교 신앙을 설득력 있게 철학적으로 제시하려고 했던 오리게네스는 하강과 상승 개념으로 인간의 기원과 종말을 설명했다. 그의 논의에서 하강과 상승 개념은 특히 하나님과 세상 간의 관계를 설명하는 세 가지 주제에서 두드러진다. 첫째, 하나님은 초월적인 창조자이시며, 둘째, 세상은 하나님의 창조물이고, 셋째, 모든 창조는 결국 하나님께로, 즉 원래의 창조로 복원된다.

『첫 번째 원리에 대하여』 제1장에 등장하는 다음 구절은 오리게네스가 '하강과 역행하는 상승' 개념을 어떻게 이해했는지를 단적으로 보여준다. "모든 것은 그들이 창조되었을 때의 완전함으로 회복되어야 한다. 모든 이성적 존재는 한 단계에서 다음 단계로 이동하는 과정에서 각 단계를 통해 나머지 모든 단계로, 그리고 모든 단계에서 각 단계로 이동할 수 있으며, 자신의 행동과 노력, 자유 의지의 능력을 사용하는 방식에 따라 진전과 역행의 다양한 이동을 겪을 수 있다" (I.6.3).

오리게네스는 모든 피조물의 존재 과정을 '천상에서 땅으로의 하강'과 '땅에서 천상으로의 상승, 즉 역행'이라는 개념으로 설명할 수 있다고 주장한다(II.7.1). 그는 하강과 상승이라는 용어를 사용하기를 선호하며, 하강이 상승보다 먼저 일어나는 과정으로 보았다. 여기서 하강 과정은 네 단계로 구성되며, 이는 『첫 번째 원리에 대하여』의 처음 세 장 전반에 걸쳐 비교적 일관되게 나타난다. 첫째 단계, 하강의 시작: 하나님 아버지와 세 개의 신성, 즉 삼위일체에서 비롯됨. 둘째 단계, 영혼과 지성 같은 이성적 존재로 확장됨. 셋째 단계, 별, 천사, 악마, 인간 같은 육체적 존재로 이어짐. 넷째 단계, 물질적 존재로 도달하며 마무리됨.

이러한 하강과 상승의 전체 여정은 하나님의 초월적 지성에서 출발하여, 그리스도와 성령을 통해 이성적 존재와 인간과 물질세계로 내려가는 과정을 포함한다. 오리게네스가 하강을 묘사하는 방식은 중요한 의미를 지닌다. 그는 하강을 다양성, 차이, 침잠, 즉 가라앉음의 개념을 사용해 설명한다. 그에 따르면, 하강이란 "하나님에 의해 처음 창조되었을 때의 원래 통일성과 조화에서 벗어난 운동과 퇴행의 다양성과 차이"를 뜻한다(II.1.1).

하강에 반대되는 상승에 대한 오리게네스의 설명에서 몇 가지 주목할 점이 있다. 첫째, 상승은 원래의 창조로 돌아가는 과정이며, 여기서는 마지막의 복원보다는 최초의 창조 자체에 더 강조점을 둔다. 둘째, 이 때문에 인간에 대한 형벌도 처벌 자체보다 자유 의지의 그릇된 사용을 훈련하고 교정하여 원초적 세계를 회복하는 과정과 더 깊이 관련된다(II.10.8). 육체에 대한 오리게네스의 관점 또한 상승 개념의 또 다른 좋은 예이다. 그는 육체가 상승함에 따라 점진적으로 더 정교해지며, 영원히 버려지는 것이 아니라 점점 더 순수하고 미세한 형태로 정화될 것이라고 설명한다. "육체는 그것을 입고 있는 자가 상승함에 따라 점진적으로 더 정교해지는데, 결국에는 상상할 수 있는 가장 가볍고 가장 가느다란 성질의 의복으로 정화될 것이다."[4]

오리게네스에 따르면 '가장 높은 선'은 가능한 한 하나님과 유사해지는 것이며, 결국 끝은 시작과 마찬가지로 영적이고 비물질적인 상태가 될 것이다(III.6.1). 그는 이 개념을 다음과 같이 요약한다. "끝은 시작의 형태를 따라 새롭게 된다." 이러한 관점에 기초해, 오리게네스는 바울이 말한 영적인 몸이라는 개념은 인간의 최종 운명이 결국 비물질적이거나 또는 영적인 본성에 도달한다는 것을 입증하는 데 사용된다고 주장한다(III.6.3).

비록 오리게네스의 저서의 논의가 반복적이고 구성이 다소 산만해 보이지만, 그의 사상에서 하강과 상승의 기본적인 구조는 비교적 명확하다. 나아가 우리의 관심사인 에리우제나 사상과의 유사성을 고려할 때, 오리게네스의 저술에서 다음 세 가지 점은 주목할 만하다. 첫째, 성부 하나님을 빛으로 묘사한 것, 둘째, 위계의 개념, 셋째, 하강과 상승에서 자유 의지의 역할.

오리게네스는 성부 하나님과 신성과의 관계를 설명하면서 하나님을 빛으로 묘사한다. "성부 하나님은 모든 지성적 존재 또는 정신이 유래하는 원천이다"(I.1.6). 오리게네스는 이러한 삼위 간에 또한 위계가 존재한다고 보았다. "아버지의 권능은 아들과 성령의 권능보다 크고, 아들의 권능은 성령의 권능보다 크며, 차례로 성령의 권능은 다른 모든 거룩한 존재의 권능보다 뛰어나다"(I.3.5). 이러한 위계적 관계는 하강과 상승 개념에도 그대로 적용된다. "하나님께 가까이 갈수록 우리는 더욱 완전해지고, 땅에 가까워질수록 우리는 더욱 물질적이며 완전성이 덜해진다"(I.6.2).

마지막으로, 오리게네스의 자유 의지의 역할은 하강 개념과 깊이 연관된다. 그는 자유 의지를 하강을 가속하는 결정적 요소로 보았다. 오리게네스에 따르면 자유 의지는 "발생과 다양성의 이유이며, 지상 세계와 천상 세계에서 모든 것의 창조를 의미한다." 그는 잘못 사용된 자유 의지는 이성적인 인간 영혼과 물질이 결합하여 감옥과 같은 상태를 초래한다고 설명한다. 모든 피조물은 자신의 의지에 따라 하강하거나 상승하며, 이 과정에서 '하나님의 사랑'이 중요한 역할을 한다. 하나님의 사랑이 인류의 자유 의지보다 강해질 때, 모든 창조된 영혼은 본래의 통일성과 완전성으로 돌아간다. 이러한 의미에서 상승은 하나님의 사랑과 인간의 자유 의지 사이의 변증법적 관계에서 비롯된다고 말할 수 있다. 그러나 흥미로운 점은 오리게네스의 설명에서 인간의 능동적인 역할과 그리스도의 구속적 역할을 분명하게 찾기는 어렵다는 것이다. 기독교 역사에서 '최초의 조직신학자'로 알려진 오리게네스, 신앙을 철학적 사유로 설명하려는 그의 선구자 같은 역할에도 불구하고, 기독교가 지금과 같은 체계적인 신학 형태를 옷 입기까지는 적지 않은 시간이 필요했을 것이다.

2.2. 나지안주스의 그레고리우스

지금의 튀르키예 지역에 속한 소아시아 출신 카파도키아 교부들은 오리게네스의 영향을 깊이 받았고, 자신들의 신학에서 신플라톤주의 경향을 더욱 발전시켰다. 예를 들어, 비잔틴 기독교에서 '신학자'의 칭호를 받은 나지안주스의 그레고리우스(329/30-c. 390)는 그의 대표작인 『신학적 연설들』(Θεολογικοὶ Λόγοι)에서 발현과 회귀의 철학적 개념을 신학적으로 적용하였다.[5]

나지안주스의 그레고리우스의 발현과 회귀 구조는 그의 『신학적 연설들』에서 사용된 세 가지 개념, 즉 '모네'(μονή, 머묾), '프로도스'(πρόοδος, 발현), '에피스트로페'(ἐπιστροφή, 회귀)에서 가장 분명하게 드러난다. 모든 존재는 하나님 안에 머물고(모네), 하나님으로부터 발현하며(프로도스), 다시 하나님께로 회귀한다(에피스트로페). 발현을 의미하는 프로도스란 첫 번째 원리인 하나님으로부터 다양한 형태와 결과가 발생하는 것을 의미한다. 프로도스의 마지막 단계에서 발현과는 반대되는 경로를 통해 이러한 결과와 형태가 다시 첫 번째 원리로 돌아간다.

여기서 모네, 프로도스, 에피스트로페를 움직이는 핵심 원리는 지혜와 조명이다. 발현 과정에서 하나님은 먼저 천사들에게 빛나는 기쁨과 지혜가 되고, 그다음으로 인간의 지혜가 된다. 회귀 과정에서는 인간의 지혜가 “천사 같은 지혜의 새벽”이 되어, 신성한 진리와 영적인 깨달음과 천상의 실체에 도달하는 첫 단계가 된다. 결과적으로, 인간 본성의 불투명함은 천사들의 영적인 빛으로 계몽되며, 이를 통해 하나님의 절대적 순수성에 이르게 된다(『신학적 연설들』 28:30).

시작, 중간, 끝과 같은 다양한 삼원적 공식, 즉 세 가지 요소가 하나의 구조를 이루는 개념은 머묾, 발현, 회귀라는 보편적인 삼원적 과정을 보여준다. 카파도키아의 다른 교부들과 마찬가지로, 그레고리우스는 기독교와의 융합 가능성이 더 큰 철학적 삼원 구조, 즉 ‘우시아’(οὐσία, 실체), ‘뒤나미스’(δύναμις, 잠재력), ‘에네르게이아’(ἐνέργεια, 현실성 혹은 활동)를 빈번히 사용한다. 이러한 개념을 통해 하나님은 ‘저 위에’ 계신 변하지 않는 계몽의 근원으로 묘사되며, 발현은 기독교 전통을 통한 계몽의 확산을 의미하고, 마지막으로 피조물은 점차 정화, 조명, 완성의 단계를 거쳐 창조주에게 다시 돌아간다고 설명된다. 여기서 계몽은 문맥에 따라 조명으로 해석하는 것이 문장의 이해를 높일 수 있다.

그레고리우스의 삼중 패턴에서 또 하나의 중요한 세 가지 요소는 하나님, 위계, 그리고 소우주이다. 그는 하나님을 ‘존재하는 자’로 묘사하는데, 이것은 하나님의 신성한 이름 중 가장 높은 개념이며 하나님의 가장 적절한 이름이다. ‘우시아’는 “하나님께 속한 것”을 의미하는 반면, ‘하나님’은 하나님의 창조물과의 관계를 나타낸다(29:11). 어원적으로 볼 때 하나님은 인간의 이해를 초월하며, 이름을 붙일 수 없는 존재이다(30:17).

그레고리우스는 ‘빛’과 ‘어둠’의 대조적인 개념을 사용하여 하나님과 악을 설명한다. 빛은 신성한 계시와 조명을 상징하며, 하나님을 나타내는 가장 일반적인 상징이다. 어둠은 악의 비물질성을 의미한다. 여기서 악의 비물질성이란 악은 ‘실체’(οὐσία)가 아니라 ‘부재’(ἀπο υσία), 즉 실제로 존재하지 않는 것이라는 의미를 담고 있다. 플라톤과 오리게네스의 전통을 잇는 이 사상은 악은 실체가 없다는 점에서 비물질적이며, 존재하지 않는 방식으로 존재한다는 신학적이고 형이상학적 논지를 담고 있다.

이러한 빛과 어둠의 개념은 닛사의 그레고리우스에게서도 잘 드러나 있다. 그는 『모세의 생애』에서 '신성한 어둠'을 묵상의 대상이자, 영혼이 부활의 마지막 단계에서 하나님께로 돌아가는 과정으로 설명한다.

"이는 보이지 않는 것 속에 있는 보이는 것이다. 왜냐하면 하나님을 '구하는 것'은 모든 지식을 초월하며, 일종의 어둠 속에 감춰진 것처럼 인간의 이해를 벗어나 있어서 모든 면에서 분리되어 있기 때문이다."[6]

나지안주스의 그레고리우스가 인간의 소우주적 특징을 활용한 것은 후대 신학자들의 사상과 좋은 연결고리이다. 소우주로서의 인간 개념은 고대 그리스 철학에서 중세 초기까지 중요한 개념으로 받아들였는데, 이는 인간이 우주 전체를 축약해 담고 있다는 사상이다. 그래서 우주는 하나님의 마음속에 있는 모델이고, '인간은 더 큰 실재를 반영하는 소우주'로서 모든 창조물의 대우주적인 특징을 내포하고 있다. 따라서 창조를 올바르게 이해하는 것은 창조주의 마음에 대한 지식과 인간의 역할을 제대로 이해하는 데까지 나아가는 것이다. 이 과정에서 하나님과 피조물 사이에는 인간을 매개로 해서 일정한 연속성이 존재한다.

그레고리우스가 특별하게 사용한 정화, 조명, 완성이라는 삼중의 상승 단계는 우주의 위계적 조화를 보여주며, 이는 후대, 특히 수도원 전통과 신비주의 영성과 신학에 큰 영향을 미쳤다. 쉘돈-윌리암스는 그레고리우스의 입장을 이렇게 정리한다. "상승의 세 단계는 신성한 본성 자체 내에서 서로를 확증해 주는 활동과 관련된다. 단순히 시간적으로 연속되는 것이 아니라 부정적인 측면과 긍정적인 측면이 함께 작용한다."[7] 그레고리우스는 또한 궁극적 진리를 향한 상승의 세 단계를 이교도, 유대인, 그리고 그리스도교인이라는 세 단계 인간 발달과 연결시켰다. 이 구조는 후대에 디오니시우스의 삼중 패턴, 즉 법적 위계, 교회적 위계, 그리고 천상의 위계를 구성하는 선 모델이 될 수 있다.

2.3. 프로클루스

플라톤과 플로티누스(Plotinus, 205-270)에게서도 발현과 회귀 구조를 발견할 수 있다. 예를 들어 플로티누스는 신플라톤주의의 개척자로 '일자'(ἕν)에서 출발하는 존재론적 구조와 영혼의 상승과 회귀 개념을 정립한 고대 후기 철학자이다. 플로티누스가 강조한 '개별적 영혼' 개념은 기존 플라톤주의 사상보다 더 개인적이고 덜 포괄적인 형태를 가지지만, 개별적 영혼은 그 근원에서 발현한 후 다시 근원으로 회귀한다.[8]

이후 프로클루스(Proclus, 410-485)는 신플라톤주의의 마지막 대표자이자 완성자로 평가받는데, 플로티누스의 삼위적 존재론을 보다 정교하고 체계적으로 발전시키면서 신학적이고 형이상학적인 구조로 확장시켰다. 당연히 그가 사용한 개념은 디오니시우스와 이후 사상가들에게 큰 영향을 끼쳤다. 발현과 회귀 개념과 관련해 프로클루스는 플로티누스와 그 이전의 이암블리쿠스(Iamblichus, 245-325)의 사상을 계승해 더욱 체계화하였다. 프로클루스는 특히 철학을 신학화하며, 발현과 회귀의 철학적 도구와 개념을 결과적으로 기독교인들에게 제공하는 역할을 하였다.[9]

스티글마이어(Stiglmayr)와 코흐(H. Koch)는 1987년 『위-디오니시우스 전집』 영어 비평본을 간행하면서, 디오니시우스가 프로클루스의 신플라톤주의에 상당히 의존하고 있음을 밝혀냈다. 그들은 프로클루스가 머묾, 발현, 회귀의 삼중 구조를 종교적 의미를 담아 형성했다고 주장했다. 이러한 프로클루스와 디오니시우스의 관계는 디오니시우스 저작의 연대를 추정하는 데 결정적인 단서를 제공했다. 하지만 디오니시우스의 연대기를 실제로 증명하는 데에는 프로클루스 이후 거의 1천 년의 세월이 더 필요했다. 이러한 연대기적 논의와 디오니시우스에 대한 전반적인 소개는 필자가 2022년 출간한 『위-디오니시우스의 신비신학』에서 접할 수 있다. 중요한 것은 프로클루스가 설명한 머묾, 발현, 회귀의 삼중 형식이 디오니시우스 전집의 중요한 배경을 형성한다는 점이다.

프로클루스는 그의 저서 『신학의 요소들』(Στοιχείωσις Θεολογική)에서 머묾, 발현, 회귀라는 삼중 구조를 광범위하게 설명하며, 이를 통해 신플라톤주의 형이상학을 체계적으로 정리하였다. 프로클루스가 제시하는 개념들은 하나-여럿의 관계, 원인들, 존재의 등급, 발현과 회귀, 자존적 존재, 시간과 영원, 인과의 단계, 전체와 부분, 원인과 결과 사이의 관계 및 가능태, 존재, 한계와 무한, 거룩한 헤나드, 지성, 영혼을 포함하고 있다.[10]

프로클루스의 사상에서 발현과 회귀라는 주제와 관련해 두 가지를 눈여겨볼 필요가 있다. 첫째는 머묾, 발현, 회귀라는 일반적 구조이고, 둘째는 이러한 개념들과 관련된 특정 용어에 대한 추가적인 설명이다. 더 구체적인 예를 그의 『신학의 요소들』의 명제 25-39번에서 찾을 수 있다. 이 부분의 외적 구조는 발현과 회귀의 명확한 틀을 보여준다. 명제 제25번부터 제30번까지는 발현의 다양한 측면을 다루고, 제31번부터 39번까지는 회귀를 다루고 있기 때문이다.

명제 제25번은 다음과 같은 진술로 시작한다. "완전한 것은 무엇이든지 자신이 만들 수 있는 것들을 생성하면서 나아가고, 그 과정에서 우주의 유일하고 근원적인 원칙을 차례로 모방한다." 이 명제는 플로티누스의 유출 법칙을 암시하며, 이는 '일자' 바깥에 있는 세상의 존재와 모든 피조물이 다시 '일자'로 돌아가는 과정을 설명한다. 명제 제26번은 "모든 생성 원인은 자신을 변함없이 유지한다"고 말하고, 명제 제27번은 "일자의 '완전함'과 '넘쳐흐르는 능력'"이 피조물들을 생성한다고 언급한다. 프로클루스는 생성하는 자(일자)와 생성된 것(피조물) 사이의 관계를 길게 논의한 후, 명제 제31번부터 회귀 개념을 본격적으로 다룬다. "어떤 원리에서 발현된 모든 것은 그 존재의 측면에서 자신이 발현된 근원으로 되돌아간다." 이러한 논리는 발현과 회귀가 신의 질서 안에서 필연적으로 연결되어 있음을 보여준다.

이 논리는『신학의 요소들』명제 제35번에서 가장 명확하게 드러나는데, 이 명제의 제목은 존재론적 원리의 핵심 개념을 잘 보여준다. "모든 결과는 그 원인 안에 머물며, 그 원인으로부터 발현되고, 다시 그 원인으로 되돌아간다." 프로클루스는 신플라톤주의적 세계의 세 가지 전개 과정을 하나의 삼위일체적인 통일체로서 설명한다. 곧 원인 안에 내재함(머묾), 원인으로부터 발현, 원인으로의 회귀다. 여기서 원인 안에 머묾은 원인 안에 존재하는 동일성과 소통을 나타내며, 발현은 그로부터의 차이와 구별을 뜻한다. 마지막으로 회귀는 동일성을 통해 차이를 극복하며 다시 원인으로 돌아감을 의미한다. 이 모든 과정은 "자신의 행복과 선에 대한 본능적 욕구, 그리고 그것의 근원, 즉 낳게 한 자를 향한 상승적 긴장" 속에서 이루어진다.

이러한 원인과 결과에 뿌리내린 논리적이고 변증법적인 구조는 프로클루스 철학의 기본 틀을 이룬다. 그의 발현과 회귀 개념은 논리적 원인과 결과의 관계에서 비롯되지만, 이 둘은 동시에 일어나며 서로를 보완한다. 또한 프로클루스는 후대 철학자들, 특히 디오니시우스와 에리우제나에게 뚜렷이 계승되고 확장되는 다양한 개념과 용어를 발전시켰다. 그 예로 '참여하다', '신', '헤나드들'(henads)와 '모나드'(monad), '선', '사중의 위계', '신성화하다', 그리고 다양한 형태의 삼중 구조를 들 수 있다.

『신학의 요소들』은 무엇보다 이론적이고 철학적인 저작이다. '신학'이라는 용어 자체도 플라톤의 용어를 따르는 것이며, 프로클루스의 모나드 및 신 개념에 대한 구체적 사용 역시 기독교 신학에 적용되기 이전에 철학적으로 명료하게 규정될 필요가 있다. 그러나 코흐가 자신의 저서에서 보여주었듯, 프로클루스의 다양한 용어에 대한 이해는 우리가 다음 장에서 살펴보게 될 디오니시우스에 관한 심층적 연구에 필수적이다. 프로클루스가 세계를 삼중 구조로 이해하는 것은 이후 기독교와 철학의 전개에 기반을 제공하기 때문이다.

2.4. 다른 예들

초기 기독교에서 발현과 회귀 개념을 보여주는 모든 신학자를 살펴볼 수 없지만, 몇몇 중요한 예를 언급하는 것은 가능하다. 아타나시우스(Athanasius), 암브로시우스(Ambrosius), 아우구스티누스(Augustinus), 보에티우스(Boethius)와 같은 위대한 신학자들 역시 각자 고유한 방식으로 발현과 회귀 개념을 활용하였다.[11]

예를 들어, 프린스턴신학교의 폴 로렘은 『고백록』을 해석하면서, 아우구스티누스에게 있어 "발현과 회귀의 주제는 그의 영혼이 개인적으로 순례하는 과정을 나타내는 하나의 비유로 남아 있으며, 그의 삶의 영적 여정을 묘사한다"라고 주장한다. 실제로 『고백록』의 제1권부터 제9권까지는 이후 기독교에 하나의 문학적 구조를 제공할 뿐 아니라 이 '발현과 회귀'라는 주제를 그러한 구조로 담아내고 있다.[12]

발현·회귀 개념과 그 의미는 초기 기독교 형성기에 점진적으로 발전되었다. 동시에 이러한 언어적이고 개념적인 표현은 다양한 신학적 담론 안에서 비교적 자유롭고 다양하게 발전해 왔다. 이 시기의 예들에서 몇 가지 공통된 추이를 발견할 수 있지만, 동시에 기독교 신학과 철학적 적용 사이에는 분명한 차이도 존재한다. 이는 발현과 회귀 개념이 두 가지 다른 이론, 즉 기독교 신학자들과 비기독교 철학자들 사이에서 때때로 불편하게 공존했다는 사실을 보여준다.[13]

기독교 신학과 신플라톤주의 철학 간의 상호작용 이후에 발현과 회귀 개념은 기독교 신학 안에서 더욱 정교한 형태로 발전했다. 이와 관련하여 로렘은 다음과 같이 주장한다. "이 모티프를 '처음에 발현되고 이후에 회귀되는' 시간적 순서로 전환하거나, 과거의 창조와 미래의 구원이라는 역사적 질서에 이식하는 것은 다양한 후계자들, 특히 기독교 신학자들에 의해 '순수한' 플라톤주의가 본질적으로 변형된 사례다."[14]

초기 기독교 사상가들 사이에서 발현과 회귀 개념은 주로 개인적인 차원에서 적용되고 해석되었다. 이후 신학자들의 경우에서처럼 한층 확장된 공동체적·역사적·우주론적 적용은 초기 단계에서는 아직 찾아보기 어려웠다. 하지만 신플라톤주의의 비역사적 개념과 틀을 기독교 구원의 역사, 곧 창조와 구속, 자연과 은총의 역사와 연결하는 시도는 서양 사상사에서 하나의 중요한 전환점이었다. 기독교와 신플라톤주의의 만남과 조화는 기독교 신학의 형성과 발전에 매우 중요한 전기를 제공했기 때문이다.

이러한 개인적 요소와 공동체적인 요소, 철학적 측면과 신학적 측면을 결합하는 작업은 초기 중세 기독교에서 디오니시우스, 막시무스, 에리우제나를 거치면서 본격적으로 전개되었다. 이러한 맥락에서 본 연구는 디오니시우스와 막시무스를 포함한 초기 교부들의 신학적·철학적 담론을 고찰하면서 카롤링거 왕조의 신학적 종합을 이끈 에리우제나로 나아간다.

3. 에리우제나의 생애와 업적

3.1. 생애, 업적, 영향

이 책에서 중심 인물로 다루는 요한 스코투스 에리우제나는 9세기 아일랜드 출신의 신학자이자 철학자이다. 아일랜드는 기독교를 일찍 수용해 종교와 학문을 발전시켰고, 초기 중세 영국과 유럽에 학문적이고 종교적인 자원을 제공하는 데 크게 기여했다. 샤를마뉴 대제는 서유럽의 새로운 군주로 자리하면서 인근 지역의 수많은 인물을 끌어들여, 8세기 문예 부흥, 즉 '카롤링거 르네상스'를 일으켰다. 카롤링거 왕조의 내외적 투쟁으로 인해 정치적으로는 여전히 혼란스러웠지만, 많은 학자가 그의 궁정으로 몰려들었고 서로마 제국 붕괴 이후 전례 없는 학문적 발전을 이룩해갔다.[15]

에리우제나는 848년경, 대머리왕으로 알려진 샤를 2세(Charles the Bald, 823-877)의 궁정에 초청되었고, 이후 왕궁의 학술 연구 작업에 합류하였다. '에리우제나'라는 이름은 '아일랜드에서 태어난 사람'을 의미하는데, 1632년 아일랜드 더블린의 대주교 어셔(Ussher)에 의해 '스코트 사람 요한'이라는 뜻으로 그에게 부여되었다. 스코트 사람을 의미하는 '스코투스'(Scotus)라는 단어는 스코틀랜드나 아일랜드 출신을 의미하는 라틴어지만, 중세 초기에는 보통 아일랜드 사람을 의미했다. 에리우제나라는 이름도 '에리우'(Eriu)가 아일랜드를 의미하는 것으로, 위에서 언급한 대로 '아일랜드에서 태어난 사람'을 뜻한다.

에리우제나는 그의 나이 40세 전후였던 851년에 예정설에 관한 중요한 논쟁을 통해 중세 신학의 역사에서 자신의 위치를 확립하였다. 당시 문화와 학문은 수도원을 중심으로 부흥하고 있었다. 이러한 상황에서 9세기 신학자들은 서로마 제국 이후 샤를 대제의 등장 사이의 일종의 암흑 시기를 극복하기 위해 언어와 종교와 학문을 새롭고도 체계적으로 정리하기 시작했다. 기독교 수도사들과 학자들이 중심이 되어 '카롤링거 종합'이라는 새로운 신학적인 통합을 시도했는데, 이 중 가장 중심적인 논쟁 중 하나가 바로 예정론이었다. 엄격한 이중 예정론을 강조한 오르베의 고츠샤크(Gottschalk of Orbais)와 온건한 예정론을 강조한 랭스의 힌크마르(Hincmar of Reims)와 에리우제나 사이에 첨예한 논쟁이 진행되었다. 그리고 학문적으로 원숙해진 시기의 에리우제나는 『데 프라에데스티나티오네』(De Praedestinatione, 예정론에 관하여)를 출간하면서 당대 학자들의 이목을 집중시켰다. 예정론을 포함해 에리우제나의 주장과 저술은 때로 많은 논란을 불러일으켰지만, 그를 왕궁에 불러들인 대머리왕 샤를 2세의 지속적인 후원 덕분에 그가 877년 사망할 때까지 방대한 저술 작업을 이어갈 수 있었다. 샤를 2세와 에리우제나가 877년 같은 해에 사망한 것으로 보이는데, 이 점도 흥미롭다.

에리우제나 생애의 마지막 단계는 윌리엄 맒스베리(William Malmesbury, 1080-1143)가 남긴 전설을 통해 우리에게 전해진다. 윌리엄은 영국 출신의 베네딕트 수도사이자 연대기를 주로 집필한 역사학자이다. 그의 기록에 따르면, 에리우제나는 말년에 영국 옥스퍼드로 초청되어 맒스베리 수도원에서 강의를 하였다. 그런데 그의 비정통적인 가르침에 반발한 제자들은 '스틸루스'(stylus, 필기도구)로 그를 찔러 죽였다고 전한다. 에리우제나가 죽은 지 200여 년이 지난 후에 기록된 자료이지만, 에리우제나의 작품들이 당대 기독교에서 적지 않은 논란을 일으킨 것은 분명해 보인다.[16]

에리우제나는 주석서, 번역서, 철학서, 시 등 다양한 저술을 남겼다. 그는 마르티아누스 카펠라(Martianus Capella)의 『철학과 수성의 결혼』(De nuptiis Philologiae et Mercurii)에 대한 주석을 시작으로, 이성과 자연에 대한 자신만의 독특한 관점을 발전시키기 시작했다. 카펠라의 책은 5세기에 쓰인 일종의 백과사전으로 중세 교육 체계, 특히 일곱 가지 과목으로 구성된 자유학예에 지대한 영향을 미쳤다. 에리우제나의 이러한 작업은 철학적 사유와 기독교 신앙 사이의 새로운 종합으로 이어졌고, 그는 "누구도 철학을 거치지 않고는 천국에 이를 수 없다"라고 주장했다. 에리우제나의 주요 저작 대부분은 PL이라 불리는 『라틴어 교부 총서』(Patrologia Latina) 제122권에 수록되어 있으며, 대체로 철학적이고 신학적인 성격을 지닌다.[17]

특히 이 책의 연구와 관련해 주목할 만한 에리우제나의 저작으로는 『예정론에 관하여』, 디오니시우스 작품을 번역한 책들, 고백자 막시무스의 『암비규아』(Ambigua)와 『탈라시우스에게 보낸 질문들』(Quaestiones ad Thalassium, 이하 '퀘스티오네스'로 표기)의 번역서, 그리고 닛사의 그레고리우스의 『인간 창조에 대하여』(De hominis opificio)에 대한 번역서들이 있다. 여기에 마이외르 카퓌앵(Maïeul Cappuyns)이 에리우제나의 '삼부작'이라 부른 저작들, 곧 『페리퓌세온』(Periphyseon), 『천상의 위계에 대한 주석』(Expositiones in hierarchiam coelestem, 이하 '엑스포지티오네스'로 표기), 그리고 『요한복음 서문에 관한 설교』(Homily on the Prologue to the Gospel of St. John)는 에리우제나의 사상의 고상함과 신학적 섬세함을 가장 잘 보여준다.

르네 로크(R. Roques)는 중세 신학에서 에리우제나가 차지하는 위상을 잘 요약하고 평가하였다.[18] 에리우제나의 사상적 유산은 그의 저작이 중세 신학과 성 빅토르(St. Victor)의 휴(Hugh)와 리샤르(Richard), 마이스터 에크하르트(M. Eckhart), 요한 타울러(J. Tauler), 니콜라스 쿠사누스(Nicolas Cusa), 조르다노 브루노(Giordano Bruno), 나아가 19세기 독일 철학자들에 이르기까지 강력하고 지속적인 영향을 끼친 사실을 통해 입증된다.[19]

에리우제나의 위대한 명성과 중요한 공헌에도 불구하고, 그의 저작이 항상 호의적으로 받아들여진 것은 아니다. 앞서 언급한 맘스베리가 남긴 전설에서 볼 수 있듯, 에리우제나의 사상은 비정통적이라는 이유로 종종 오해와 저항을 받았다. 특히, 『페리퓌세온』은 범신론적인 경향 때문에 1050년의 베르첼리 공의회와 1059년의 로마 공의회에서 비난받았으며, 스콜라 사상이 한창 발달하던 1225년에는 교황 호노리우스 3세(Honorius III)가 칙서를 통해 그의 작품을 공식적으로 금서로 지정하였다. 이런 일련의 상황은 에리우제나의 작품이 비평과 함께 적지 않은 사람들에 의해 읽혔다는 사실을 역설적으로 보여준다.

그럼에도 에리우제나는 12세기와 13세기 신학적이고 사상사적인 여러 단계의 부흥을 통해 반복적으로 영향력 있는 학자로 주목받았다. 그의 주요 저서인 『페리퓌세온』과 『엑스포지티오네스』에 대한 간략한 소개와 함께 발현과 회귀의 신학적 구조에 관한 본 연구를 한 단계 더 들어가 보도록 하겠다.

3.2. 페리퓌세온

에리우제나의 가장 방대한 저작인 『페리퓌세온』은 신과 피조물, 존재와 비존재의 관계를 신학적이고 철학적으로 탐구한 중세 형이상학의 걸작이다. 동시에 동방과 서방 기독교의 전통을 종합해, 만물이 하나님으로부터 나와 다시 하나님께 회귀한다는 순환 논리를 전개한 신학적 명저이다. 이 책은 전체 5권으로 구성되었고, '스승'(Nutritor)과 '제자'(Alumnus) 사이의 교리 문답과 같은 대화 형식으로 구성되어 있다. 여기서 제자인 알룸누스는 이 책의 단순한 보조자가 아니라 다양한 질문을 던지고 주제를 명확히 하며 요약과 재정리를 통해 스승의 의도가 독자들에게 분명히 전달되도록 돕는 역할을 수행한다. 『페리퓌세온』의 정확한 책 제목과 그 의미는 이 책의 마지막 문장에서 다음과 같이 상위 표제로 명시되어 등장한다. "이 책은 '페리 퓌세온 메리스무'(peri physeon merismou)로 끝난다. 이를 해석하면 '자연의 구분에 대하여'이다." 그러나 주목할 점은, 이 저작이 단순히 자연의 구분만을 다루는 것이 아니라는 사실이다. 에리우제나의 독특한 '변증법적' 사유 방식이 보여주듯, 『페리퓌세온』은 자연의 구분뿐만 아니라 자연의 '통합' 곧 회복의 과정 또한 주요 주제로 삼고 있다. 이 시기 '자연'(natura)의 의미는 오늘날 우리가 이해하는 자연 세계뿐만 아니라 인간과 우주 전체, 즉 창조 세계 전체를 가리킨다는 점을 이해할 필요가 있다.[20]

이처럼 창조로부터 회복에 이르는 장대한 신학적 탐구서인 『페리퓌세온』은 발현과 회귀라는 개념을 여러 방식으로 설명한다. 가장 명확한 예는, 자연을 구분하는 네 가지 범주가 발현과 회귀의 구조를 따른다는 점이다. 모든 것은 "창조하지만 창조되지 않는 것"(quae creat et non creatur), 즉 창조주 하나님으로부터 시작하여 "창조하지도 창조되지도 않는 것"(quae nec creat nec creatur), 끝이자 마지막인 하나님께로 돌아간다. 이 구조는 다양한 비유적 이미지, 광범위한 신학적 논증, 그리고 아우구스티누스, 디오니시우스, 막시무스 같은 초기 교부들에 대한 빈번한 언급을 통해 일관되고 구체적으로 전개된다.

에리우제나의 발현과 회귀 구조에 대한 관심은 전체 5권으로 구성된 『페리퓌세온』의 본문 구성에서도 뚜렷이 드러난다. 이 책의 제1권은 "근원으로서의 하나님"을 다루며, 하나님을 "창조하지만 창조되지 않는 존재"로 설명한다. 여기서는 존재(esse)와 비존재(non-esse)의 구분, 삼위일체, 아리스토텔레스의 열 가지 범주를 초월하시는 하나님의 초월성, 부정신학과 긍정신학에 대한 광범위한 논의가 이어진다. 제2권은 "최초의 원인 또는 근원적 원인"을 다루며, "창조되었으면서도 스스로 창조할 수 있는 것들"을 주제로 삼는다. 여기서는 창조물들이 창조주로부터 어떻게 발현되는지를 설명한다. 제3권은 "창조된 우주", 곧 "창조되었으나 스스로 창조할 수 없는 것들"에 초점을 맞춘다. 제4권과 제5권은 "종말로서의 하나님"에 대해 다루며, 하나님을 "창조하지도 창조되지도 않는 분"으로 묘사한다. 여기서 에리우제나는 놀라운 성경 주석을 통해 회귀라는 주제를 심오하게 전개한다.

3.3. 엑스포지티오네스

에리우제나의 『페리퓌세온』이 웅장한 신학적 주제를 다루는 반면, 『엑스포지티오네스』는 디오니시우스의 『천상의 위계』에 대한 주석서로, 교부들의 사상을 주해하고 창의적으로 해석한 그의 학자적 역량을 잘 보여준다.[21] 이 책에서 에리우제나는 다양한 상징을 통해 신학적 주제를 논의하면서 수준 높은 해석학적 정교함을 보여준다. 디오니시우스의 『천상의 위계』가 천사들의 위계를 중심으로 전개되는 듯 보이지만, 이는 단순한 존재론적 질서 이상의 의미를 지닌다. 왜냐하면, 위계 구조는 자연스럽게 세계와 자연의 하강 과정을 상징하며, 단순히 발현 개념에 대한 주석이 아니라 『페리퓌세온』과 마찬가지로 발현과 회귀 사이의 변증법적 긴장을 신학적으로 형상화하고 있기 때문이다. 나아가 이 작품은 우주론, 인간학, 종말론과 관련된 다양한 상징과 이미지를 통해 발현과 회귀가 전체적 맥락에서 어떻게 이해될 수 있는지를 잘 그려준다. 더욱이 이 책은 에리우제나가 디오니시우스의 저작에 대해 남긴 유일한 주석서로, 발현과 회귀 개념의 유사성과 차이를 드러내고, 주요 신학자들 사이에서 이 개념이 또 다른 차원에서 어떻게 종합되는지를 보여준다.

에리우제나는 『엑스포지티오네스』 1-3장에서 책 전체에 대한 해석학적 작업을 수행하며 발현과 회귀를 창조와 신적 발현의 관점에서 광범위하게 설명한다. 이는 디오니시우스가 『천상의 위계』 도입부에 해당하는 처음 세 개의 장에서 천사의 위계에 구체적으로 들어가기 전에 신학적 원리를 서술한 것과 유사하다. 디오니시우스의 책의 구성을 따라 에리우제나도 이 주석 과정에서 삼위일체, 은총(donum)과 자연(datum), 신적 운동, 신현(神顯, theophany), 신화, 위계질서, 그리고 천상의 이미지와 지상의 이미지 같은 핵심 개념들을 설명한다. 필자는 이 책의 4장에서 '세계와 자연의 구분과 통합'이라는 주제로 에리우제나의 신학, 특히 발현과 회귀에 관한 신학 사상을 간결하게 정리할 예정이다. 한편, 『엑스포지티오네스』에 나타나는 세계와 자연의 구분과 통합을 설명하는 가운데 등장하는 '다섯 개의 쌍'이라는 주제는 막시무스에게서 유래하며, '모퉁이'라는 용어는 성경에서 기원하는 개념이다. 이러한 점들을 종합적으로 고려할 때, 『엑스포지티오네스』는 에리우제나가 디오니시우스의 원전 사본을 읽고, 교부들, 예를 들어 아우구스티누스와 고백자 막시무스 등의 사상을 수용하면서 성경을 창의적으로 재해석한 탁월한 예라 할 수 있다.

3.4. 에리우제나 신학의 구성 원리

에리우제나의 작품에서 발현과 회귀, 단일성과 다수성, 신현과 신화와 같은 중심 주제를 구성하는 몇 가지 중요하고 공통된 사상적 원리를 발견할 수 있다. 여기서는 그중 네 가지 원리, 즉 변증법과 분석법, 부정신학과 긍정신학, 은유와 상징, 그리고 대립과 조화의 개념을 살펴보고자 한다. 이들은 종종 대조적인 방식으로 하나의 쌍을 이루며, 에리우제나 신학의 중요한 긴장과 통합의 장을 형성한다. 나아가 이러한 원리들이 발현과 회귀라는 거대한 패러다임 안에서 어떤 기능을 하는지를 고찰하는 것 역시 앞으로 논의하고자 하는 중요 사항이다.

(1) 변증법과 분석법

기독교 신학에서 변증법(dialectica)은 종종 신앙을 방어하고, 이단을 반박하는 이론적 도구로 기능해 왔다. 변증법의 두 핵심 요소인 논리와 이성은 심지어 타락한 인류조차 하나님께 접근하도록 돕는 역할을 했다. 에리우제나의 '변증법' 개념은 자유학예(artes liberales)의 논리적 전통과 대립 개념에 대한 그의 이해에 기초한다. 이러한 구조는 초기 저작들, 이를테면 『철학과 수성의 결혼에 대한 주석』과 『예정론에 관하여』에서 두드러지며, 그의 사상은 전반적으로 자유학예에 뿌리를 두고 이성과 자연에 대한 긍정적 확신을 전제로 한다. 에리우제나는 변증법을 통해 인간 이성이 신학적 지식과 결합함으로써 진리의 충만함에 이를 수 있다고 주장한다.

그의 주요 저작인 『페리퓌세온』과 『엑스포지티오네스』는 이러한 변증법적 전개를 구체적으로 보여준다. 예를 들어, 『엑스포지티오네스』 제7장은 발현과 회귀라는 존재론적 구조 안에서 변증법의 근본적인 역할을 설명하며, 변증법과 대칭적으로 작용하는 분석법의 정의와 기능을 명확히 제시한다.

"변증법은 구분하는 힘을 지니며, 가장 큰 속(genus)의 통일성을 위에서 아래로 나누어 개별 종(species)에 도달할 때까지 계속 구분해 나간다. 반면 분석법은 개별적 부분들에서 시작하여, 나누어진 것들을 위로 이끌며 내려갔던 단계들을 다시 상승시켜 가장 큰 속의 통일성으로 환원한다(reducit). 이로 인해 분석법은 '환원적'(reductiua) 또는 '회귀적'(reditiua)이라 불린다"(Expo VII, 580-587).

『페리퓌세온』에서 변증법은 하나의 구성 원리로 등장한다. 변증법은 "모든 학문의 어머니"이자 "올바른 논쟁의 학문"으로 간주되며(Peri V, 869A), 아나뤼티카(Ἀναλυτικά, 분석학)와도 긴밀하게 연결되는데, 아나뤼티카는 '해체'를 뜻하는 '뤼시스'(λύσις)와 '되돌림'

을 뜻하는 '아나'(ἀνά)의 합성어다(Peri IV, 472B, 526A). 그 때문에 이 분석법은 단지 존재의 분해만 아니라 존재를 원래의 통일성으로 환원하고자 하는 회귀적 지향성을 품는다. 이처럼 변증법은 분석법을 포괄하는 상위 개념으로, 존재의 발현과 회귀를 설명하는 데 결정적인 도구로 작용한다. 변증법은 본래 속을 종으로 나누고 다시 종을 속으로 환원하는 논리적 운동이지만, 동시에 그 안에는 조화와 재결합, 새로운 종합의 지향성이 내재되어 있다. 『엑스포지티오네스』에서 드러나듯, 에리우제나의 변증법은 분할과 회상, 구별과 재결합, 곧 발현과 회귀를 동시에 포괄하는 복합적인 구조를 지닌다. 『페리퓌세온』의 구조 역시 이러한 변증법에 기초해 있으며, 제1권에서 세계의 구분을 시작하기 직전에 이 개념을 도입하고, 제5권에서는 회귀를 요약하면서 변증법의 의미를 다시 강조한다. 다음 구절은 변증법과 발현·회귀 패턴 사이의 긴밀한 관계를 잘 보여준다.

"(변증법)은 '훌륭한 명성을 지닌 학문'으로서, 그 자체의 적절한 원리로 '우시아'(οὐσία, 실체)에 관여한다. 이 원리로부터 모든 분할과, 그 학문이 다루는 사물들의 모든 다수화가 시작된다. 가장 일반적인 속에서 중간 범주를 거쳐, 가장 특수한 형상과 종에 이르기까지 아래로 내려가며, 다시 조합의 원리를 따라 동일한 단계를 거쳐 되돌아가 출발점인 실체로 회귀한다. 이는 영원히 안식을 구하는 갈망을 품고, 그 안에서 휴식을 얻는다"(Peri V, 869A).

이 구절은 변증법과 존재론적 회귀 사이의 일치성을 보여준다. 특히 삼위일체론에서 '우시아'는 세 위격 사이의 존재의 통일성과 구분을 동시에 설명하는 핵심 개념이며, 에리우제나는 변증법을 존재의 구성 원리로 삼아 발현과 회귀의 논리를 신학적으로 풀어낸다.

에리우제나가 사용하는 변증법 개념은 디오니시우스의 전통을 계승하며, 그 안에 아리스토텔레스의 논리학과 신플라톤주의 존재론이 유기적으로 융합되어 있다. 그의 사상에서 '자연의 사중 분할'

은 이러한 변증법적 구조를 반영하며, 신학(theologia)과 인간학(anthropologia)은 이 구조 안에서 긴밀히 상호 작용한다. 에리우제나의 변증법은 결국 '하나'와 '다수' 사이의 역설적 관계를 설명하며, 존재의 가장 깊은 단계에서 무(無)와 초본질(super-essentia)의 개념을 통해 신학과 형이상학의 통일을 지향한다. 이러한 변증법적 통찰은 12세기 에리우제나 사상의 부흥을 이끈 결정적인 동기가 되었다.

(2) 부정신학과 긍정신학

에리우제나가 중세 신학에 기여한 가장 큰 공헌 중 하나는 흔히 '신학의 두 가지'로 불리는 부정신학과 긍정신학을 명확히 규정한 데 있다. 이 두 신학적 방법은 위에서 논한 에리우제나의 변증법과 분석법과도 밀접하게 연관되어 있다. 부정신학과 긍정신학은 흥미롭게도 그레고리우스, 디오니시우스, 막시무스, 그리고 에리우제나 사이의 공통된 신학적 연결고리를 형성한다. 디오니시우스를 통해 부정신학이 명확하게 정립되기 이전에도, 알렉산드리아의 클레멘트(Clement of Alexandria, 150-c.211/215) 같은 초기 교부들은 기독교 사상 내에서 부정신학의 요소를 발전시켰다.[22] 에리우제나가 '신학의 두 가지 최고의 가지'를 수용하게 된 배경에는, 디오니시우스와 막시무스를 비롯한 초기 교부들의 신학에 대한 폭넓은 재해석과 수용이 자리하고 있다(Peri I, 460D-461A).

에두아르 조노는 부정신학이 단지 무지론이나 숙명론으로 환원되는 것이 아님을 강조해 보여준다. 그는 에리우제나가 사용한 언어에 대한 분석을 통해 부정신학이 더욱 확장될 수 있음을 밝혔다. 예를 들어 '아르카눔'(arcanum, 신비한 지식), '미스테리움'(mysterium, 신비), '세크레툼'(secretum, 은밀함) 같은 개념들, 그리고 '모호한 것'과 '숭고함'의 이미지, '폰스'(fons, 원천)와 '시누스 나투라에'(sinus naturae, 자연의 품) 같은 은유적 표현을 통해 그 단어들이 갖는 신학

적 깊이를 탐구했다.[23]

이러한 분석은 부정신학이 단순히 신에 의해 '아무것도 말할 수 없다'는 무기력한 태도나 신비주의로의 도피가 아니라 언어와 인식의 한계를 인정하면서도 적극적인 신학적 사유를 가능케 한다는 점을 강조했다. 에리우제나는 『막시무스의 암비규아 번역』(Versio Ambiguorum Maximi)에서, 긍정신학과 부정신학 사이에 본질적인 모순은 존재하지 않는다고 주장했다. 그는 은유와 상징을 신학적 도구로 활용함으로써, 신에 대한 정의를 직접 제시하지 않으면서도 부정신학과 긍정신학에서 규정 가능한 모든 것을 포용할 수 있다고 보았다.

또한 『엑스포지티오네스』 제13장은 "옷을 입히고 벗기는" 이미지, 즉 의인화된 은유를 통해 이 두 가지 신학적 방향을 통합하는 정의를 제시한다. 에리우제나는 발현과 회귀 개념의 구조를 따라, 세 쌍의 날개에 대해 다음과 같은 설명을 더했다.

"쌍으로 된 날개는 사랑의 이중적 추론을 암시하거나, 신학의 이중 구조를 상징한다. 이때 하나는 긍정신학(affirmatiua), 다른 하나는 부정신학(negatiua)이다. 긍정신학은 존재하는 모든 것을 하나님께 귀속시키며, 이를 통해 하나님을 '입힌다'. 반면 부정신학은 존재하는 것, 말로 표현될 수 있는 어떤 것도 하나님이 아님을 선언함으로써 하나님을 '벗긴다.' 이처럼 상반되어 보이는 두 방식은 모순되는 듯하면서도 함께 진리를 구성하며, 하나님에 대한 인식의 완전성을 향해 나아간다"(Expo XIII, 498-506).

긍정신학은 하나님의 본질이 모든 창조물 안에 드러난다고 주장한다. 하나님은 명사나 동사와 같은 언어적 표현을 통해 다중적으로 확장되어 나타나며, 창조 세계 안에 스스로를 계시하신다. 이는 최고선이 피조물에게 자신을 드러내는 유일한 방식으로, 이러한 긍정적 경로를 통해서만 다음의 사실을 인식하게 된다. "(인간은) 신적 모방에 합당하게 만들어지고, 신과 같은 동일한 이름을 얻을 가치를 지니게 된다. 형언할 수 없는 신이 지닌 선의 관대함은, 자신에게로 돌아서는 모든 지적이고 이성적인 영혼들에게 그 형상과 이름을 단 한순간도 멈추지 않고 보편적으로 부여하고 또 부여한다"(Expo XII, 118-23).

이에 반해, 부정신학은 어떤 창조물도 하나님의 본질이나 실체를 드러낼 수 없다는 점을 강조한다. 즉, 긍정신학이 사용한 모든 신적 속성의 언어적 기술은 하나님의 참된 본성에 도달하지 못하며, 결과적으로 하나님은 어떤 긍정적 서술에 귀속될 수 없는 분이라는 점을 드러낸다. 여기서 부정신학은 두 가지 방식으로 설명될 수 있다. 첫째, 하나님은 '알 수 없음'이라는 전제에서 출발하는 사유 방식이고, 둘째, '궁극적 하나'로의 회귀라는 방향성을 지닌다. 신적 신비와 최고의 선은 모든 유사한 형상과 언어 안에서도 여전히 감추어져 있다. 부정신학은 오직 신적 초월성, 탁월성, 초본질성 안에서만 이해될 수 있으며, 결핍이나 부재 같은 부정적 범주로조차 설명될 수 없다(Expo XII, 97-106). 이와 같은 논리를 바탕으로 카라바인(Carabine)은 "하나님은 빛도 아니며, 어둠도 아니며, 그 둘을 초월한 존재"라고 말한다.[24]

에리우제나는『엑스포지티오네스』제2장에서 긍정신학과 부정신학의 작동 방식을 다음과 같이 설명한다. "부정신학은 긍정신학보다 본질적으로 더 강력하고 더 적합하다. 형언할 수 없는 신적 존재는 긍정적 방식보다 부정적 방식에서 더 진실하게, 더 진리에 가까운 방식으로 드러난다." 곧 우리는 하나님이 '무엇인지'에 관해 아무것도 말할 수 없다. 왜냐하면 "신은 어떤 본질이 아니고, 어떤 선함도 아니며, 초본질적인 존재이자 선함을 넘어선 존재이기 때문이다"(Expo II, 536-8).

이러한 진술에서 부정신학과 긍정신학의 기능 및 어원의 의미가 역전되는 것을 볼 수 있다. 즉 부정신학의 의도된 의미는 실제로 긍정적이고, 부정신학의 부정은 실상 긍정보다 더 참된 방식으로 하나님을 드러내기 때문이다. 하나님은 '무지'(ignorantia)와 부정을 통해 더 잘 알려지며, 무지는 오히려 참되게 신을 아는 경로가 된다. 신성한 것들에 대한 부정은 참되며, 긍정은 참되지 않지만 은유적이다.

에리우제나에 따르면, 부정신학은 '신적 무지'와 '인간적 무지'라는 이중 구조로 확장된다. 『페리퓌세온』 제2권을 바탕으로, 버나드 맥긴(Bernard McGinn)은 '무지' 개념에 내재된 부정성의 세 가지 차원을 이렇게 정리했다. 첫째, 인간은 하나님을 알 수 없다. 둘째, 하나님은 하나님 자신을 알 수 없다. 셋째, 인간은 인간 자신을 알 수 없다.[25] 이 중에서 특히 두 번째, 곧 '하나님은 하나님 자신을 알 수 없다'는 명제는 신과 관련된 독특한 논리를 함축하고 있다. 하나님의 무한성은 하나님의 자기 인식을 포함하는 듯 보이지만, "정의하는 자는 정의되는 자보다 크다"는 원리에 따라 하나님의 자기 인식 자체도 불가능하다는 결론에 이른다(Peri I, 485B). 그러나 하나님은 자기 외부, 곧 창조물 속에서 자신을 인식한다. 에리우제나는 '하나님의 형상'(imago Dei) 개념을 바탕으로, 인간의 자기 무지를 하나님의 자기 무지와 병행 방식으로 해석한다. 여기서 '무'(無)는 단순한 결핍이 아니라 신의 탁월함으로부터 비롯되는 초월적 무지이며, 이 무지는 역설적으로 참된 지혜로 작용한다.

하나님의 무지는 단순한 무지가 아니라 '존재론적인 차원에서의 앎'을 초월한 것이다. 이런 차원에서 하나님은 자기 자신에 대해 무지하다. 하나님 자체도 '신이 무엇인지'(quid est)를 알지 못하고, 오직 '신이 존재한다'(quia est)는 사실만을 안다. 이러한 인식론은 인간에게도 동일하게 적용되며, 인간은 자신에 대해 '무엇인지' 알지 못하고 '존재한다'는 사실만 알 수 있다. 에리우제나는 이러한 무지를 신적 인식의 정점으로 제시하며, 이는 중세 신비주의의 전통 속에서 다음과 같이 함축적으로 표현되어 있다. "짙은 무지의 밀도로 가득 찬 어둠의 구름"은 하나님을 향한 여정의 최종 지점이다(Peri II, 596A-C,

597C). 이는 하나님께 이르는 길이 지식의 축적이 아닌, 지식의 해체와 자아의 비움임을 뜻한다.

더 나아가 부정신학과 긍정신학은 다양한 상징과 신현(神顯)의 맥락에서 적응과 은폐의 문제와도 긴밀하게 연결된다. 하나님은 지성적이거나 감각적인 것 안에서 자신을 적응시켜 계시하며, 이 적응의 원리는 발현과 상응하는 신적 하강의 근본 동기를 이룬다(Expo XIII, 111-26). 반면, 하나님의 신적 모호성은 경건하지 못한 자, 신성한 수수께끼를 이해하지 못하는 자, 곧 "천상의 권능에 대한 순수한 지식"을 받을 자격이 없는 자들에게 하나님 자신을 은폐하는 것이다(Expo II, 603-7).

(3) 비유와 상징

에리우제나가 말한 '신학의 두 개의 가지'는 자연스럽게 우리를 은유와 상징의 문제로 이끈다. 하나님과 진리는 피조물에게 직접적이고 즉각적으로 드러날 수 없지만, 비유적이고 상징적인 형태를 통해 자신을 계시한다. 르네 로크(René Roques)는 에리우제나가 디오니시우스의 비유사적 상징과 '괴물학'(teratology)을 통해 자신만의 상징체계를 형성한 것을 면밀히 분석하였다. 여기서 비유사적 상징이란 벌레, 연기, 어둠과 같이 하나님과 진리를 전혀 닮지 않은 것을 사용해 하나님이 모든 유사성을 초월한다는 개념이다.[26] 이에 더해 장 페팽(Jean Pépin)은 에리우제나의 독창적 해석학에서 드러나는 '의미의 전이'와 '해석의 일탈성'을 강조하며, 그의 상징신학이 더욱 정교한 구조를 갖추고 있다고 평가한다.[27] 여기서 의미의 전이란 하나의 상징이나 기호가 원래 지닌 일차적 의미에서 다른 맥락이나 더 깊은 차원의 의미로 옮겨지는 것을 뜻한다. 그리고 해석의 일탈성이란 상징을 기존의 전통적이거나 정형화된 의미로만 읽어내는 것이 아니라 그 외연이나 의미를 변형해 독창적인 신학적 의미를 도출하는 것을 의미한다.

에리우제나의 상징주의는 빛과 광선의 의미를 미묘하게 활용하면서 초기 교부들과의 긴밀한 연속성을 보여준다. 그는 '오케아누스'(Oceanus, 바다)라는 상징을 사용하며, 이를 디오니시우스와 막시무스의 사상과 연결하기도 한다. 그의 저술에서 자주 등장하는 라틴어 표현인 '마누둑티오'(manuductio)는 '손을 이끈다'는 의미로, 마치 멘토가 제자의 손을 붙잡고 교육과 상징적인 지도를 통해 진리로 인도하는 것을 암시한다. 그는 또한 구름, 어둠, 아이러니 등의 이미지를 활용하여 신의 은폐와 계시 간의 긴장을 표현한다. 이러한 예들은 그 자신의 '해석의 일탈성'과 상징주의를 한층 더 확장시킨다.

에리우제나의 은유와 상징에는 몇 가지 원칙이 있다. 무엇보다 그는 은유를 단지 인간 인식의 한계를 보완하는 수단으로만 보지 않는다. 오히려 하나님과 인간 사이의 '본성상 연속성'(connaturalis continuatio), 즉 본질적으로 결합된 존재들의 연속된 관계를 강조한다. 피조물이 감추어진 하나님과 긴밀히 연결되어 있으므로 은유와 상징은 신적 실재를 이해하는 데 필수적인 언어가 된다. 인간은 하나님에 대해 말할 때 적절한 의미로는 아무것도 말할 수 없으며, 오직 상징과 은유적 의미를 통해서만 말할 수 있다.

에리우제나는 『페리퓌세온』에서 주로 '은유'(metaphora)라는 용어를 선호하며, 철학적으로 깊이 있는 해석을 시도했다. 반면 『엑스포지티오네스』에서는 '상징'(symbolum)이라는 표현을 더 자주 사용하며, 상징적 독해를 강조하였다. 그럼에도 불구하고 은유와 상징 모두 동일한 목적, 곧 하나님이라는 동일한 실재를 가리키기 위해 사용된 언어이다. 이는 마치 긍정신학과 부정신학이 서로 다른 방식이지만 동일한 진리를 향해 나아가는 구조와 유사하다. 에리우제나의 상징신학은 다음과 같은 명제를 출발점으로 삼는다. "가시적이거나 물질적인 것 가운데, 비물질적이고 이해 가능한 어떤 것의 상징이 아닌 것은 없다"(Peri V, 865D).

『페리퓌세온』은 에리우제나가 은유의 수사학을 어떻게 이해하고 있는지를 잘 보여준다. 그는 은유를 "신적 영역과 하위의 가시적 세계 사이를 매개하는 도구"로 간주하며(Peri V, 453C), 은유를 통하지 않고는 하나님을 결코 직접 인식할 수 없다고 본다. 은유는 또한 "신적 본질의 비밀스러운 품 안에 숨겨진 의미"를 드러내는 역할을 수행한다. 은유는 이렇게 하나님의 활동과 안식을 설명하고, 신적 본질의 비밀스러운 품 안에 감추어진 의미를 드러내는 독특한 해석학적 힘을 지닌다. 심지어 아리스토텔레스의 열 가지 철학적 범주조차도, 신에게 적용될 경우에는 오직 은유적으로만 이해될 수 있다. 『페리퓌세온』의 발현과 회귀 구조 역시 이러한 은유적 사유에 기반하며, 신적 의미를 드러내고 천상의 실재를 상징적으로 보여주는 통로로 기능한다.

에리우제나는 『엑스포지티오네스』에서 더욱 정교한 상징신학을 전개한다. 그는 베일, 이미지, 유형, 형상 등 다양한 상징을 설명하기 위해 다층적인 언어를 사용하며, 디오니시우스의 작품을 기반으로 상징과 그 신학적 역할을 발전시킨다. 제7장에서는 상징을 감각적 상징과 지성적 상징으로 구분한다. 이 두 상징은 논의의 과정과 대상은 다르지만, 모두 공통된 숨겨진 의미를 향한다. 감각적 상징은 구약의 성례전, 성막의 구조, 예언자들의 환상, 그리고 신약의 교회적 신비 등 역사적이고 시각적인 계시의 영역을 포함한다. "예를 들어 감각적 상징은 성막과 그 안에 주께서 명하신 모든 것들, 다양한 형태와 형상으로 나타난 예언자들의 환상들을 가리키고, 이후 신약의 교회적 신비들로 이어지며, 그 친밀한 빛을 거룩한 천사들이 명확히 인식한다"(Expo VII, 468-72).

반면 지성적 상징은 물질적 형상과 유사성조차 결여된 차원, 곧 더 높은 위계의 신현을 통해서만 접근이 가능한 신비를 지시한다. 이처럼 비유와 상징은 의미 영역에서 서로 겹치는 부분이 있고, 기능 면에서도 유사한 방식으로 작동한다. 『엑스포지티오네스』 제2장에서 에리우제나는 상징적 그리스도론을 전개하며, 동물의 분노와 격노를 해석하는 장면에서 그의 상징신학의 정수가 드러난다. "그래서 가장 사랑스러운 비유에 의해, 짐승 안의 분노, 즉 비이성적인 움직임은 이성적 활력과 용기로 지성적 본성 안에서 받아들여지고, 짐승의 격노는 '영원히 변함없고 불변하는 신적인 질서 안에서 신성한 영혼의 비난받을 수 없는 평온함'으로 받아들여진다"(Expo II, 760-64).

(4) 대립성과 조화

앞서 살펴본 세 쌍의 원리는 또 하나의 중요한 이중 원칙인 대립성과 조화 개념과 긴밀히 연결된다. 에리우제나는 자신의 초기 저작인 『예정론에 관하여』에서 대립성의 철학적 의미를 정교하게 논의하기 시작했는데, 이는 이후 저작에서도 일관되게 적용된다. 『페리퓌세온』에서는 대립의 논리를 통해 삼위일체의 역동성과 만물의 궁극적인 통일성을 설명했다. 에리우제나가 디오니시우스와 막시무스 같은 선행 사상가들과 구별되는 점은, 종말론적 회귀 과정에서 대립성과 조화의 역할을 매우 독창적으로 사용하는 데 있다. 그는 긍정신학과 부정신학, 그리고 긍정신학의 변증법적 종합에서처럼, 대립과 조화를 함께 제시하며 두 개념이 서로의 의미를 심화하고 확장하는 상호작용을 강조한다.

에리우제나는 자신의 전체 체계, 곧 발현과 회귀 구조 속에서 대립성과 조화를 적극적으로 활용한다. 대립성은 발현의 단계에서 우주와 자연의 복잡성과 다양성을 드러내며, 조화는 반대로 그 대립과 긴장을 해소하는 회귀의 상징이다. 이는 긍정신학과 부정신학 사이의 긴장과 평행 구조를 이루며, 하나님은 모든 개념과 대립을 초월하시는 분이라는 에리우제나의 신론과 맞닿는다. 그는 "우주의 아름다움이 같음과 다름의 놀라운 조화로 이루어진다"고 말하며(Peri I, 461C;

III, 637D), 하나님은 모든 분열과 차이를 궁극적으로 극복하고 무효화하고 초월하신다고 설명한다.

조화는 우주의 종말론적 회복 과정에서 다양한 존재들 간의 모든 대립을 궁극적으로 해소하고 관계를 통해서 통합함으로 실현된다. 이 해석은 모든 것이 신적 의지와 명령에 따라 선하고 아름답게 이루어졌다는 에리우제나의 기본 가정에 기초한다. 우주의 최종적인 회복은 창조된 아름다움으로 충만하게 되는 것이며, 이는 신적 조화의 회복과 다르지 않다. 조화는 이처럼 인류 역사 속에서 상실된 질서와 아름다움을 회복하는 핵심 원리다. 『엑스포지티오네스』 제9장에서 에리우제나는 조화를 "서로 다른 것들과 불균형한 것들이 하나로 모이는 것"으로 정의하며, 다음과 같이 말한다.

"창조된 본성 전체를 아름다움으로부터 박탈하는 것은 모든 것을 창조하신 분의 성격과는 극도로 부합하지 않는 것으로 판단될 것이다. 더욱이 철학자 중 누구도 창조 전체가 가장 아름다운 조화 속에서 구성되었다는 사실을 의심하지 않는다면, 지혜로운 자들이 그 질서에 대해 주저할 권리 또한 없다는 결론에 도달한다"(Expo IX, 163-71).

여기서 조화는 단순한 균형이 아니라 "원초적 인간 본성에 약속된 자연 질서"의 회복을 의미한다. 그것은 "가장 높은 원인으로서의 초본질적인 조화"(harmonia superessentialis)를 반영하며, 이 조화는 신적 질서를 피조물에게 분배하고 그것들을 다시금 하나님 자체로 이끄는 통로로 기능한다. 따라서 조화는 하나님과의 연합과 회귀에 있어 본질적인 신학적 원리이다. 조화는 또한 일곱 가지 자유학예와도 연관되며, 음악적이고 기하학적인 언어를 통해 우주의 질서와 회복을 설명하는 데 사용된다. 에리우제나는 하나님을 "아름답고 형언할 수 없는 조화"로 묘사하며, 하나님은 이 모든 것을 하나의 화합으로 모으신다고 말한다(Peri I, 517C).

제2장

디오니시우스와 고백자 막시무스의 발현과 회귀

이 장에서는 디오니시우스와 고백자 막시무스의 신학에서 나타나는 발현과 회귀 개념을 해석학적으로 분석해 보겠다. 에리우제나는 디오니시우스의 저작을 번역하고 해석하는 과정에서, 결국 '디오니시우스의 최고의 해석자'로 불리는 막시무스에게 도달한다. 첫째로 디오니시우스가 발현과 회귀 개념을 신학적으로 어떻게 활용하는지를 살펴보겠다. 이를 위해 먼저 그의 저작 전반을 구조적으로 분석하고, 이어서 위계, 상징신학, 긍정신학과 부정신학, 고양적 혹은 신비적 해석, 참여, 신화와 같이 디오니시우스가 즐겨 사용한 개념들 속에 발현과 회귀 구조가 어떻게 사용되는지를 검토하겠다. 둘째로 막시무스의 『암비규아』 제37장의 구조를 중심으로 막시무스의 분화와 통합의 개념을 분석하겠다. 이를 통해 막시무스가 디오니시우스의 사상을 어떻게 수용하고 확장했는지, 그리고 그가 우주론적이고 구원론적 맥락 속에서 발현과 회귀 개념을 어떻게 체계적으로 재구성했는지 살펴보겠다.

1. 디오니시우스 저작에서의 발현과 회귀

위-디오니시우스는 상징신학의 중심 인물이자, 중세 기독교에서 가장 신비롭고 영향력 있는 사상가 중 하나이다. 그는 532년 콘스탄티노플 회의에서 처음으로 언급되었으며, 그의 정체에 관한 논쟁은 오랫동안 지속되었다. 초기 교회 전통에서 사람들은 그를 사도행전 17장 34절에 언급된, 바울의 설교를 듣고 회심한 아테네의 디오니시우스와 동일시했다. 이러한 이해를 토대로 기독교인들은 디오니시우스에게 사도적 권위를 부여하였고, 이러한 영적 권위는 르네상스 인문주의와 종교개혁 시대 이전까지 거의 흔들림 없이 수용되었다.

디오니시우스의 생애와 저작에 대한 전반적인 논의는 필자가 2022년에 출간한 『위-디오니시우스의 신비신학』에 담겨 있다. 일반적으로 오늘날 학계는 디오니시우스를 6세기 시리아 지역의 수도사로 본다. 역사적 정황에 따르면 그는 신플라톤주의 철학자 프로클루스의 형이상학과 카파도키아 교부들의 신학에 깊은 영향을 받은 인물로 보인다. 디오니시우스가 자신을 사도 바울과 바울의 제자 히에로테우스(Hierotheus)의 제자라고 주장한 것은, 그의 신학적 체계에 사도적 권위와 계시의 정통성을 부여하기 위한 문학적 장치로 해석한다.

디오니시우스의 저작은 다음 네 작품과 열 편의 서신으로 구성되어 있다. 『천상의 위계』(De Coelesti Hierarchia), 『교회의 위계』(De Ecclesiastica Hierarchia), 『신의 이름들』(De Divinis Nominibus), 『신비신학』(Mystica Theologia).[28] 이 저작들은 6세기 중엽부터 이후 학자들의 번역과 주석 작업을 통해 기독교 세계에 널리 수용되었다. 팔레스타인의 스키토폴리스(Scythopolis) 주교 요한(Johannes)은 가장 이른 시기에 디오니시우스의 작품을 주석한 사람이다.[29] 9세기 초에는 수도원장이자 학자인 힐두인(Hilduin)이 디오니시우스를 프랑크 왕국의 순교 성인 '성 드니'(St. Denys)와 동일시함으로써 디오니시우스의 신학이 카롤링거 제국의 신학적 정당성과 종교적 권위를 강화하는 데 크게 기여하였다.

디오니시우스의 신학은 상징과 상징주의, 긍정신학과 부정신학, 위계, 그리고 발현과 회귀 같은 주제를 통해 동방 기독교와 서방 기독교의 경계를 넘어 중세 신학 전체에 심대한 영향을 미쳤다. 이러한 주제들은 단순한 인식론적 수단을 넘어 그의 신학 전반을 구성하는 개념적 구조의 중심 원리로 작용하였다. 폴 로렘의 지적처럼, 발현과 회귀는 디오니시우스 신학을 관통하는 해석학적 틀이자 존재론적 구조이다. 이를 통해 그는 신플라톤주의 형이상학과 그리스도교적 계시 신학을 독창적으로 결합한 대표적 예로 자리하였다.

1.1. 『천상의 위계』

학자들은 디오니시우스의 작품의 저본으로 그리스어 사본 Gr. 437과 그리스어 교부총서인 파트로로기아 그라이카(Patrologia Graeca, PG) 제3권을 주로 사용한다. 아래 인용 구절 표기는 PG 제3권의 페이지 체계를 따른다. 이 판본에 따르면, 『천상의 위계』는 디오니시우스 저작 중에서 신학적·해석학적 방법론을 소개하는 첫 세 장과 함께 가장 먼저 배열된다. 서론 역할을 하는 이 장에 소개된 해석학적 원칙은 『천상의 위계』뿐 아니라 『교회의 위계』 및 디오니시우스의 전체 신학에 일관되게 적용된다. 본 절에서는 다음 세 가지 측면에서 『천상의 위계』를 분석하고자 한다.

첫째, 『천상의 위계』의 전체 구조는 발현과 회귀 개념을 이해하는 데 매우 유용한 신학적 기반을 제공한다. 제1장은 '빛'이라는 상징을 통해 발현과 회귀에 대한 서론적 진술로 시작하며(CH 1, 120B), 제15장은 동일한 주제를 통합적으로 요약하면서 마무리한다(PG 3,

328A-C).

제1장에서 디오니시우스는 발현과 회귀의 사상적 구조를 '빛'의 운동을 통해 은유적으로 설명한다. 그는 다음과 같이 서술한다. "빛의 각 발현은 우리를 향해 스스로 아낌없이 퍼지며, 통합하는 능력으로 우리를 고양하고 자극한다. 빛은 우리를 아버지의 단일성과 신화 같은 단순성으로 되돌려 보내며, 우리를 하나로 모은다."(CH 1.1, 120B-121A)

여기서 '빛'은 하나님 자신을 상징하며, 발현을 통해 창조물에게 흘러나오고, 다시금 창조물들을 하나님께로 이끄는 통합적 원리이다. 이 빛은 인간을 일깨우고 들어 올리는 힘이며, 결국 "신적 단순성"(θεολογία ἁπλότης)으로 회귀시킨다(CH 1.1, 120A). 이러한 빛의 운동은 창조물에게 '상승'(ἀναγωγή)과 내적 자극을 일으키고, 신에게는 통합과 회귀라는 이중 작용을 수행한다. 인간은 이 신적 조명의 흐름 속에서 수동적으로 응답하며, 회귀 여정에 참여한다. 여기서는 이 논의에서 주목할 만한 몇 가지를 살펴보겠다.

제1장의 이 구절은 야고보서 1장 17절과 로마서 11장 36절의 인용 구절로 둘러싸여 있다. 비록 1장의 제목은 후대 편집자의 손에 의한 것이지만, 본문의 구조는 명백하게 '머묾, 발현, 회귀'라는 삼중 구조를 암시하고 있다. 이어지는 설명에서 디오니시우스는 다음과 같이 진술한다. "모든 신적 계몽은 다양한 방식으로 선함(ἀγαθότης)으로부터 피조물에게 발현되며(προϊοῦσα), 단순히 그 안에 머무르지 않고 계시를 받는 자들을 통합(ἑνοποιεῖ)한다"(CH 1.1).

빛의 상징적 의미와 그 구체적 활용은 디오니시우스의 신학의 해석학적 구조를 구성하는 요소이다. '머묾, 발현, 회귀'라는 삼중 구조를 제시한 후, 그는 빛을 자기 반사적이며 내적 통일성을 결코 상실하지 않는 실체로 해석한다.

"이 빛은 자기 안에 머물면서도 외부로 발현되며, 그 발현은 자신의 고유한 선함에 부합하는 방식으로 스스로를 외부로 확장한다. 이러한 발현은 피조물에 대한 섭리적 책임, 즉 그들을 고양시키고 통합하려는 목적을 따른다. 그럼에도 불구하고 이 빛은 본질적으로 안정되고 변화하지 않으며, 자신의 정체성과 통합성을 영원히 유지한다. 나아가 이 빛은 피조물에게 빛을 향해 최대한 상승할 수 있는 능력을 부여하고, 자신의 단순화된 통일성을 통해 피조물을 하나로 묶는다"(CH 1.2).

폴 로렘이 지적한 대로, 디오니시우스의 신학은 객관적 설명이라기보다는 주관적이고 인지적인 성격을 띤다.[30] 그럼에도 불구하고, 발현이라는 개념은 단순한 계시나 상징을 넘어서 삼위일체 하나님의 발현, 창조 행위, 나아가 그리스도의 성육신에 이르는 신학적 개념으로 포괄적으로 확장된다.

발현과 회귀 개념은 『천상의 위계』 제15장에서 다시 등장한다. 디오니시우스는 천상 존재들의 다양한 역할과 형상에 대한 논의를 마무리하면서 다음과 같이 결론 부분을 시작한다. "우리는 분리와 다수성의 평원으로 내려가야 하며, 천사들이 채택한 다양한 형태와 모습을 탐구해야 한다. 그러고 나서 다시, 이러한 이미지들로부터 출발하여 그것들을 따라가며, 천상의 지성들의 단순성으로 다시 상승해야 할 것이다"(CH 15.1).

여기서 "내려가야 하며"와 "상승해야 한다"는 표현은 독자 혹은 해석자의 능동적 역할을 지시한다. 디오니시우스는 이 구절을 통해 '내려감', '벗어남', '출발'이라는 하향 운동과 상승적 회귀를 함께 묘사하고 있다. 여기서 발현과 회귀는 곧 다수성과 단순성 사이의 긴장과 통합이라는 변증법적 구조 안에서 전개되고 있다.

둘째, 디오니시우스가 반복적으로 강조하는 '상승' 혹은 '고양' 개념은 특히 주목할 만하다. 이 개념은 『천상의 위계』 전체에서 '머묾, 발현, 회귀'라는 삼중 구조 가운데 무엇이 가장 우세하게 작동하는지를 가늠케 하는 결정적인 기준이다. 겉보기에는 천사들이 하향적으로 배열되어 있는 것처럼 보인다. 하지만 이 위계 구조는 단순한 하향적 발현이 아니라 모든 존재를 신을 향한 회귀 운동으로 고양시키는 상향성에 중점을 두고 있다. 디오니시우스는 '고양'을 '아나고지적' 해석, 즉 상승적 해석의 핵심 개념으로 삼으며, 감각적인 것에서 개념적인 것으로, 개념적인 것에서 '신적 관조'(theoria)로 나아가는 상승 과정을 그의 전체 신학 구조와 형이상학의 중심 원리로 제시한다. 이러한 상승은 곧 신을 향한 회귀의 본질과 직결되며, 회귀를 촉진하고 가속하는 역할을 한다.

셋째, 디오니시우스는 자신의 전체 신학적·해석학적 체계를 발현과 회귀의 패러다임 속에 배치하며, 특히 해석의 최종 방향을 회귀에 둔다. 그는 『천상의 위계』 제2장에서 긍정신학과 부정신학의 방법론을 제시하며, 신은 지상의 어떠한 언어나 천상의 형상으로도 온전히 묘사될 수 없다고 말한다. 그럼에도 불구하고 성경은 "우리를 고양시키기 위해, 신은 낮은 이미지들로 자신을 굽히신다"고 주장한다. 곧, 신은 발현을 통해 자신을 드러내시되, 무한한 이미지들 속에 자신을 흩뿌리고 증식하신다. 그러나 디오니시우스는 역설적으로, 유사한 이미지보다 오히려 유사하지 않은 이미지들이 우리 마음을 영적인 차원으로 더욱 강력하게 고양시킬 수 있다고 본다(CH 2.3). 모든 상징과 이미지는, 유사하든 유사하지 않든, 그 자체로 발현이며, 동시에 회귀를 지향하게 만드는 고양과 상승의 통로이다. 이러한 해석학은 곧 디오니시우스의 상징신학이 회귀적 구조로 완성된다는 사실을 보여준다.

『천상의 위계』 제3장에서 '위계'(hierarchia) 개념은 회귀와 밀접히 연관된 방식으로 제시된다. 디오니시우스에 따르면, 위계란 "하나님께서 주신 신적 조명의 비례에 따라 하나님을 모방하도록 고양되는 것"을 의미한다(164D). 위계의 궁극적 목표는 "존재들이 하나님과 최대한 유사하게 되고, 그분과 하나가 되도록 하려는 것"에 있으며(165A), 이는 곧 존재들을 신을 향한 회귀로 이끄는 질서의 구조를 뜻한다. 『천상의 위계』의 중심 목표는 "천사들의 위계적 구조를 통한 고양"에 있으며, 이 구조는 하향적 발현의 질서이자 동시에 상향적 회귀의 경로로 작동한다(CH 5, 196C). 디오니시우스는 아홉 위계의 천사를 세 개의 삼중 계층으로 나눈 모델을 제시하면서, 이를 통해 다음과 같은 목적이 이루어진다고 설명한다. "하나님을 향한 고양과 회귀, 그리고 소통과 연합이 올바른 질서에 따라 이루어지도록 한다"(CH 9.2, 260B). 즉, 위계는 단순한 존재의 분류 체계가 아니라 존재들이 하나님과 연합을 향해 질서정연하게 고양되는 신비적 구조이다. 이러한 위계와 고양 간의 밀접한 관계는 『천상의 위계』 제10장에서도 간명하게 등장한다. 디오니시우스는 다음과 같이 언급한다. "모든 세계의 초월적 조화는 이성과 지성을 부여받은 모든 존재를 섭리로 돌보며, 그들이 올바르게 질서를 갖추고 거룩하게 고양되도록 보장한다"(CH 10.1, 280A). 결국, 위계는 신적 조화와 회귀의 통로이자 존재론적 상승의 매개 구조로 이해되며, 발현과 회귀라는 전체 신학적 틀 안에서 핵심적 위치를 차지한다.

1.2. 『교회의 위계』

『교회의 위계』의 전체 구조를 살펴보면, 각 장은 상징적으로 삼중적 형식을 따르며, 또한 하향적 순서로 배열되어 있다. 이러한 삼중 구조는 해석학적 삼분법을 암시한다. 첫째 부분은 기초 역할을 하고, 둘째 부분은 감각적으로 지각되는 사건들과 관련되며, 셋째 부분은 감각적 지각을 넘어서 개념적 명상으로 나아가는 회귀 과정을 다룬다. 이 삼중 구조는 제1장을 제외한 모든 장에 나타난다. 『교회의 위계』 전반은 긍정적이고 상승적인 이미지가 두드러지며, 고양을 중심으로 한 해석학적 경향을 지속적으로 보인다. 이러한 점에서 폴 로렘은 『교회의 위계』의 중심 목적이 고양, 즉 상승이며, 이는 곧 "하나 되신 하나님"으로의 회귀와 직접 연결된다고 평가한다.

『교회의 위계』에서 '머묾, 발현, 회귀'라는 삼중 구조는 다음 세 가지 과정을 통해 분명히 드러난다. 첫째는 제1장(373A-B)의 천상의 위계에서 교회의 위계로 이행하는 것에 대한 신학적 정당화이고, 둘째는 제2장(392B)의 신적 탄생 개념에 대한 해석이며, 셋째는 제3장의 성체미사에 대한 상징적 해석이다.

디오니시우스는 이 책과 『천상의 위계』와의 관계를 간단히 언급한 후, 『교회의 위계』의 목적을 발현과 회귀라는 구조 속에서 다음과 같이 명시한다. "우리는 우리의 본성이 허락하는 한에서, 인간의 위계를 다양한 감각적 상징들 속에서 인식할 수 있다. 이러한 상징들은 위계적으로 우리를 위로 들어 올리며, 우리가 신과의 통합에 최대한 이를 수 있도록 인도한다"(EH 1.2, 373A-B).

이 진술은 디오니시우스 신학에서 빈번하게 등장하는 세 가지 주제, 즉 발현으로서의 다원화, 회귀로서의 고양, 신화의 통일성을 명확히 드러낸다. 『교회의 위계』 제2장에서 디오니시우스는 세례에 대한 해석을 제시하면서 "신적 탄생"(θεία γέννησις)이라는 표현을 사용한다. 여기서 신적 탄생이란 그리스도의 성육신같이 하나님의 시간 안으로의 발현이나, 세례와 성례전을 통해 하나님의 생명에 참여해 하나님의 형상으로 재탄생하는 것을 뜻할 수도 있다. 그 방향이 어떻든지 간에 신적 탄생은 불변하는 하나님이 피조세계와 관계를 맺는 것을 상징한다. 디오니시우스는 이 개념을 신화와 동일시하면서 자신이 얼마나 이 개념을 선호하는지를 분명히 설명한다. "신화란 곧 신적 탄생을 가지는 것이다. … 신적 탄생과 관련된 신적 상징들을 바라보자"(392B). 이 구절은 이어서 세례, 상징, 신화, 회귀적 고양이라는 주제들을 긴밀하게 연결한다. 디오니시우스는 자신의 신학적 언어 안에서, 하향적 발현에서 시작하여 신성과의 연합을 통한 상승과 회귀로 나아가는 구조를 의례적 상징과 해석학적 방식을 통해 강화하고 있다.

(1) 성체미사

『교회의 위계』 제3장에서 디오니시우스는 성체미사의 상징적 의식을 해석하며, 발현과 회귀 구조를 가장 뚜렷하게 드러낸다. 이 장은 다음과 같은 세 부분으로 구성된다. 첫째, 성체미사의 어원적 설명을 통한 머묾(424C-425B). 둘째, 성찬의 신비 속에서 이루어지는 전례 행위의 서술을 통한 발현(425B-428A). 셋째, 관상에 대한 상세한 신학적 논의를 통한 회귀(428A-445C).

디오니시우스는 고양의 개념을 성체미사를 뜻하는 '시낙시스'라는 용어 해석을 통해 가장 극적으로 드러낸다. '시낙시스'(σύναξις)는 "쉬나게인"(συνάγειν, 함께 모으다)에서 파생된 명사형으로, 단순한 모임이나 회중을 뜻하는 것이 아닌 존재론적 회귀와 신적 통일을 향한 신학적 개념으로 확장된다. 그는 다음과 같이 말한다. "모든 신성한 입문 행위는 우리의 파편화된 삶을 '(신과) 하나가 되는 신화'로 통합시키며, 내면의 분열로부터 신적인 통일성을 형성하고, 궁극적으로 우리를 하나님 한 분과의 교제와 연합으로 이끈다"(EH 3.1, 424C-D). 이 구절은 성체의 상징이 단지 전례적 사건이 아니라 존재론적이고 신화적인 회귀의 통합을 지향하는 것임을 드러낸다.

디오니시우스는 이 장에서 두 가지 주요 상징적 행위를 중심으로 발현과 회귀를 설명한다. 첫째, 주교가 향을 휘두르는 전례 행위(428D-429B). 둘째, 빵과 포도주의 덮개를 걷고 그것들을 나누는 성찬 행위(444A-D).

디오니시우스는 주교가 향을 휘두르는 의식을 다음과 같이 묘사한다. "주교는 신성한 제단에서 거룩한 기도를 드린 후, 그 자리에서 향로를 들고 휘두르는 의식을 시작한다. 이후 그는 성소 전체를 돌며 그 의식을 행하고, 다시 신성한 제단으로 돌아와 시편의 거룩한 찬송을 시작하며, 모든 회중이 그와 함께 이 찬송에 참여한다"(EH 3.2, 425B).

디오니시우스는 이러한 전례적 움직임 전체에 발현과 회귀의 신학적 개념을 적용한다. 주교의 공간적 이동, 즉 제단에서 회중 쪽으로 나아가 성소를 돈 뒤 다시 제단으로 복귀하는 이 행위는 하나님의 발현과 그분께로의 회귀를 예전을 통해 상징적으로 구현하며, 회중 모두를 이 신비에 참여하도록 안내한다. 주교가 이 향을 휘두르는 행위는 다음의 세 가지 상징적 의미로 확장된다. 첫째, 신성의 활동으로 하나님은 피조물에게 다가오시되, 여전히 자신의 본질 안에 머무르신다. 둘째, 성례전의 질서로 신성한 전례는 발현과 회귀의 구조 속에서 질서 있게 진행된다. 셋째, 주교의 고양적 사명으로 회중을 향해 나아갔다가 다시 제 자리로 돌아오는 주교의 움직임은, 그가 수행하는 통합적 사명과 영적 지도자의 역할을 상징한다(EH 3.3-4, 428D-432A). 이러한 전례적 구조는 '머묾, 발현, 회귀'라는 삼중 구조를 전례의 움직임 속에서 체현하는데, 디오니시우스는 이 구조를 다음과 같이 요약한다.

"시낙시스의 신성한 성례전은 본래 독특하고 단순하며 나뉠 수 없는 존재로 머무르지만, 인류에 대한 사랑으로 인해 다양한 신성한 상징들로 표현된다. 이는 모든 위계적 이미지를 포함하는 방식으로 확장되며, 그 다양한 상징들을 하나의 통일체로 모아 본연의 일체성으로 회귀하고, 신성하게 고양된 모든 이들에게 통일성을 부여한다"(EH 3.3, 429A).

성체미사의 두 번째 핵심 상징은 빵과 포도주의 덮개를 걷고 그것을 회중들과 나누는 행위이다. 이러한 동작은 '발현과 회귀' 구조를 가장 가시적이고 상징적으로 드러낸다. 디오니시우스는 이를 다음과 같이 설명한다. "덮여 있고 나뉘지 않았던 빵이 이제 덮개가 걷히고 여러 조각으로 나뉜다. 이와 유사하게, 그는 하나의 잔을 모든 이에게 나누어 주며, 상징적으로 '하나'를 증식시키고 분배한다"(444A).

여기서 빵과 포도주의 분할은 단순한 물리적 행위가 아니라 신적 존재의 풍성한 발현과 모든 피조물에 대한 나눔을 상징적으로 보여준다. 즉, 분배와 증식이라는 이중적 상징을 통해 성찬은 창조와 구원의 신비를 나타낸다. 덮개를 걷는 행위는 창조물 안에서 드러나는 하나님의 자기 계시를 상징하며(발현), 빵과 포도주를 나누는 행위는 그 빛과 생명의 분배, 곧 구원의 확장(회귀)을 나타낸다. 따라서 성찬은 단순한 과거 사건의 재현이 아니라 창조와 구원이 세상 속에서 실재적으로 통합되는 순간을 상징한다. 다시 말해, 빵과 포도주를 통해 창조와 구원이 만나는 자리, 그것이 바로 성체미사의 핵심이다.

빵과 포도주의 상징은 발현과 회귀의 신학적 맥락 안에서 그리스도론적으로 해석된다. 여기에는 예수 그리스도의 자기 비하, 성육신, 고난, 그리고 인류를 그리스도 자신에게로 부르시는 사명이 모두 포함된다(EH 3.13, 444C). 그리스도는 인류에 대한 사랑으로 가시적 형상으로 성육신하셨고(발현), 신적 본성 안에 여전히 머무르셨으며(머묾), 자신과 하나가 되는 교제인 '성체미사'(회귀)를 이루셨다. 다음 구절은 이러한 삼중 구조를 압축적으로 보여준다.

"(그리스도는) 인류에 대한 사랑으로 인해 자신의 신성을 숨기셨던 상태에서 벗어나 인간의 형상을 취하시고, 성육신을 통해 완전히 우리 가운데 오셨다. 이는 신성과 인성이 섞이지 않은 상태에서 이루어진 것이며, 본질의 변화 없이 자신의 본래 통일성에서 우리의 분열된 상태로 내려오셨음을 나타낸다. 그리스도는 우리를 향한 사랑으로 영감을 받아, 우리를 자신의 선함에 참여시키고, 신적 생명과 하나가 되도록 부르셨다. 이로써 우리는 완전에 이르고, 하나님 및 신적 본질과의 진정한 교제에 이른다"(EH 3.13, 444C-D).

이처럼 '머묾, 발현, 회귀'로 구성된 삼중 구조는 그리스도의 존재 방식 안에서 분명하게 나타난다. 그리스도는 신성을 혼합되지 않은 상태로 유지하며, 본질의 변화 없이 인간의 분열된 상태를 취하시고 인류 가운데 오셨다(발현). 그리고 다시 인류를 자신과의 일치된 교제로 부르셨다(회귀). 이 모든 신학적 흐름이 성체미사라는 전례 안에서 상징적으로 구현된다.

1.3. 『신의 이름들』

디오니시우스의 가장 방대한 저작인 『신의 이름들』은 발현과 회귀 개념을 가장 포괄적이고 조직적으로 담아내고 있다. 이는 토마스 아퀴나스를 비롯한 많은 중세 신학자들이 『신의 이름들』을 통해 집중적으로 탐구해 온 중심 주제이다.[31] 발현과 회귀에 대한 논의는 『신의 이름들』의 열세 개의 장 전반에 걸쳐 산발적으로 등장하지만, 특히 주목할 만한 주요 장들은 다음과 같다. 제1장(589D-592B), 제2장(640D-649B), 제3장(기도와 상승, 680B-D), 제4장(선, 693-713D), 제9장(휴식, 916B-C), 제13장(977B-984A).

제4장에서 제13장까지의 내용은 앞선 장들에서 제시된 해석적인 방법론을 바탕으로, 발현과 회귀의 정교한 구조를 드러낸다. 디오니시우스는 제4장에서 '선'(ἀγαθόν)이라는 신의 이름으로 발현의 시작점을 제시한다. 그는 다음과 같이 진술한다. "선은 존재의 증식과 다수화의 원천이며, 모든 것의 발현을 이끄는 최초의 원인이다"(693B). 이처럼 선은 존재 세계로의 하강적 흐름을 의미하며, 이후 존재, 생명, 지혜 등의 이름을 연속적으로 거치면서 상징적 의미의 점진적 하강을 보여준다. 이러한 전개는 신플라톤주의적 삼위일체 구조와 조응하면서, 천사들의 발현의 질서를 신적 이름의 계열 속에 담아낸다. 이 구조는 제12장에서 지성소(969A)에 도달하며, 제13장에서 마침내 '하나, 즉 한 분'이라는 이름으로 귀결된다(977B). 그리고 이

회귀의 정점에서 디오니시우스는 급격히 부정신학적 진술로 전환하며, 다음과 같이 선언한다(981B).

"하나님의 일체성의 능력에 따라 우리는 다수에서 하나로 회귀해야 하며, 우리의 독특한 찬양은 만물의 유일한 원인이자 하나의 완전한 신성이신 하나님께 드려져야 한다. 하나님은 다수성 속에서 계시되지만, 동시에 모든 일체성 이전에, 모든 부분과 전체에 앞서 존재하시는 분이시다. … 그분은 동시에 그들과 함께(cum eis), 그들 앞에(prae eis), 그리고 그들을 넘어(supra eos) 계신다"(DN 13.3, 980C).

이 인용구는 『신의 이름들』 전체를 관통하는 '머묾, 발현, 회귀'라는 삼중 구조를 압축적으로 요약하고 있다. 특히 제1장, 2장, 4장은 이러한 삼중 구조의 방법론적 기초를 제공한다. 제1장에서 디오니시우스는 신의 이름들의 발현적 성격을 강조한다(589D-592B). 곧 성경에서 거룩한 이름을 통한 계시는 "하나님의 은혜로운 발현"으로 이해되며(DN 1.4, 589D), 다양한 신의 이름들은 긍정적인 다수화의 표지이자 하강적 발현의 결과이다. 이 다수화 과정은 다음과 같은 발전 경로를 따른다. 첫째, 하나님의 단순성과 불가분성(머묾). 둘째, 성육신한 그리스도 안에서 인간과의 자비로운 연합(발현), 셋째, 인간을 다시 하나님께로 이끄는 관대한 복귀(회귀). 제1장 후반부에서 디오니시우스는 두 차원의 회귀를 제시한다. 첫째, "최고의 신성은 하나님의 불가분한 일체성을 이루며, 그 통합적 힘으로 우리를 끌어당겨 '신을 닮은 일체성', 즉 '하나님이 반영된 통일성'으로 인도한다"(589D). 여기서 '하나님이 반영된 통일성'이란 하나님의 일체성이 피조물 안에 반영되어 나타난 상태를 뜻한다. 둘째, "또한 인류에 대한 사랑으로 예수께서는 '낮은 상태의 인간이 그곳(하나님)에 도달하도록 부르신다'"(DN 1.4, 592C-D).

제2장에서 디오니시우스는 신의 이름의 이중 구조, 곧 일체성과 구

별성 개념을 제시한다(640D). 이는 제1장에서 확립된 삼중 구조를 확장하는 것인데, 다음과 같은 명시적 진술로 드러난다. "신적 일체성은 감추어져 있으며 동시에 영원하며, 말로 표현할 수 없고 알 수 없는 것을 초월하는 견고함의 최고의 토대이다. 신성 안에서의 구분은 신의 은혜로운 발현과 계시와 관련되어 있다"(DN 2.4, 640D).

'머묾, 발현, 회귀'라는 삼중 구조는 하나님의 본질적 일체성이 은혜로운 발현으로 다원화되는 방식과, 이 발현이 다시 회귀하여 통일성으로 수렴되는 질서를 보여준다(DN 4.8-9). 이때 핵심 개념인 '구별'은 단순한 분열이나 대립을 의미하지 않으며, 오히려 발현과 통일성의 역동적인 관계 안에서 작동하는 계시적 질서를 뜻한다. 이에 대해 폴 로렘은 "『신의 이름들』 제2장은 디오니시우스의 신학과 신플라톤주의 철학 사이의 은밀한 상호작용을 탐구하는 학자에게 풍부한 통찰을 제공한다"고 평가한다.[32]

머묾과 발현의 관계는 제2장 말미에서 명확하게 요약된다. "내가 이미 언급했듯이 '신적 구별'(*διάκρισις θεῖα*)은 최고 신성의 은혜로운 발현을 가리킨다. 이 신성은 모든 피조물에게 선물로 부여되며, 각각의 존재 안에는 하나님이 부여하신 선이 충만하게 넘쳐 흐른다. 동시에 이 신성은 통일된 방식으로 구별되며, 증식되면서도 본래의 단일성을 잃지 않는다. … 그럼에도 불구하고 그는 여전히 '하나'로 남아 있으며, 그 자신보다 결코 적은 존재가 아니다. 그는 다수성 속에서도 하나로 존재하며, 발현의 전체 과정을 통해 통합되고, 구별의 비움 안에서도 충만함을 유지한다"(DN 2.11, 649B).

여기서 디오니시우스는 다수화와 증식을 통해 발현이 실현되면서도, 본래의 신적 통일성과 충만함을 유지한다는 점을 분명하게 드러낸다. 그의 신학은 다양성과 통일성, 비움과 충만함, 그리고 발현과 머묾의 역설적 일치라는 주제를 정교하게 통합하고 있다. 『신의 이름들』 제4장에서 다루어지는 '선'(善)에 대한 논의는 디오니시우스의 발현과 회귀 개념이 신의 이름을 통해 어떻게 구현되는지를 잘 보여준다. 신의 이름들 가운데 가장 첫 번째이자 가장 탁월한 이름인 선은 빛과 광선의 이미지를 통해 설명된다. 빛이신 하나님은 모든 존재를 비추시며, 지성적 존재에서 무생물에 이르기까지 모든 피조물에게 광선을 부여하시고, 그 광선을 다시 자신 안으로 회수하신다. 선에서 흘러나오는 일련의 흐름은 발현을 상징하며, 선은 "모든 것을 자신에게로 되돌린다"(700B). 개념적 빛으로서의 '선'은 "조명을 받는 이들을 모으고 결합하며, 그들을 완전하게 하고, 참된 실재로 인도한다"(701B).

제4장의 끝에서는 '사랑의 움직임'이라는 상징을 통해 발현과 회귀의 역동적 메커니즘을 다음과 같이 묘사한다. "하나의 단순하고 자발적인 능력이 있어 만물을 하나로 융합하도록 이끈다고 하자. 이 능력은 선으로부터 시작되어 가장 낮은 창조물에 이르고, 모든 단계를 거쳐 질서를 따라 마침내 선으로 되돌아간다. 그리고 자신으로부터, 자신을 통해, 자신 위로, 자신을 향하여 영원한 순환 속에서 움직인다"(DN 4.17, 713D).

『신의 이름들』 제9장에서는 회귀의 관점에서 하나님의 안식과 운동을 다룬다(916B-D). 하나님은 움직이지 않으시는 분으로, 완전하고 안정적 존재로 묘사된다. 그분은 "모든 안정성과 모든 안식을 초월하시는 분"으로, 이는 하나님의 '머묾'이라는 본질적 특성을 강조하는 구절이다. 그러나 동시에 디오니시우스는 "무수한 발현과 활동 속에서 움직이신다"는 표현을 통해 신 존재의 역동성과 발현의 풍성함도 함께 드러낸다.

이 구절에서 디오니시우스는 신의 운동을 세 가지 방식으로 설명하며, 이는 '머묾, 발현, 회귀'의 삼중 구조와 연관성을 보여준다. 첫째, 직선적 운동은 외향적으로 나아가는 활동으로 "모든 창조물을 형성하는 그분의 흔들림 없는 활동의 발현"을 의미하며 발현의 역동성을 상징한다. 둘째, 나선형 운동은 외향적 발현과 내적 머묾이 결합된 형태로, 신적 존재의 이중적 작용을 시사한다. 이는 창조와 유지의 동시성을 함축한다. 셋째, 순환적 운동은 모든 존재가 하나님으로부터 나와 다시 그분께로 돌아가는 과정을 의미하며, 회귀의 궁극적 지향성을 나타낸다(DN 9.9, 916D). 폴 로렘이 논의했듯이, 이러한 운동 구조는 제4장에서 논의된 신적 안식과 발현 사이의 긴장을 해석하는 데 중요한 신학적 틀을 제공한다.[33]

한편 『신의 이름들』 제3장은 회귀 메커니즘과 그 신학적 필연성을 조명한다(680B-D). 『교회의 위계』에서처럼, 『신의 이름들』에서도 다양한 신의 이름들이 하향적 증식과 발현을 암시하지만, 이 모든 발현은 결국 그 근원인 하나님께로의 회귀를 전제한다. 이 회귀 과정에서 디오니시우스는 기도를 핵심적인 영적 수단으로 제시한다. 그는 기도를 단순한 요청이나 의식적 행위가 아닌, 상승하는 고양적 운동으로 해석한다.

"기도를 통해 하나님의 은혜로운 광선이 머무는 더 높은 차원으로 나아가자. 하늘의 높은 곳에서 이 세상의 낮은 곳으로 내려오는 찬란한 사슬을 떠올려보라. 우리는 그 사슬을 양손으로 붙잡으며 마치 그것을 우리 쪽으로 당기고 있는 듯하지만, 실상은 그렇지 않다. 그 사슬은 이미 위와 아래, 높은 차원과 낮은 차원에 동시에 존재하고 있으며, 우리가 그것을 끌어당기는 것이 아니라 오히려 그 사슬이 우리를 위로 끌어 올리고 있다. 그리하여 우리는 그 크나큰 광채와 눈부신 빛의 세계로 들어가고 있는 것이다"(DN 3.1, 680C).

이 비유는 기도의 이중적 기능을 암시한다. 기도는 다음과 같은 두 가지 역할을 수행한다. 첫째, 기도는 신의 이름들을 인식하고 이해하는 해석학적 도구이다. 이는 존재의 다양성 속에 계시된 신성을 파악하게 하며, 발현된 이름들을 통해 하나님의 본질에 다가가도록 돕는다. 둘째, 기도는 하나님의 광선으로 회귀하는 영적 매개체이다. 기도는 단순히 인간의 상향 운동이 아니라 이미 발현된 신의 은혜 안에서 하나님의 인도하심에 응답하는 참여이다. 기도를 통해 신의 이름들을 깨닫는다는 것은 곧 존재의 근원으로 향하는 길을 인식하는 것이며, 이 여정의 주도권은 인간에게 있지 않고 하나님께 있다. 기도와 회귀의 여정은 피조물 위에 흘러넘치는 하나님의 은혜로운 발현에 의해 열리며, 이는 결국 하나님의 통일성과 안식으로의 회귀를 향해 우리를 인도한다.

1.4. 『신비신학』

『신비신학』은 디오니시우스 사상의 정점을 보여주는 작품으로, 그의 저작들 가운데 가장 간결하면서도 강렬한 신학적 깊이를 지닌 본문이다. 『신비신학』은 발현과 회귀를 주요 신학적 방법론으로 삼아 그 신비 여정을 탐색하며, 다섯 장으로 구성된 전체 본문의 구조 자체가 발현과 회귀의 패러다임을 암시하고 있다. 이러한 내용은 필자가 2022년에 출간한 『위-디오니시우스의 신비신학』이라는 책에 자세하게 담겨 있다. 『신비신학』 제1장은 삼위일체를 찬양하는 시로 시작하며, 독자를 신비의 심연으로 초대한다. 이 시는 다음과 같은 인상적인 찬미로 문을 연다. "감추어진 침묵의 찬란한 어둠 속에서 가장 깊은 그림자 가운데 압도적인 빛을 쏟아내어 우리의 눈먼 마음을 완전히 채운다"(MT 1.1).

이어지는 제1장에서는 모세의 시내산 등정 모습을 중심으로 상승의 단계를 설명하며, 제2장에서는 그 여정에서 필수적인 부정신학의 방법을 제시한다. 제3장은 발현의 논리를 다루고, 제4장과 제5장은 회귀의 신비적 구조를 중심으로 서술된다. 제5장에서는 책 전체를 다음과 같은 신비신학의 핵심 진술로 마무리한다.

"(하나님)은 긍정과 부정을 모두 초월하신다. 하나님과 가까운 것들에 대해서는 긍정하거나 부정할 수 있지만, 하나님 자신에 대해서는 결코 말할 수 없다. 그 이유는 하나님은 모든 긍정을 초월하시며, 만물의 완전하고 유일한 원인이기 때문이다. 또한 하나님은 탁월하게 단순하고 절대적인 본성을 지니셨기 때문에, 모든 제한으로부터 자유로우시며, 모든 제한과 부정을 초월하신다"(MT 5, 1048B).

『신비신학』이라는 제목에서 알 수 있듯, 이 책의 핵심 주제는 고양, 곧 상승이다. 디오니시우스는 이 상승 개념을 다양한 지점에서 활용하는데, 그중 대표적인 사례는 제1장에서 삼위일체에 대한 찬양 직후 이어지는 기도에서 찾아볼 수 있다. 그는 다음과 같은 권면으로 기도를 시작한다. "신비한 것들의 모습을 찾고자 할 때, 지각되고 이해된 모든 것을 당신의 뒤에 두고, 모든 존재와 지식을 초월하신 그분과의 연합을 향해 가능한 한 위로 나아가라"(MT 1, 997B-1000A).

이 권면은 신적 연합으로 향하는 여정이 감각적 지각(제4장)과 지성적 개념(제5장)을 모두 초월해야 함을 암시하며, 그 여정이 오직 상승을 통해 이루어진다는 점을 강조한다(MT 2, 1025A-B).

『신비신학』의 구조는 이렇게 발현과 회귀라는 디오니시우스 신학의 중심 도식을 압축적이고 명료하게 드러낸다. 제3장에서 제5장에 이르는 순차적 전개는 이러한 구조를 명확히 보여준다. 제3장은 "긍정신학이란 무엇이고, 부정신학이란 무엇인가?"(1032D-1033D)라는 물음을 제기하며, 발현에서 회귀로의 전환을 논의의 주제로 삼는다. 이 과정에서 세 가지 특징이 두드러진다. 첫째, 제3장은 발현과 회귀 개념을 신학적 탐구의 틀로 삼는다. 하향적으로 발현된 하나님의 은혜와 존재의 충만함은, 다시 상향적인 회귀의 여정을 통해 하나님과의 연합을 지향한다. 둘째, 이러한 이중 운동은 상징신학, 특히 긍정신학과 부정신학이라는 두 신학적 방법론과 깊이 결부된다. 긍정신학은 하향적 발현을, 부정신학은 상향적 회귀를 대표하는 방식이다. 셋째, 디오니시우스는 이 운동의 구도를 '문자적 다수성과 단순성'이라는 개념으로 설명한다. 발현은 다수성, 곧 구체적이고 다양한 언어와 상징으로 드러나고, 회귀는 단순성, 곧 하나이며 무형의 신성으로 응축되는 여정을 따른다.

이러한 구조는 디오니시우스의 다른 저술들, 곧 『신학적 표상들』, 『신의 이름들』, 그리고 『상징적 신학』의 배열 및 논의 순서와도 밀접하게 연관된다. 『신학적 표상들』과 『상징적 신학』은 디오니시우스가 지었다고 간주된 가상의 책들이다. 각각의 책은 상징, 이름, 그리고 신비의 방식으로 하나님을 서술하며, 이 모든 흐름은 결국 『신비신학』에서 절정에 이른다. 디오니시우스 신학의 정점은, 이처럼 발현과 회귀의 신학적 순환 구조 위에 세워져 있다.

『신학적 표상들』은 신적 일체성과 삼위일체, 그리스도의 성육신과 같은 핵심 주제를 다룬다. 이 책에서 제시되는 표상은 성경의 계시와 긍정신학의 범주에 위치한다. 뒤이어 펼쳐지는 『신의 이름들』은 인간이 이해할 수 있는 개념의 영역에서 하나님의 자기 계시가 어떻게 드러나는지를 설명한다. 마지막으로 『상징적 신학』은 개념적 이름을 넘어 감각적으로 인지 가능한 이미지 차원까지 내려가는 발현 과정을 탐구한다(1033A-B). 이 세 작품은 논리적 순서를 따라 전개된다. 신적 일체성에서 삼위일체로, 개념적 이름에서 감각적 상징으로, 추상적인 차원에서 더 구체적인 차원으로 점진적으로 진행된다. 디오니시우스는 이 하강 흐름을 정리한 뒤, 신학적 여정을 상향 운동으로 전환한다.

"이전 책들에서 내 논증은 가장 고귀한 범주에서 가장 낮은 범주로 내려갔고, 이 하강 과정에서 점점 더 많은 개념들을 포함하였으며 하강의 매 단계마다 개념들이 증식하였다. 그러나 이제는 낮은 것에서 초월적인 것으로 올라간다"(MT 3, 1033C).

이 상향 운동은 두 단계로 구성되는데, 제4장은 감각적 단계를, 제5장은 개념적 단계를 다룬다. 하향 발현이 긍정적 계시와 개념의 증식이라면, 상향 회귀는 부정을 통한 상승, 곧 부정신학의 논리를 지닌다. 긍정과 부정은 별개의 장치가 아니라 하나의 해석학적 구조 안에서 상호 보완적으로 작동하며, 이 원리는 모든 이름, 상징, 해석에 적용된다. 로렘 역시 이를 이렇게 요약한다. "두 방향성은 원인이 결과에 논리적으로 선행하는 범위에서만 구분될 뿐, 실제로는 분리되지 않고 동시에 이루어진다."[34]

제3장에서 전개되는 발현과 회귀의 모든 측면은 '문자적 다수성과 단순성'의 원칙과 맞물린다. 발현은 증식과 다수성, 회귀는 침묵과 단순성으로 설명된다. 긍정신학의 하향 과정은 존재가 다수화됨에 따라 설명도 길어지지만, 부정신학의 상향 과정에서는 범위가 점차 축소되고 언어는 보다 간결해진다(DN 5.5-6). 즉, 문자적 다수성으로의 하강은 신적 발현이 단순성에서 출발하여 다양한 지성의 단계로 확산하고, 나아가 시간과 공간 안에 놓인 감각적 세계의 다층성과 복잡성으로 전개되는 창조적 해석 과정이다. 이는 존재와 의미의 증식이며, 긍정신학에 따라 하나님에 대한 이름, 표상, 상징이 끊임없이 덧붙여지는 과정이다. 반면, 부정신학이 이끄는 상향 과정은 이 모든 다수성과 복잡성을 하나씩 벗겨내며 축소해 간다. 설명은 줄어들고 언어는 간결해지며, 의미는 정제되고, 궁극적으로는 침묵에 도달한다. 발현에서 회귀로 전환하는 여정은 점진적인 단순성과 일체성의 흐름을 따르며, 디오니시우스는 이 과정을 다음과 같이 설명한다. "높이 올라갈수록 언어는 점점 더 흔들리며, 마침내 상승의 정점에 이르면 완전한 침묵 속에 머무르게 된다. 이는 더 이상 말로 표현될 수 없는 분과 하나가 되었기 때문이다"(1033C).

모든 문학적 담론은 감각적이든 개념적이든, 상승 과정에서 점차 축소된다. 이 과정은 "광범위한 해석에서 간결한 부정으로" 나아가며, 궁극적으로 '알지 못하는 구름, 즉 무지의 구름' 속으로 진입하는 침묵의 단계에 이른다. 디오니시우스는 긍정의 하향 과정에서는 문장이 점차 문자적 다수성으로 확장되는 모습을 묘사하며, 반대로 부정의 상승 과정에서는 표현이 점점 제한되고 축소되는 단계를 보여준다. 이 구조는 모든 신학적 언어의 운동성을 정의하는 원리로 작용한다. 이 구조적 원리를 폴 로렘은 다음과 같이 요약한다.

"정신적 구조는 긍정의 하향적 순서와 부정의 상승적 구조로 이루어진다. 하향적 긍정은 아래로 진행되며, 하강의 정도에 따라 그 범위는 넓어진다. 반면 상승적 부정은 위로 되돌아가며, 상승의 정도에 따라 점점 축소된다. 이 상승하는 부정의 여정은 결국 침묵과 말로 표현할 수 없는 분과의 연합이라는 소실점에 도달한다."[35]

『신비신학』에서 회귀 구조는 제4장에서 감각적 구조와 제5장에서 개념적 구조로 나뉘며, 이는 감각과 개념 세계의 이중적 구성을 따른다. 이 구조는 『천상의 위계』에서 드러나는 하향적 위계(개념적 위계) 및 『교회의 위계』에서 드러나는 감각적 위계와 이분법적으로 대응된다. 디오니시우스는 이 상이한 위계들을 관통하며, 개념을 초월해 "알 수 없는 연합"이라는 최종 목표에 이르는 길을 제시한다. 이 연합의 지점에서는 신비의 깊이가 한층 더해질 뿐 아니라 오히려 복잡성 또한 증가하는 역설적 성격을 보여준다. 『신의 이름들』은 이 점을 다음과 같이 서술한다. "영혼이 신화될 때, 우리의 지성적 능력 또한 동일한 경험을 하며, 눈에 보이지 않는 상태로 집중하고, '알 수 없는 하나 됨'을 통해 접근할 수 없는 빛의 광선에 주목하게 된다"(DN 4.11, 708D). 디오니시우스는 『신의 이름들』에서 이와 같은 문장을 통해 신화와 관련된 지성의 궁극적 작용을 묘사한다. 이 진술은 단순한 신비주의적 수사가 아니라 『신비신학』 전반에 걸쳐 반복되는 구조적 통찰과 맞물린다.

『신비신학』은 모세의 시내산 이야기를 서두에 배치함으로써 상징적 상승 여정을 제시한다. 제1장에서 언급된 이 주제는 제3장에서 다시 등장하고, 마지막 장에서는 "모든 긍정과 부정을 초월하는" 상태를 강조하며 종결된다. 그러나 이와 같은 표현은 구체적인 인간의 신화 과정이나 그 실제적 결과를 묘사하지는 않는다. 디오니시우스의 신화 개념은 이후 고백자 막시무스와 에리우제나가 전개한 보다 세밀하고 실존적인 신화 신학에 비해, 여전히 형이상학적이며 개념적 수준에 머무른다. 디오니시우스는 신화의 상태에 이르는 인간의 변화 과정을 체계적으로 분석하지 않는다. 그에게 신화는 주관적이며 내면적인, 그리고 언어로 담아낼 수 없는 초월의 사건이다. 또한 신화는 객관적이거나 가시적인 방식으로 설명될 수 없다. 이러한 한계는 『신비신학』이 강조하는 "알 수 없는 신비로운 어둠"이라는 표현에서도 드러난다. 이 어둠은 단순한 무지를 뜻하는 것이 아니다. 오히려 모든 지식의 활동이 중단됨으로써, 완전히 알려지지 않음과 아무것도 알지 않음에 의해 마음을 초월해 알게 되는 상태를 지시한다. 이 표현은 지성의 작용이 멈춘 자리에서 비로소 시작되는 신적 인식의 역설을 드러낸다.

하나님은 이 어둠 속에서 모든 부정, 심지어 모든 긍정을 초월하시는 분이다. 디오니시우스는 하나님을 "긍정과 부정을 초월하신 분"으로 규정하며, 부정 그 자체조차 초월해 "남겨진다"고 말한다(1048B). 이는 부정을 통해 나아가는 신학의 여정조차도 최종 목적지에서는 더 이상 유효하지 않다는 것을 의미한다. 하나님의 실재는 모든 언어적 기술과 인식적 분류를 넘어서는 자리에서 비로소 접촉될 수 있다. 그러므로 참된 회귀는 부정을 넘어서는 부정을 통해, 완전한 침묵과 무지를 통해 이루어진다.

1.5. 아홉 번째 서신에 등장한 "신비로운 혼합 대접"

디오니시우스의 아홉 번째 서신, "티투스 주교에게"는 디오니시우스의 상징신학에서 중요한 위치를 차지한다. 발현과 회귀라는 주제를 명료하게 담고 있는 이 서신은 티투스 주교가 잠언 9장 1-5절에 대한 해석을 요청하는 것에 디오니시우스가 응답하는 형식으로 전개된다. "지혜의 집은 무엇이며, 혼합한 그릇은 무엇이고, 그 안에 담긴 음식과 음료는 무엇인가?"라는 티투스 주교의 질문은, 디오니시우스가 성경적·전례적 상징주의를 통해 신학적 의미를 담아 해석하도록 이끈다.

이 아홉 번째 서신은 세 가지 주제를 담고 있다. 첫째, 지혜의 집은 하나님의 거처이자 질서정연한 창조 질서의 은유적 표현으로, 모든 존재가 궁극적으로 회귀할 장소로 해석된다. 둘째, 혼합한 대접은 서로 다른 원소들의 조화로운 결합을 상징하며, 신의 거룩한 진리가 감각적이고 다양한 방식으로 전달되는 상징체계를 의미한다. 셋째, 음식과 음료는 성스러운 가르침, 곧 하나님으로부터 유래한 영적 양식을 가리키며, 신의 계시와 영혼의 성장을 위한 자양분으로 해석된다 (1109B-D).

서신의 초반부는 이 상징들을 해석하기 위한 기초적인 원칙들을 제시한다. 먼저 성스러운 다양한 상징들(1104C)은 구체적인 이미지와 감각적 형태를 통해 보이지 않는 진리를 전달한다. 다음으로 모호한 상징들은 '조화와 은폐'라는 이중적 목적을 지닌다(1105C). 상징은 그 자체로 진리를 전달하는 동시에 감추기 때문이다. 이를 통해 상징은 이해하는 자에게는 계시이고, 준비되지 않은 자에게는 은폐로 남는다. 이어서 언급되는 전례적 상징들(1108C)은 교회의 예배와 성례전 안에서 실현되는 구체적이고 반복적인 형식들을 지칭한다. 이러한 해석적 구조는 혼합한 대접이라는 상징의 깊이를 설명하는 중요한 배경이 된다. 성경은 "형태도 없고 모양도 없는 것에 다양한 형태와 형상을 부여함"으로써, 외형적으로는 허구처럼 보이나 내면적으로는 진리를 감추는 이중 구조의 상징체계를 형성한다. 이때 디오니시우스는 상징이 갖는 역설을 다음과 같이 요약한다. "겉으로 보기엔 허구적 환상처럼 보이는 상징은, 그 내면에 감추어진 신적 아름다움을 간직하고 있다"(1105C). 이 대목은 디오니시우스가 상징과 계시 신학을 어떻게 형이상학적 구조 속에서 전개하는지를 잘 보여준다. 그는 잠언 9장에 대한 해석을 통해, "가장 신성한 것들은 속된 자들이 쉽게 다룰 수 없는 것이며, 대신 진정으로 거룩함을 사랑하는 이들에게만 드러난다"(1105C)고 말하며, 계시와 은폐 사이의 긴장을 지적한다. 이러한 인식론적 긴장은 디오니시우스의 상징 해석의 전제이며, 나아가 거룩한 섭리의 역설적 구조를 이해하는 단초다.

디오니시우스는 다양한 상징과 상징성의 측면을 광범위하게 설명한 뒤, "신비롭게 혼합된 대접"(*κρᾶτρὰ μυστικῶν λογίων*, 1109B)이라는 주제로 초점을 옮긴다. 그는 이 대접의 둥글고 개방적인 성격을 들어 다음과 같이 설명한다. "그릇이 둥글고 드러난 상태로 존재하는 것은 시작도 끝도 없는 섭리를 상징하며, 이는 모두에게 열려 있고 모든 것을 포용한다는 것을 의미한다"(1109B). 이 생명을 담은 포도주 그릇은 둥근 형태로 인해 시작도 끝도 없는 섭리를 나타낼 뿐 아니라 개방성과 포용성을 의미한다. 이 상징은 섭리를 가리키며, 곧 "존재와 행복의 보편적 원인"(1109C)으로서의 하나님을 가리킨다. 이 대접의 상징 속에서 디오니시우스는 머묾과 발현의 구조를 명확히 제시한다. "그것은 모든 것에 발현하면서도, 여전히 자기 자신 안에 머물러 있으며 변치 않는 본질을 유지한다. 마치 대접과 같이, 그것은 안정적이고 안전한 상태를 지속하며, 완전하고 흔들림 없는 존재를 유지한다"(1109C).

다음 구절도 이러한 구조를 간결하게 요약한다. "(섭리는) 모든 것에 단계적으로 발현되면서도 결코 자신을 떠나지 않는다"(1109D). 즉, 섭리는 다양한 방식으로 발현되지만, 그 본질은 변함없이 자기 자신 안에 머문다. "자기 동일성 속에서 영원히 존재하고, 서 있으며, 머물며, 아무런 변화를 경험하지 않는다"(1109C).

이러한 논리는 역설적이며 변증법적이다. 디오니시우스는 다음과 같이 말한다. “(섭리는) 머묾 속에서 섭리에 기초한 활동에 관여할 수 있으며, 섭리 활동 속에서 머묾에 관여할 수 있다”(1109D). 여기서 “섭리 활동”은 하나님의 자기 계시적 창조가 다수성으로 발현되는 것이며, “머묾”은 하나님의 지속적 존재를 가리킨다. 이 구조는 긍정적 상징과 부정적 상징의 이중 논리를 보여준다. 긍정과 부정, 움직임과 머묾은 단순한 이분법으로 구분되지 않으며, 긍정신학과 부정신학을 초월하는 차원에서 동시에 작용한다. 이러한 긴장 속에서 상징은 단지 하나님을 설명하는 도구가 아니라 하나님 자신이 작용하시는 방식의 표현이다.

1.6. 디오니시우스에서 에리우제나까지

디오니시우스의 발현과 회귀에 대한 해석학은 두 가지 차원에서 살펴볼 수 있다. 첫째, 그의 다섯 편의 저작에 나타난 구조적 틀을 분석하고, 둘째, 발현과 회귀 개념을 주요 주제들에 적용함으로써 그 함의를 추적해 보았다.

『천상의 위계』 제1장과 제15장은 발현과 회귀의 구조가 가장 뚜렷하게 드러나는 본문이다. 이 책은 하강의 질서를 따라 위계 전체를 서술하는 가운데, 신적 발현이 어떻게 다수성의 세계로 흘러들고, 다시금 원천으로 되돌아가는 회귀의 여정을 밟는지 보여준다. 이러한 구조는 디오니시우스 신학의 핵심인 ‘머묾, 발현, 회귀’라는 삼중 구조와 긴밀하게 연결된다.

『교회의 위계』에 이르면, 이러한 삼중 구조는 더욱 구체적이고 전례적인 언어로 펼쳐진다. 각 장에서 반복적으로 나타나는 삼중 구성, 예를 들어 신적 출생과 성찬미사에 대한 논의는 디오니시우스가 발현과 회귀 패턴을 어떻게 교회의 전례 속에 투영하는지를 보여준다. 특히 성찬미사에서 드러나는 그의 독창성은, 신적 실재가 어떻게 회중과 교회의 삶 안에 발현되고 다시 하나님께 회귀하는지를 드러내는 핵심 장면이다. 발현과 회귀 신학은 인간론과 그리스도론에도 깊이 관여한다. 디오니시우스가 제시한 '인간의 파편화' 개념과 '인류에 대한 사랑에서 비롯된 성육신'에 대한 설명은, 이후 에리우제나의 『페리퓌세온』에서 더욱 심화되고 확장된다. 인간 존재의 단일성과 복원을 향한 신적 회귀 서사는 중세 신학 전체를 관통하는 중심 주제 중 하나이다.

『신의 이름들』 역시 발현과 회귀의 해석학적 구도를 따라 조직되어 있다. 제4장과 제13장은 발현과 회귀를 설명하는 신학적 틀을 제시하며, 제5장부터 제7장까지는 존재, 생명, 지혜라는 주요 개념을 중심으로 이 구조를 다양한 측면에서 보여준다. 특히 제9장에서는 세 가지 상이한 형태의 운동을 설명함으로써 신적 실재와 피조물 간의 관계를 보다 입체적으로 구성한다.

『신비신학』은 시내산에 오른 모세의 서사를 통해 발현과 회귀의 구조를 상징적으로 제시한다. 비록 디오니시우스의 다섯 저작 가운데 가장 짧은 분량에 속하지만, 이 책은 문자적 다원성과 단순성이라는 해석학적 원리를 발현과 회귀라는 신학적 구조 안에서 가장 명료하게 드러낸다.

아홉 번째 서신에서는 신비롭게 혼합된 대접이라는 상징을 통해 디오니시우스 특유의 상징 해석을 선보인다. 이 혼합 대접은 개방성과 포용성, 그리고 하나님의 섭리 활동을 상징하며, 동시에 머묾과 발현이라는 존재론적 구조를 반영한다. 둥글고 열려 있는 대접은 시작도 끝도 없는 신적 섭리의 본질을 드러내며, 발현하면서도 결코 자신을 떠나지 않는 하나님의 자기 동일성과 회귀의 역동을 함께 함축한다.

이와 같은 개별 본문들에 대한 분석은, 발현과 회귀라는 구조적 틀이 디오니시우스 신학 전반을 관통하는 핵심 원리임을 명확히 보여준다. 이 구조는 위계와 상징, 전례와 신비, 존재론과 인식론에 이르기까지 그의 신학 전 분야를 아우르는 틀이자, 후대 사상가들이 디오니시우스의 신학을 얼마나 정당하게 수용하는지에 대한 기준으로 활용된다.

디오니시우스의 저작은 그가 가진 사도적 권위와 신학적 섬세함 덕분에 6세기 이후 동방과 서방 신학자들에게 광범위한 영향을 끼쳤다. 서방에서는 에리우제나가 그의 저작을 번역하고 주석함으로써 중요한 매개 역할을 하였으며, 12세기와 13세기에는 디오니시우스의 신학이 다시 활발히 읽히고 해석되었다. 루스컴(David Luscombe)이 디오니시우스가 중세 신학에 끼친 영향이 매우 두드러졌다고 평가했듯이, 보나벤투라(Bonaventura, 1217-1274) 역시 이러한 맥락에서 "위계란 질서 잡힌 권능과 합리적 실체들로서, 하위 존재들이 그들 고유의 권위를 보존하게 한다"고 정의했다. 로렘은 위에서 언급한 그의 주석에서 디오니시우스가 중세 기독교에 남긴 유산을 다양하게 정리한다. 위계 질서와 성경적 상징론, 천사론, 미학, 전례 주석, 발현과 회귀의 체계적 신학, 그리고 영적 상승이라는 범주는 모두 디오니시우스 신학이 중세 신학의 기초를 이루는 데 중요한 기여를 했음을 입증하는 요소들이다.

우리가 살펴본 디오니시우스의 신학 구조는 발현과 회귀 개념을 다시금 확인하게 하며, 동시에 이러한 틀이 에리우제나의 사상에 어떻게 계승되고 재해석되었는지를 조망할 수 있는 기반을 준비해준다. 디오니시우스와 에리우제나의 관계에 대해 에두아르 조노는 에리우제나의 『페리퓌세온』 전체 가운데 약 6.5%가 디오니시우스 전집에서 직접 인용된다고 지적한다.[36] 나아가 디오니시우스의 주요 신학 주제들은 에리우제나의 존재론, 인식론, 우주론, 신론 전반에 깊숙이 통합되어 있다.

에리우제나는 단지 디오니시우스 전집을 라틴어로 번역하는 데 그치지 않았다. 그는 『엑스포지티오네스』에서도 디오니시우스의 문구들을 반복적으로 인용하고 해석함으로써 그 의미를 자신의 시대와 신학에서 확장하고자 했다. 이후의 번역자들과 주석자들 역시 이러한 해석적 구조를 수용하며 디오니시우스의 본문과 사상을 계승하였다. 그러나 에리우제나 사상에서 디오니시우스의 신학을 더욱 깊은 차원으로 이끌어준 사람은 고백자 막시무스였다. 디오니시우스의 사상은 막시무스를 거쳐 보다 심화된 존재론적·신비적 체계로 재구성되었고, 에리우제나는 이러한 막시무스의 해석을 수용하면서 자신만의 신학적 종합을 이루었다. 따라서 다음 단계에서는 디오니시우스와 에리우제나 사이에 놓인 결정적 고리, 고백자 막시무스의 신학에 주목할 필요가 있다.

2. 고백자 막시무스의 분리와 통합

약 580년경 콘스탄티노플, 지금의 이스탄불에서 태어난 고백자 막시무스는 디오니시우스와 에리우제나 사이의 신학적 전통을 연결하는 중요한 위치에 자리하고 있다. 막시무스의 생애는 크게 네 단계로 구분된다. 첫째, 황제 헤라클리우스(Heraclius)를 위한 제국 황실에서의 봉사 시기, 둘째, 수도사와 행정가로서의 수도원 생활, 셋째, 깊은 신학적 통찰을 바탕으로 한 학문적 활동 시기, 마지막으로 662년 순교에 이르기까지 고백자로서 극적인 삶의 시기이다. 필자는 막시무스의 생애와 사상을 2023년 키아츠에서 간행한 『고백자 막시무스의 사랑에 대한 400가지 교훈』이란 책의 에필로그에서 핵심적으로 다루었다.[37]

막시무스는 451년 칼케돈 공의회 신학에 입각해 정통 기독교 교리를 강력히 옹호하였으며, 특히 그리스도의 두 '의지'에 관한 문제를 집중적으로 논의하였다. 그는 단일 작용론(모노에네르게티스모스, μονοενεργητισμός)과 단일 의지론(모노텔레티스모스, μονοθελητισμός)에 맞서 치열한 신학적 논쟁을 벌였으며, 이러한 이단적 교의에 저항하는 과정에서 7세기 정통 기독교 신학의 대표적 인물로 자리매김하였다. 그는 비록 662년 순교로 생을 마쳤지만, 그의 신학은 이후 680년 제6차 에큐메니컬 공의회, 즉 콘스탄티노플 제3차 공의회에서 정통 교리로 확정된 그리스도의 두 의지(디오텔레티스모스, δυοθελητισμός)와 '두 작용'(디에네르게티스모스, δυενεργητισμός) 교리의 신학적 기초를 제공하였다.

막시무스는 오리게네스, 닛사의 그레고리우스, 나지안주스의 그레고리우스, 디오니시우스, 에바그리우스 등 초기 교부들의 사상에 깊이 의존하였다. 그의 신학은 동시에 플라톤 철학, 신플라톤주의, 아리스토텔레스의 논증 등 고대 그리스 철학의 영향도 크게 받았다. 라르스 툰베리(Lars Thunberg)는 막시무스의 의존성과 그의 종합적 신학의 특징을 다음과 같이 요약한다. "그가 탁월한 종합 능력을 지녔다는 사실은 놀라운 일이 아니다. 무엇보다도 그는 당시 대부분의 교부들과 마찬가지로 공통된 신학적 전제를 따랐다. 이들의 주된 과제는 독창적인 신학 체계를 창조하는 것이 아니라 선배들의 신앙과 신념을 충실히 재현하고 구현하는 데 있었다."[38]

막시무스가 자신의 신학에서 선행 신학자들의 사상을 적극적으로 수용하고 이에 깊이 의존했다는 사실은, 그가 구성한 발현과 회귀의 신학적 체계를 이해하는 데 중요한 단서이다. 막시무스의 철학적 어휘는 디오니시우스보다 훨씬 더 풍부하고 다채로우며, 그의 문체는 명료하고 직설적인 특징을 지닌다. 디오니시우스가 막시무스에게 끼친 영향을 분석하는 방식은 크게 세 가지로 나눌 수 있다. 첫째, 개념적 접근이다. 디오니시우스의 변증법적 신학 구조, 특히 부정신학과 긍정신학의 변증법적 틀은 막시무스의 사유에 깊이 자리한다. 막시무스는 이러한 이원적 틀을 자신의 우주론적·기독론적 구조 안에 재배치하면서, 보다 종합적이고 정합적인 체계로 확장하였다. 둘째, 전례적 접근이다. 디오니시우스의 『교회의 위계』에 나타나는 전례 신학은, 막시무스의 입문성사 이해, 시낙시스(성체미사), 성유 축성, 성품 성사에 이르기까지 여러 전례를 논의하는 데 영향을 주었다. 두 인물의 신학에서 전례는 단순한 종교의식이 아니라 인간 존재의 고양과 회귀를 위한 신비적 통로로 기능한다. 셋째, 우주론적 접근이다. 위계 개념, 그리스도론적인 우주 질서에 대한 비전, 그리고 창조에 대한 그리스도론적 해석 등에서 공통으로 사용되는 어휘와 개념이 이 두 사람의 사상적 연속성을 잘 보여준다. 막시무스는 디오니시우스의 위계 구조를 보다 동적이고 역사적인 구원사 안에서 재배치함으로써 삼위일체론에 기반한 신학적 우주론을 구체적으로 발전시켰다.

막시무스는 발현과 회귀의 틀을 구체적인 신학적 논의로 확장한다. 그의 중심 교리는 그리스도론이며, 말씀에 의한 창조는 곧 성육신 신학과 밀접하게 연결된다. 그의 저술 전체에서 세계는 대우주, 인간은 소우주로 제시되며, 다양성 속의 통일성이라는 주제가 일관되게 등장한다. 이 점에서 디오니시우스와 막시무스는 발현과 회귀라는 동일한 패턴을 공유한다. 겉보기에 막시무스의 사상에서 그 구조가 덜 두드러져 보일 수 있으나, 핵심 개념은 어렵지 않게 추출된다. 대표적 예로 『암비규아』 제3장은 다음과 같이 진술한다. “그분은 자신의 무한한 탁월함 때문에 말로 표현될 수도, 이해될 수도 없으나, 모든 것 안에 나타나 다중적으로 발현하시고, 각 존재에 합당한 선을 베푸시며, 다시 모든 것을 자신 안으로 회귀시키신다”(Ambigua 3, 205-9).

막시무스는 하나님의 활동을 ‘증식’과 ‘하나님께로의 회귀’라는 두 축으로 설명한다. 그는 하나님을 ‘표현할 수 없는 분’, ‘이해할 수 없는 분’이라 부르며, 디오니시우스의 부정신학 전통을 그대로 이어받는다. 창조는 하나님의 발현이자 증식으로 이해되며, 그 안에서 만물은 다양화되지만 결국 다시 하나님 안으로 통합된다.

이 과정을 설명하기 위해 막시무스는 분리와 통합이라는 두 개념을 빈번히 사용한다. 분리는 단순한 차이에 머물지 않고, 증대, 다양화, 차이, 창조 전체를 모두 포함한다. 그러나 이러한 분리는 반드시 통합을 통해 극복된다. 모든 피조물이 인류 안에서 회복되고, 인류는 다시 하나님 안에서 완성된 통일을 이룬다. 『암비규아』 제37장에 제시된 다섯 가지 분리와 통합에 대한 통찰은, 막시무스 신학이 지닌 발현과 회귀의 전체적 패러다임을 간결하고 명료하게 보여준다.

2.1. 다섯 가지 분리와 통합

원래 '암비규아'(ambigua)란 난해한 것, 혹은 모호한 것을 뜻한다. 막시무스의 대표적인 저작인 『암비규아』는 디오니시우스의 어렵고 난해한 문장을 해석하고 주석한 저술이다. 『암비규아』 제37장은 막시무스가 남긴 세 편의 연속적인 세례 설교 가운데 마지막에 해당하는 것으로, '분리와 통합'이라는 주제를 가장 포괄적으로 다룬다. 이 장은 단지 상징적인 전례 설교를 넘어서 분리와 통합 개념을 신학적이고 존재론적인 구조로 전개하며, 막시무스의 독창적인 신학이 응축되어 나타나는 지점이다. 그는 이 주제를 통해 인간 존재 전체가 어떻게 신과의 통일을 향해 나아가는지를 설명하고자 했다.[39]

막시무스는 나지안주스의 그레고리우스의 설교와 닛사의 그레고리우스가 제시한 자연과 인간 본성의 분리에 대한 해석을 종합적으로 수용하여, 자신만의 깊은 통찰을 재구성한다. 제37장의 서두는 나지안주스의 그레고리우스가 성 대현일(Holy Theophany)에 대해 설교한 『신학적 연설들』 제39장의 유명한 구절로 시작한다. "본성들이 새롭게 세워지고, 하나님은 사람이 되셨다." 막시무스는 닛사의 그레고리우스가 제시한 자연의 분리 구조를 활용하여 이와 관련한 신학적 난제들을 상세하게 해석한다. 이처럼 『암비규아』 제37장은 단순한 세례 설교를 넘어 전례적 상징성과 형이상학적 의미를 결합한 막시무스 해석의 정수를 보여준다.

『암비규아』 제37장에서 세례 설교와 존재론적 구조라는 두 주제를 결합하려는 막시무스의 의도가 다소 논쟁적일 수는 있지만, 전체 구조는 놀라울 만큼 정밀하게 설계되어 있다. 특히 분리와 통합에 관한 논의는 구조와 내용 면에서 명확하다. 막시무스는 사도적 권위를 근거로 다섯 쌍의 분리를 다음과 같이 제시하고 있다. 첫째, 창조되지 않은 본성과 창조된 본성의 분리이다. 무한하고 절대적인 하나님의 본성과 유한하고 시간 속에 존재하는 창조물 사이의 분리는 가장 궁극적인 차원에서 존재론적 간극을 형성한다. 둘째, 창조된 본성 내부의 분리이다. 창조된 세계는 다시 지성에 의해 인식되는 세계와 감각에 의해 인식되는 세계로 나뉜다. 이는 형이상학적 세계와 물질적 세계의 구분을 반영한다. 셋째, 감각적 세계의 분리이다. 물질세계는 다시 하늘과 땅으로 나뉘며, 이는 우주적 질서 안에서 상하 위계를 이루는 이원적 구조를 나타낸다. 넷째, 땅의 분리이다. 지상 세계는 낙원과 인간이 거주하는 영역으로 구분된다. 이는 타락 이전의 거룩한 공간과 이후의 역사적 공간 사이의 단절을 암시한다. 다섯째, 인간 안에서의 분리이다. 인간은 남성과 여성의 성적 분리로 구체화된다. 이는 피조 세계 안에서 가장 구체적인 분리이며, 인류의 증식과 역사 전개와도 밀접히 연관된다.

이 가운데 첫 번째 분리인 창조되지 않은 본성과 창조된 본성은 가장 높은 차원의 존재론적 단절이며, 다섯 번째 분리인 남성과 여성의 구분은 가장 낮은 차원에서 드러나는 구체적 분리이다. 막시무스는 이 일련의 분리를 하강의 구조로 이해하며, 이 분리가 거꾸로 상승과 회복의 구조 속에서 통합되어야 한다고 주장한다. 그는 다섯 가지 분리에 상응하는 다섯 가지 통합 과정을 서술하며, 이를 짧은 본문 안에서 네 차례 반복함으로써 통합의 중요성을 강조한다. 주목할 점은 막시무스가 말하는 통합이 단순한 사변적 사유가 아니라 수도적 실천과 영적 여정 속에서 실현되어야 할 과제로 제시된다는 점이다. 그의 신학은 지적 체계이자 동시에 실천적 신앙 지침이며, 신학과 수도원의 삶은 그의 사유 속에서 분리되지 않는다.

『암비규아』 제37장은 단지 분리의 목록을 나열하는 것이 아니라 이 분리 속에 내재된 형이상학적, 인간학적 의미를 추적한다. 특히 통합의 주체로서의 인간, 그리고 그리스도 안에서 일어나는 성육신과 성찬례 사건은 이러한 분리를 통합으로 이끄는 신학적 중심축을 이룬다. 나중에 우리가 살펴보겠지만 에리우제나가 이 구절을 단순한 상징적 주석으로 다루는 데 비해, 막시무스는 그것을 인류의 운명, 그리스도론적 구속, 위격적 연합, 신화의 과정까지 포괄하는 신학의 중심 원리로 발전시킨다. 인간은 이 구조 안에서 두 세계 사이의 중재자로서 존재하며, 이로써 존재 전체의 분리와 단절을 통합과 연합으로 이끄는 축이 된다. 따라서 분리와 통합이라는 구조는 막시무스 신학에서 발현과 회귀 구조를 체계적으로 구현한 대표적 사례로 평가할 수 있다.

2.2. 분리와 증대로서의 창조 - 우주론적 맥락

막시무스의 신학에서 우주론은 분리와 통합이라는 전체 구조를 이해하는 데 필수적인 배경을 제공한다. 그가 제시한 첫 번째 분리, 즉 창조되지 않은 존재(하나님)와 창조된 존재(피조물)의 구별은 곧 세계의 기원과 창조의 본질에 대한 신학적 성찰로 이어진다. 이 분리는 단지 존재론적 간극을 나타내는 것이 아니라 다양한 증식 과정을 통해 지성적 존재와 감각적 존재 모두를 아우르는 우주론 전체 구조를 드러낸다. 여기서는 우주론적 분리와 증대의 문제를 세 가지 핵심 주제를 중심으로 고찰하겠다. 첫째, 삼위일체 구조 안에서의 하나님에 대한 묘사, 둘째, 『카리타스』 제4장에서 나타나는 창조의 다양한 양상, 셋째, 신적 운동에 대한 이해이다.

(1) 삼위일체적 구조 안에서의 하나님에 대한 묘사

모든 창조는 창조되지 않은 하나님으로부터 시작되며, 결국 다시 하나님 안에서 궁극적인 안식을 지향한다. 막시무스는 이러한 창조의 기원을 설명하면서 하나님에 대한 다양한 명칭을 사용한다. 그는 하나님을 "존재의 수여자," "존재케 하시는 창조자," "제1 운동자"라 부른다. 그는 하나님을 단일성과 삼위일체로 묘사하며, 하나님이 만물의 원천일 뿐 아니라 만물의 존재와 운동, 목적을 가능하게 하시는 분임을 밝힌다. 막시무스는 특히 하나님의 존재를 단일성과 삼위일체로 동시에 묘사한다. 하나님은 본질상 단일한 분이시며, 동시에 세 위격 안에서 존재하신다. 그는 이 긴장 관계를 다음과 같이 설명한다. "삼위일체는 참으로 단일성이다. 이는 그 본질이 그러하기 때문이며, 단일성은 참으로 삼위일체이다. 이는 그 위격이 그러하기 때문이다" (Ambigua 2, 1036C).

이 진술에서 보이듯, 하나님의 절대적 단일성은 인간 이성으로 파악할 수 없는 신비의 영역에 속하지만, 동시에 삼위적 구조 안에서 구체적으로 드러난다. 다시 말해, 삼위일체는 하나님의 본질을 드러내는 위격적 방식으로 나타난다. 막시무스는 이 점에서 자신이 큰 영향을 받았던 신플라톤주의 전통에 오히려 비판적이다. 신플라톤주의는 '단일성'(monad)을 절대적 제1 원리로 설정하지만, 막시무스는 오히려 삼위(Triad) 안에서 단일성의 충만함이 드러난다고 주장한다.[40] 삼위일체 개념 자체가 단일성과 관계된다는 점을 동시에 내포하며, 이러한 통합 구조는 하나님의 실체를 드러낼 뿐만 아니라 창조와 구원의 모든 구조에 결정적인 패턴을 제공한다.

이 삼위 구조는 단지 하나님의 존재론적 구조에 국한되지 않는다. 막시무스는 신성과 인간 본성을 해석하는 과정에서도 다양한 삼중 패턴을 활용한다. 그는 삼위적 틀을 통해 인간이 세계와 자연을 보다 통합적으로 성찰할 수 있는 가능성을 제시한다. 이는 발현과 회귀의 신학적 구조와도 긴밀히 연결되는데, 특히 존재(*οὐσία*), 능력(*δύναμις*), 활동(*ἐνέργεια*)의 세 가지 구분은 막시무스의 삼위 구조를 대표적으로 드러낸다. 여기서 존재는 하나님 본성 자체를 의미하며, 만유 위에 초월하는 절대적 실재를 뜻한다. 능력은 하나님이 어떤 일을 행할 수 있는 잠재성과 역량을 뜻하며, 활동은 그 능력이 현실에서 완전하게 실현되는 과정을 가리킨다.

이 구조는 단순한 논리적 구분이 아니라 창조와 구원의 전체적 흐름을 담는 도식이다. 곧, 모든 것은 존재, 즉 하나님으로부터 시작되어, 하나님의 능력에 따른 운동을 거쳐, 결국 활동 안에서 완성되고 다시 하나님께로 회귀한다. 『암비규아』 제3장에 풍부하게 설명되어 있듯이, 이것은 디오니시우스가 제시한 '머묾, 발현, 회귀'의 삼중 작용 구조를 자연스럽게 연상시킨다. 막시무스는 이 삼중 구조를 자신의 신학 속에서 재해석하며, 삼위일체의 존재론과 발현·회귀의 신학을 통합하는 폭넓은 비전을 제시한다.

(2) 창조의 다양한 양상

툰베리의 지적대로 『카리타스』 제4장의 서두(4.1-14)에서는 창조에 대한 막시무스의 독특한 신학적 통찰이 두드러진다. 원래 '페리 아가페스'(*Περὶ ἀγάπης*)라는 제목의 이 책은 사랑에 대한 400개의 금언을 모은 것으로, 그의 신학과 영성에 대한 심오한 통찰력을 보여준다. 그는 이 단락에서 최소한 여덟 가지 상이한 창조 방식을 제시한다.[41]

첫째, 무로부터의 창조. 둘째, 하나님의 의지에 따른 창조. 셋째, 하나님의 선의에 의한 창조. 넷째, 말씀을 통한 창조. 다섯째, 하나님의 신중함에 근거한 창조. 여섯째, 운동 요소를 도입한 신적 겸비에 의한 창조. 일곱째, 본질과 우발성으로 구성된 모든 피조물에서의 창조. 여덟째, 속성이 아닌 본래의 자격을 갖춘 본질로서의 창조.

막시무스의 이러한 창조에 대한 이해 속에서 몇 가지 주요 특징이 도드라진다. 첫째, 창조주와 피조물은 본질적으로 구분된다. 둘째, 창조 자체가 긍정적으로 해석되고 신학적으로 정당화된다. 셋째, 단일성과 차이성의 긴장 관계가 창조론의 핵심 요소다. 넷째, '운동'(kinesis)에 대한 새로운 해석이 창조의 틀 안에 도입된다.

특히 '무로부터의 창조'(creatio ex nihilo)는 하나님과 피조물 사이의 존재론적 간극을 설명하는 신학적 개념으로 자주 사용된다. 이 개념은 어떤 인간적 언어나 범주도 하나님의 본성을 온전히 설명할 수 없다는 점에서 부정신학의 관점을 반영한다. 다시 말해, 창조되지 않은 것과 창조된 것 사이에는 인간의 인식이나 노력으로는 결코 넘을 수 없는 형이상학적 단절이 존재한다는 것이다. 툰베리의 분석에 따르면, 창조를 설명하기 위해 사용되는 다양한 표현들, 예컨대 차이, 다양성, 거리, 분리, 구별, 증대, 확장 등은 피조물의 본질을 이해하는 데 적합한 신학 언어가 된다.[42] 그러나 그러한 개념들은 창조되지 않은 존재, 곧 하나님에 대해서는 적합하지 않다. 왜냐하면 이 모든 표현이 본질적으로 창조된 것들에만 적용될 수 있는 범주이기 때문이다.

하나님과 피조물들 사이의 이러한 형이상학적 단절은 막시무스에 의해 '디아스타시스'(diastasis, 거리)라는 개념으로 설명된다. 디아스타시스는 창조되지 않은 하나님으로부터의 분리, 그리고 그로 인해 발생하는 지속적이고 점진적인 움직임을 뜻한다. 이는 곧 시간의 기원을 의미한다. 『센추리아』(Centuria) 제1권 5-6절에서 막시무스는 시간을 '시작, 중간, 끝'이라는 삼중 구조로 설명한다(PG 90, 1085A-C). 이 책은 100개의 문장을 한 묶음으로 영성과 신학에 대한 경구를 모았다. 그는 여기서 시간을 본질상 시작, 운동, 완결로 전제하며, 하나님의 의도에 따라 창조된 세계 속에 각인된 고유한 구조로 이해한다. 그래서 '거리'는 단순한 단절이 아니라 오히려 하나님께로 향하는 회귀를 가능케 하는 조건이다. 모든 생성과 운동, 변화는 내재적으로 자기 근원으로 회귀하려는 열망을 품고 있으며, 이는 존재의 궁극적 통합을 향해 나아가는 방향성을 지닌다.

막시무스는 창조가 하나님의 의지와 선의(善意)에 근거해 이루어졌다고 말한다. 하나님께서 어떤 것을 의지하신다는 것은 곧 그것을 존재케 하시려는 창조의 목적을 드러내는 것이다. 그렇다고 창조는 단순히 의지 그 자체의 작용만으로 이루어지는 것이 아니라 '로고이'(logoi, 말씀들)를 통해, 그리고 그 안에서 실현된다. 로고이는 각각의 피조물에 내재하는 구별된 창조의 원리로서, 피조물의 존재와 목적을 가능하게 하는 신적 구조이다. 이 로고이는 하나님의 선하신 뜻 안에서 영원히 존재하며, 이 점에서 로고이는 창조주와 피조물 사이를 연결하는 신학적 접점이다.

나아가 로고이는 단순한 존재 원리를 넘어 피조물과 그리스도(로고스) 사이의 관계를 설명하는 핵심 토대다. 막시무스에 따르면, 로고이는 각 피조물을 정의하고 통합하는 원리일 뿐만 아니라 이 모든 개별적 로고이는 로고스 안에 하나로 통합되어 요약된다. 따라서 로고이와 로고스의 관계는 창조와 성육신 사이의 밀접한 연결을 반영한다. 로고스는 하나님의 본질을 계시할 뿐만 아니라 그 본질이 존재 세계로 '나아가는 방식', 곧 창조의 구조를 형성한다. 로고이는 성육신을 통해 로고스 안에 참여하게 되며, 로고스는 스스로 성육신하려는 의지를 지닌다. 결국 로고스는 단지 창조의 원리들을 포괄하는 데 그치지 않고, 창조, 계시, 구원이라는 세 가지 신적 사역을 아우르는 통합적 신적 구조로 이해될 수 있다.

(3) 신적 운동

창조를 설명하는 데 동원되는 다양한 용어들은 본질적으로 하나님의 움직임, 즉 운동을 전제로 한다. 막시무스에게 있어 하나님의 운동은 물리적 움직임이나 유비적 표현을 넘어 창조 행위 자체를 가리킨다. 이 점에서 그의 입장은 오리게네스나 일부 신플라톤주의자들과 뚜렷이 구별된다. 후자가 창조를 인간의 타락이나 죄에 대한 하나님의 응답으로 이해했다면, 막시무스는 창조를 하나님의 선과 사랑에서 비롯된 자유로운 행위로 이해했다. 막시무스에 따르면, 창조는 하락이나 쇠퇴와 같은 부정적 필요에서 비롯된 것이 아니다. 오히려 하나님의 본성 안에 내재한 선함과 완전함의 표현이다. 그는 창조의 근거를 다음과 같이 단언한다. "창조는 사랑 때문에, 곧 하나님께서 피조물을 사랑하시기 때문에 시작되었으며, 이러한 사랑은 삼위일체 하나님의 존재 방식이다." 창조는 단순한 발생이 아니라 사랑이라는 하나님의 존재 양식의 발현이며, 삼위일체 하나님의 내적 생명이 외적으로 흘러나온 결과이다.

이처럼 창조는 하나님의 주권적 의지를 드러내는 사건일 뿐만 아니라 동시에 하나님의 자기 비하 행위, 곧 인류를 향한 겸손을 나타내는 신비로운 사건으로 이해될 수 있다. 지고하신 하나님께서 의도적으로 자신을 낮추어 피조 세계를 창조하셨다는 사실은, 창조 자체가 사랑과 자비의 표현임을 보여준다. 이러한 신적 자기 비하는 단순히 세계의 기원을 설명하는 차원을 넘어서 구원과 성육신을 향한 하나님의 선취적 계시로 작용한다. 막시무스에 따르면, 로고스의 존재가 다양한 로고이 안에 내재하고 있다는 사실은 곧 성육신의 원형적 형태로 해석될 수 있다. 하나님은 창조 가운데에서 자신의 고유한 운동을 통해, 모든 피조물이 지향하고 회귀해야 할 완전함의 본을 제시하신다. 즉, 창조는 단지 세계의 시작을 의미하는 것이 아니라 하나님의 존재 방식 안에 내재된 사랑의 발현이자, 구속사의 서막을 이루는 중대한 사건이다.

막시무스는 창조에서의 하나님의 운동과 성육신에서의 하나님의 운동을 긴밀하게 연결하며, 이를 통해 로고이와 로고스 사이의 내적 관계를 밝힌다. 로고이는 창조의 다양성과 개별성을 설명하는 원리이지만, 그 모든 로고이는 하나의 로고스 안에서 통합되며, 이는 곧 창조와 구원이 동일한 신적 사랑의 운동 안에 있다는 사실을 보여준다. 이러한 신적 운동에 대한 이해는 막시무스가 피조 세계에 대해 지닌 긍정적 관점을 잘 드러낸다. 그에게 있어 운동은 단순한 물리적 변화나 하락이 아니라 이성적 존재들이 하나님을 향해 나아가는 영적 역동성을 의미한다. 모든 피조물은 그 본질 안에 자기 완성과 충만을 향한 회귀 구조를 지니고 있으며, 이는 창조가 단순한 시작이 아니라 완성을 지향하는 여정임을 시사한다.

결국, "움직임이 없으신" 하나님은 자신의 창조적 운동, 곧 피조물에 대한 사랑과 발현을 통해 그 창조를 완성하신다. 창조는 하나님의 고요한 본질 속에서 일어나는 사랑의 움직임이며, 그 속에서 하나님의 창조적 능력과 구속적 의도가 동시에 드러난다(Ambigua 6, 1177A-B).

2.3. 인간학 - "자연들이 새로워지다"

모든 존재와 생성은 본질적으로 자기 완성과 안식을 향한 회귀를 지향한다. 창조와 그에 따른 분리는 다양한 방식의 발현을 낳지만, 이 모든 발현은 필연적으로 근원으로의 회귀를 요청한다. 막시무스는 창조되지 않은 하나님과 창조된 피조물 사이에 피할 수 없는 단절이 존재한다고 분명히 말하면서도, 동시에 이들 사이에 일종의 연속성이 성립한다고 말한다.

이러한 분리와 통합의 신학적 맥락에서 다음과 같은 근본적인 질문을 던질 수 있다. 회귀는 오리게네스가 주장하듯, 모든 존재 안에 본래 내재된 본성적인 현상인가, 아니면 신의 개입이 필요한 은총의 결과인가? 분리에서 통합으로 나아가는 여정에서 변화는 수동적인 사건인가, 아니면 능동적인 응답인가? 그리스도와 인류 사이에서 일어나는 존재의 변화는 누가 동기를 부여하고, 누가 그 책임을 감당하는가? 이러한 질문은 신학적 차원에서 더욱 정교한 논의를 요청한다. 그것은 하나님께서 인류에게 부여하신 '습관적 은혜'에 의한 것인가, 아니면 하나님과 인간 사이의 상호작용, 즉 '양성적 상호성'에 기반한 것인가? 여기서 양성적 상호성이란 원래 그리스도의 신성과 인성이라는 두 본성이 분리되거나 혼합되지 않으면서 서로 작용한다는 원리를 뜻한다. 나아가 인간은 하나님께로 회귀하는 여정을 스스로 감당할 수 있는 '본성적 씨앗'을 본성 안에 가진 존재인가? 이러한 질문들은 이후에 논의될 막시무스의 인간학과 그리스도론의 주요 주제를 구성하며, 궁극적으로 발현에서 회귀로 나아가는 전환점을 중심으로 한 에리우제나 신학에 중요한 배경을 제공할 것이다.

인간학적 질문은 결국 인간 본래의 본성을 중심으로 분석할 수 있다. 『암비규아』 제37장에서 다루는 원초적 인간성에 대한 논의는, 막시무스 신학 전반을 관통하는 핵심 구조를 보여준다. 그는 인간에 대한 정의와 더불어, 인간 타락의 결과가 우주적 질서에 미친 영향을 체계적으로 제시한다.

막시무스는 인간 본성을 가리켜 "작업장"(officina), "실험실", "신적 목적의 위대한 신비," 그리고 "모든 존재를 연결하는 자연적 유대"라고 표현한다. 이러한 용어는 그가 일관되게 강조해 온 사상, 곧 인간이 '소우주'(mikros kosmos)로서 존재한다는 관점을 분명히 보여준다. 인간은 단순한 피조물이 아니라 모든 창조 질서가 집중되고 통합되는 존재의 장이다. 다시 말해, 인간은 모든 창조 세계의 요소를 아우르고 중재할 수 있으며, 만물을 자기 안에서 하나의 단일성으로 수렴할 수 있는 능력을 지닌다. 막시무스는 이를 다음과 같은 말로 표현한다. "인간은 적절한 방식으로 양극단을 보편적 본성 속에서 중재하며, 마치 연결고리처럼 본성에 따라 멀리 떨어진 것들을 차례로 자기 안에 하나로 결합시킨다"(Ambigua 37, 33-35).

이 구절은 인간의 능동적이고 중재적인 기능, 즉 우주적 화해와 조화에 있어 인간이 수행하는 중심적 역할을 강조한다. 인간은 단순히 창조의 일부가 아니라 창조 전체를 하나로 엮는 매개체이며 분리된 피조 세계를 통합하는 연결 장소이자 운동의 회귀점이다. 통합의 최종 단계에서, 막시무스는 인간이 하나님과 연합하는 것에 그치지 않고, 다음과 같은 사명을 수행해야 함을 강조한다. 즉 인간은 "모든 존재들의 자연적 유대를 수렴하고, 전체 창조 질서를 조화롭게 구성하여, 궁극적으로 하나님과의 일치를 지향하게 하는 사명"을 부여받은 존재이다.[43] 이로써 막시무스의 사상은 인간 존재의 신비를 단지 인간학적 차원만이 아니라 우주론적·신학적 맥락에서 자리매김한다.

인간과 우주는 서로를 반영하는 상호적 이미지이다. 인간은 우주 전체의 축소판으로 창조되었으며, 따라서 축소된 세계 즉 소우주로서 기능해야 하는 존재이다. 세계가 가시적인 실재와 비가시적인 실재 모두 포함하듯이, 인간 또한 육체와 영혼이라는 두 차원으로 구성되어 있다. 인간의 영혼은 지성적인 실재를 반영하고, 육체는 감각적인 질서를 구현한다. 이처럼 인간은 영혼과 육체의 결합으로 이루어진 동일 본성의 통일체이며, 이는 곧 다양한 구성 요소로 이루어진 세계의 단일성과도 구조적으로 평행을 이룬다. 하나님은 인간을 자신의 형상대로 창조하셨고, 이를 통해 인간은 창조와 증대의 과정에서 하나님의 형상을 인식하고 그 형상에 참여하도록 부름을 받았다. 인간은 자신의 내적 구성과 존재의 방향성을 통해, 하나님을 닮아가는 신화의 여정을 걷는다. 이 여정은 단순한 본성의 회복이 아니라 하나님의 형상에 대한 의식적 수용과 존재론적 통합을 통해 완성된다. 인간은 신화 과정을 통해 자기 존재를 구원론적 통찰과 통합의 최고 수준으로 끌어올릴 수 있다.

이와 같은 인간론은 우주론과 깊이 맞닿아 있으며, 특히 '성육신한 말씀'(로고스)의 중심적 역할을 통해 그 구조가 드러난다. 하나님은 인간에게 우주 전체를 매개하고 통합하는 사명을 부여하셨으며, 이는 인간이 소우주로서 세계를 중재하고 하나님과 피조물 사이를 잇는 존재가 되도록 의도하신 것이다. 그러나 인간의 타락은 이 중재자로서의 과제를 스스로 거부하게 만들고, 창조 질서의 통합 역시 좌절되었다. 이 과제는 오직 성육신하신 말씀, 곧 예수 그리스도를 통해서만 해결될 수 있다. 성육신은 인간 안에서 좌절되었던 중재자의 과제를 그리스도 안에서 완전히 성취하며, 창조와 구원의 연결점을 새롭게 확립한다. 따라서 성육신은 단순한 신적 개입 이상의 의미를 가지며, 인간과 세계, 창조와 구원, 발현과 회귀를 하나로 묶는 결정적인 중심축이 된다. 이로써 그리스도는 온전한 통합과 충만을 가능하게 하는 유일한 원인이자, 신화의 여정을 완성하는 중보자가 된다.

인간의 긍정적이고 중심적인 역할에도 불구하고, 타락은 결코 간과할 수 없는 신학적 실재로 남아있다. 회귀에 대한 모든 논의는 우선 인간이 죄를 짓고 타락하였으며, 더는 자신의 여정을 스스로 바꾸거나 하나님을 향해 나아갈 능력을 상실했음을 인정하는 데서 출발한다. 만일 인간이 본래의 창조 목적에 따라 하나님을 중심으로 자유롭게 움직이며 창조주를 향해 나아갔다면, 타락의 비참함을 겪지 않고도 세계의 완성에 도달할 수 있었을 것이다. 그러나 실제로는 그렇지 않았다. 타락 이후 인간은 정욕을 좇고, 죄의 습관을 발전시키며, 결국 "악의 막다른 골목"인 죽음의 절망에 도달했다.[44] 인간은 악의 중개자를 통해 쾌락을 추구하게 되었고, 이로 인해 중재자로서의 본분을 잊은 채 감각적 만족에 자신을 내맡기고 하나님과의 교제를 외면했다. 그 결과 인간은 무지와 혼돈 속에 빠지고, 더 이상 하나님의 형상을 따라 지어진 존귀한 존재가 아니라 본능과 정욕에 지배되는 동물적 상태로 전락하고 말았다.

막시무스의 신학에서 인간의 타락이 초래한 이러한 전면적 변화는 에리우제나보다 훨씬 더 격렬하고 심각하게 다루어진다. 타락한 인간은 "움직이지 않는 하나님" 앞에서 더 이상 스스로 움직일 수 없는 존재가 된다. 이로써 인간의 본성에 내재한 긍정적 속성 자체가 곧바로 하나님을 향한 자연스러운 회귀를 보장하지 않는다는 사실이 드러난다. 인간 본성은 창조 당시 부여된 위대한 가능성과 목적에도 불구하고 타락 이후에는 더 이상 그 완성을 향해 나아갈 수 있는 능력을 유지하지 못한다.

『암비규아』 제37장은 이러한 인간의 무능함을 신학적으로 철저히 조명한다. 인간의 타락은 하나님과의 궁극적 연합, 곧 회귀의 완성을 스스로 이룰 수 없도록 만들었으며, 이로 인해 오직 하나님 자신, 곧 성육신하신 말씀, 즉 그리스도를 통한 회복만이 유일한 해결책으로 제시된다. 막시무스는 이 지점에서 그리스도의 결정적 역할을 강조한다. 그는 회귀의 중심에 서 계신 그리스도를 통해서만 분리된 존재들이 다시금 하나로 통합될 수 있음을 역설한다.

이와 같은 논의는 나지안주스의 그레고리우스가 언급한 유명한 표현, 곧 "노반투르 나투라에"(Nouantur naturae, 자연들이 새로워진다, PG 36, 1308D)를 통해 신학적으로 확고히 세워진다. 이는 단순한 윤리적 개선이 아니라 존재론적이고 우주론적인 변화를 의미하는 선언이며, 그리스도 안에서 비로소 가능한 신적 주도에 의한 변형이다. 이제 막시무스의 그리스도론으로 나아가 타락으로 인해 분리된 피조 세계가 어떻게 다시금 하나님과의 일치를 회복하게 되는지를 고찰해야 할 지점에 도달하게 되었다.

2.4. 그리스도론 - “하나님이 인간이 되셨다”

나지안주스의 그레고리우스가 말한 “자연들이 새로워진다”라는 선언은 “데우스 호모 피트”(Deus homo fit, 하나님이 인간이 되셨다)라는 기독교 신앙의 중심 진리를 이해하는 데 두 가지 중요한 함의를 지닌다. 첫째, 이 표현은 무엇보다 그리스도의 성육신이 필연적이며 불가결하다는 점을 강조한다. 둘째, 성육신 사건이야말로 타락한 인류를 구원하고 분리된 모든 피조 세계를 다시금 하나로 통합하기 위한 신의 계획의 중심이라는 점을 분명히 보여준다. 막시무스에 따르면 그리스도는 단지 인간의 죄를 대신 짊어진 구속자로만 이해되어서는 안 된다. 그는 온 우주의 중심이며, 창조와 구원 전체를 통합하는 유일한 매개자다. 그리스도의 이러한 역할은 결코 축소되거나 대체될 수 없다. 모든 신학적 구조와 우주론적 이해의 중심에는 그리스도가 있다.

막시무스는 이러한 그리스도의 통합 기능을 두 가지 차원에서 설명한다. 첫째는 역사적인 통합이다. 이는 성육신에서 승천에 이르기까지 그리스도의 생애 전체를 통해 이루어지는 구속의 과정에서 인간 본성이 그리스도 안에서 새롭게 통합되고 변형되는 사건이다. 이 통합은 인간의 본성 안에서, 혹은 인간의 본성을 통하여, 나아가 그 본성 자체 속에서 실현된다. 둘째는 존재론적 통합이다. 이는 단지 역사적 사건의 차원을 넘어 그리스도의 성육신 안에서 인간 본성이 새롭게 형성되어야 한다는 요청으로 나타난다. 이 통합은 하나님과 인간 사이의 상호성을 기반으로 하며, 단순한 윤리적 본보기를 넘어 형이상학적 변화와 신적 주도에 의한 재형성이라는 차원을 지닌다. 나아가 이는 전례적 차원과 상징론적 해석, 곧 예배와 존재론을 포괄하는 신학적 구조를 형성한다.

오직 이러한 존재론적 변화 과정을 통해서만 인간은 참된 중재자이신 그리스도의 모범을 따를 수 있으며, 하나님과 피조 세계 사이의 분리된 간극을 이어주는 사명을 회복할 수 있다. 타락 이후 인간이 처한 비참한 상태는 단순한 윤리적 각성이나 자력 구원으로는 결코 회복될 수 없는 실존적 한계를 드러낸다. 인간은 자신의 힘으로 하나님께 나아갈 수 없는 무능함 속에 있으며, 바로 이 지점에서 하나님의 외적 개입이 절대적으로 요구된다. 그리고 이러한 개입은 성육신이라는 형식을 통해 결정적으로 실현된다. 하나님께서 친히 인간의 육신을 입으신 사건, 즉 성육신은 인간 구원을 위한 유일하고도 결정적인 해결책이다. 곧 신성과 인성의 위격적 연합, 즉 성육신은 단순한 구속 사건을 넘어서 막시무스 신학 전체를 관통하는 중심 원리이다.

성육신은 원래의 인간 본성이 지닌 목적과 방향을 온전히 드러내는 완전한 모델을 제공한다. 이 신비는 신적 본성이 인간화되고 인간 본성이 신적 본성 안으로 침투하는 역동적 관계 안에서 이해되어야 한다. 성육신을 통해 '움직이지 않는 하나님'은 '움직이는 피조물 세계'의 한가운데로 들어오시며, 그분의 임재는 인간이 하나님의 형상대로 인간 자신을 재정립할 수 있는 가능성을 다시 열어준다. 인간은 오직 그리스도의 인격과 사역 안에서만 하나님께로 돌아가는 여정의 참된 모델을 발견할 수 있다. 그리스도를 통하여 인간은 자신이 창조된 목적, 곧 하나님과의 연합과 통합이라는 지향점을 향해 나아갈 수 있다. 그리고 그 여정은 단지 윤리적 따름이 아니라 그리스도의 신적 생명에 참여함으로써 이루어진다. 이러한 참여는 모든 존재의 운동이 그 근원인 하나님께 회귀하는 우주적 통합의 완성을 향해 나아가게 한다.

그리스도가 분리에서 통합으로의 방향을 전환하는 데 있어 독점적인 역할을 수행한다 하더라도, 인간이 단지 수동적인 존재로 전락하는 것은 아니다. 오히려 인간은 통합의 여정에 능동적으로 참여하도록 부름을 받았으며, 이러한 참여는 그리스도론적 구조 안에서 분명한 신학적 위치를 차지한다. 이후 분석될 네 가지 핵심 개념은 막시무스가 전개한 그리스도론과 인간 본성 이해를 더욱 명확히 드러내는 신학적 기초로 기능한다. 이 네 개념은 (1) 페리코레시스(perichoresis, 상호 침투), (2) 테안드릭(theandric, 신인적), (3) 레시프로시타스(reciprocitas, 상호성), (4) 로고스(Logos)와 로고이(logoi)다.

첫째, '페리코레시스'는 신성과 인성 사이의 관계를 설명하기 위한 개념으로 그리스도론의 중심 용어다. 이 개념은 처음에 '속성의 교류'(communicatio idiomatum)와 연관된 방식으로 발전했다. 여기서 속성의 교류란 그리스도의 두 본성이 단일 위격 안에서 서로 교류하거나 전달될 수 있다는 신학적 원리다. 이 개념은 이레네우스(Irenaeus), 아폴리나리스(Apollinaris), 교황 겔라시우스(Gelasius), 디오니시우스, 그리고 나지안주스의 그레고리우스와 같은 교부들의 사상에서 찾을 수 있다.

막시무스에 이르러 페리코레시스는 보다 정제되고 신학적으로 통합된 개념으로 자리하며, 성육신 안에서 신성과 인성의 연합을 설명하는 정교한 틀로 발전한다. 툰베리는 이 개념의 특징을 세 가지로 요약했다. 첫째, 신적 본성이 인간 차원으로 침투한다는 점에서 하향적 방향성이 강조된다. 둘째, 동시에 인간이 신적 영역 안으로 끌려 올라간다는 상향적 방향성이 포함된다. 셋째, 이 둘의 관계는 단순한 일방적 흡수나 병렬적 공존이 아니라 상호성을 지닌다. 이러한 상호성은 성육신 사건 자체뿐 아니라 회복된 인간 본성 안에서 드러나는 통합된 활동의 모델이다. 신성과 인성이 서로를 향해 움직이며, 이 상호적 운동을 통해 단일한 공통의 활동이 형성된다.[45] 다시 말해, 페리코레시스는 단지 본성 간의 결합을 묘사하는 개념을 넘어서 창조와 구속, 회복과 회귀의 모든 신학적 구조 안에서 결정적인 통합 원리를 제공한다.

둘째, '테안드릭'이라는 용어는 '신인적'이라는 뜻을 담고 있는데,

그리스도 안에서 완전한 인성과 완전한 신성이 통합된 독특하고도 새로운 관계를 설명한다. 이 개념은 디오니시우스의 서신 네 번째와 막시무스의 『암비규아』 제5장에 등장한다. 이 개념은 그리스도 안에 전적으로 인간적이면서도 동시에 전적으로 신적인 두 본성이 결합해 있으며, 그 결합이 어떤 혼합이나 분리 없이 이루어진다는 점을 강조한다. 막시무스는 이러한 신비를 "말로 표현할 수 없는 상호 결합 방식"이라 부르며, 이것이 바로 "구원의 경륜 속에서 작용하는 위격적 연합"의 핵심이라 주장한다(PG 91, 1056D-1057A). 다시 말해 테안드릭은 단지 두 본성의 공존을 넘어서 신성과 인성이 실질적으로 교제하며 협력하는 방식 속에서 하나의 인격 안에 통일되어 있다는 사실을 표현한다. 이때 본성의 이중성은 제거되거나 무시되지 않고, 오히려 그대로 보존되면서 상호 조화를 이룬다. 툰베리는 이 점에 주목하여 막시무스가 "그리스도의 활동에서 드러나는 이중성 문제를 다루면서 단일성과 이중성 사이의 긴장을 특별히 강조하고 있다"고 분석하면서 이에 동의한다.[46] 막시무스는 실제로 이 개념을 통해 그리스도론에서의 신비, 곧 하나님이 인간이 되심으로써 새로운 존재 양식을 확립하신 사건을 설명한다.

셋째, 성육신을 상호 침투 방식뿐 아니라 새로운 신인적 관계의 실현이란 측면으로 이해할 때, 하나님과 인간 사이의 '상호성'은 더욱 뚜렷하게 드러난다. 하나님의 인간을 향한 움직임은, 성육신과 신화 과정을 모범으로 삼아 인간이 하나님을 향해 나아가는 역동성과 상응하며, 그 속에서 진정한 상호성의 구조가 형성된다. 막시무스는 이러한 상호 관계의 원리를 창조 자체의 행위 안에서 이미 내재된 것으로 이해하며, 성육신은 그 원형적 질서의 절정이자 완성으로 간주한다.

하나님과 인간 사이에 존재하는 테안드릭 신비의 상호성은 막시무스의 구원론과 우주론 전체를 지탱하는 중심축이다. 이 상호성은 단지 역사적 구속사 안에서 일어나는 사건에 그치지 않으며, 하나님의 겸비, 곧 자기 비하를 통해 창조의 시작부터 작동한다. 하나님은 시간과 공간 안으로 자신을 낮추어 들어오셨으며, 성육신을 통해 인간과 피조물에게 친히 다가오신다. 인간이 타락 이후 수동적이고 잘못된 방향으로 기울어졌더라도, 하나님의 신적 움직임으로 하나님을 향한 여정은 다시 시작된다. 여기서 인간은 점차 신적 생명에 참여하는 존재로 변화되며 신화의 길을 따라 새롭게 된다.

이러한 사상은 『암비규아』 제6장에서 더 분명하게 확인된다. "그들은 하나님과 인간이 서로의 모범이 된다고 말하면서 하나님께서 사랑으로 인해 인간을 위하여 자신을 인간으로 만드셨다고 진술한다. 이는 곧, 인간이 하나님의 사랑을 통해 신화될 수 있다는 의미를 내포한다. 또한 인간이 덕성을 통해 본래 보이지 않는 하나님을 드러내는 존재가 되는 한에서, 하나님은 인간을 자기 자신 안에 감추어진 신비로 인도하신다는 뜻도 함께 담겨 있다"(Ambigua 6, 140-5).

여기서 덕성이란 덕스러운 성질, 혹은 덕스러운 행동을 뜻하는데, 중세에는 타락으로 인한 악을 이기고 물리치는 긍정의 성질을 뜻하면서 신앙심을 고양시키는 방법으로 강조되었다. 대표적인 예로 중세 여성 신학자 빙엔의 힐데가르트는 35개의 악에 대항하는 덕을 강조하면서 사람들의 신앙과 영성을 고취했다.

상호성의 원리를 이해하는 데 주목할 두 가지 요소가 있다. 첫째, 상호성은 타락 이후의 세계에서 오직 성육신을 통해서만 가능해진다. 이는 역사 속에서 단 한 번 일어난 성자의 성육신이든, 아니면 하나님의 지속적인 성육신적 운동이든 상관없이 동일하게 적용된다. 둘째, 상호성은 발현과 회귀의 이중 구조, 곧 하나님이 나아오시고 인간이 돌아가는 상호적 움직임 안에서 구체적으로 드러난다. 이처럼 상호성은 단순한 상호작용이 아니라 하나님의 사랑과 자기 비하, 인간의 응답과 신화라는 거대한 신학적 여정 전체를 포괄하는 결정적 원리이다.

넷째, 막시무스는 『암비규아』 제37장에서 인간과 그리스도가 역할, 기능, 상징적 의미의 측면에서 지속적으로 긴밀하게 연결되어 있음을 강조한다. 그는 '로고스'라는 개념을 통해 인간학과 그리스도론 사이의 깊은 관계를 설명하며, 두 영역이 결코 분리될 수 없는 신학적 구조 안에 놓여 있음을 보여준다. 막시무스는 "모든 존재는 그들의 참된 로고스 안에서 적어도 서로에게 공통된 무언가를 지니고 있다"라고 말하며, 로고스가 회귀 여정에서 중심적 역할을 수행한다는 점을 분명히 한다(Ambigua 37, 150-1). 즉 인간이 창조된 목적지로 되돌아가기 위한 여정은 자신 안에 내재된 로고스를 자각하고 인식하는 데서 출발한다. 성육신하신 하나님이신 그리스도는 하나님의 '위대한 목적'을 이루실 수 있는 보편적인 로고스로서, 이 여정을 가능하게 하는 결정적 연결점이다.

그리스도 안에서 실현된 로고스는 하나님과 인간 사이, 나아가 모든 창조물 사이를 연결하는 보편적인 매개자의 역할을 담당한다. 이 로고스는 존재들 사이의 일반적인 관계와 보편적이고 공통된 정체성을 확립해 주며, 모든 존재가 그리스도 안에서 하나로 결합할 수 있는 토대를 제공한다. 창조된 존재들은 오직 로고스를 통해서만 자신의 참된 정체성과 목적을 발견하게 되며, 이를 통해 그리스도와의 연합이 가능해진다. 결국 그리스도의 성육신은 인간의 회귀 여정을 촉발하는 근원적 사건이며, 이 사건을 통해 인간은 본래 맡겨졌던 우주적 중재자의 역할을 회복한다. 그리스도의 대우주적 사명과 인간의 소우주적 소명은 명확하게 구분되면서도 조화롭게 얽혀 있으며, 이 둘 사이의 신비로운 상호성은 막시무스의 신학 전체를 지탱하는 중요 구조 가운데 하나이다.[47]

2.5. 통합

막시무스는 『암비규아』 제37장에서 인간학과 그리스도론의 결합 지점에 위치한 통합 신학을 본격적으로 전개한다. 그는 이 장에서 모든 이원성이 화해되어 하나님, 곧 궁극적 안식으로 회귀하는 다섯 단계의 통합 과정을 제시하며, 그리스도 안에서 이루어지는 구속사적 운동을 존재론적 틀로 확장시킨다.

앞서 살펴본 바와 같이, 그리스도 안에서 이루어진 위격적 연합은 피조 세계의 분열된 현실을 하나의 목적지인 통합으로 새롭게 방향 짓는다. 이 위격적 통합은 단순한 구속 사건을 넘어 존재론적 삼위일체의 내적 운동과 연결된다. 그리고 성자는 피조 세계 안에서 이 내적인 신적 운동을 육화된 방식으로 모방하신다. 막시무스는 이 같은 통합 과정을 설명하면서, 그리스도가 세계와 자연의 다섯 가지 통합을 통해 모든 존재의 차이와 분열을 포괄적 통일성 안으로 인도하신다고 말한다. 이 다섯 가지 통합은 단지 윤리적 변화나 상징적 표현이 아니라 존재 전체가 참여하는 구속적 사건이다.

막시무스의 통합 개념은 개인의 영적 성장이나 인식의 진보를 넘어서 우주적이고 존재론적인 화해의 과정을 담고 있다. 이러한 사상은 나지안주스의 그레고리우스, 니사의 그레고리우스, 에바그리우스, 디오니시우스 등 동방 교부들의 전통 안에 깊이 자리하고 있으며, 막시무스는 이 전통을 따라 자신의 신학을 보다 정교하게 형성한다. 그는 통합의 다양한 차원을 설명하기 위해 회귀, 신화, 황홀과 같은 신비신학의 용어를 사용하며, 이 가운데 신화와 황홀은 통합의 궁극적 지향점을 보여주는 중심 개념이다. 툰베리는 이러한 맥락에서 신화를 "차이 속에서 단일성을 표현하는 완전한 원리"로 정의하며,[48] 막시무스의 통합 신학이 단순한 추상적 개념이 아니라 신성과 피조물 사이의 살아 있는 역동적 관계임을 부각시킨다. 막시무스는 여기서 신화를 다양한 이미지와 전문 용어, 그리고 성경 자료를 통해 설명한다.

툰베리는 신화 개념이 영적 훈련의 세 단계, 즉 '비타 프락티카'(vita practica, 실천적 삶), '비타 콘템플라티바'(vita contemplativa, 관상적 삶), '비타 미스티카'(vita mystica, 신비적 삶)와 어떻게 연관되는지를 분석하면서 설명한다. 이 세 단계는 단순히 시간의 순서가 아니라 존재의 통합을 향해 상승하는 질서이다. 먼저 비타 프락티카는 욕정을 극복하고 부정적 기능을 초월함으로써 영혼의 균형과 이성의 정화를 추구하는 실천적 수행 단계이다. 이 단계는 참된 지식에 이르기 위한 전제조건으로서, 인간의 내면이 준비되지 않으면 결코 다음 단계로 나아갈 수 없다. 그다음 단계인 비타 콘템플라티바는 사물의 본질을 관조하며, 로고스를 매개로 하나님의 지식에 접근해 가는 과정이다. 이 단계는 비타 프락티카와 비타 미스티카 사이에 자리하는데, 여기서 인간의 인식이 구체적인 사물의 형상을 넘어 존재의 본질에 대한 통찰로 나아간다. 마지막 단계인 비타 미스티카는 초월적 지식에 도달하려는 여정이며, 이는 역설적으로 '무한한 무지'를 의미한다. 인간은 이 단계에서 자신의 인식의 한계를 인정하며, 가장 깊은 지식은 가장 큰 무지를 수반한다는 인식에 도달한다. 결국, 하나님은 이러한 무한한 무지 안에서만 참되게 인식될 수 있는 존재로 드러난다. 이 지점이 바로 긍정신학과 부정신학이라는 '신학의 두 가지'가 조화롭게 작동하는 자리다. 존재를 긍정하고, 동시에 인간의 인식이 이를 초월하는 신적 신비 앞에 머물 수밖에 없음을 고백하는 이 구조는 막시무스의 신화론과 통합론의 궁극적 지향점을 분명히 보여준다.

셸돈-윌리암스(Sheldon-Williams)는 '스타시스'(stasis, 종말), '텔로스'(telos, 목적), '아날렙시스'(analepsis, 회복)라는 용어 분석을 통해, 막시무스의 신화 개념이 지닌 세 단계를 체계적으로 정리한다.[49] 첫째, 스타시스는 운동의 종결, 특히 유한한 세계의 종말을 뜻한다. 이 개념은 부활을 의미하는 '아나스타시스'(anastasis)와 반대되는 개념으로, 존재가 기원한 본래의 장소로 되돌아가는 궁극적 안식과 목적을 실현하는 것과 긴밀히 연관된다. 이는 창조 질서가 일시적인 작용과 운동을 마무리 짓고 보다 높은 질서로 접어드는 전환점이다. 둘째, 텔로스는 지성적 존재의 회귀와 관련된다. 『암비규아』 제37장에서 막시무스는 다섯 번째 통합 단계에서 지성적 존재들이 영원한 존재 안에서 그 본래의 텔로스에 도달한다고 진술한다. 이때 모든 운동과 활동은 마침표를 찍게 되며, 존재는 더 이상 외적 작용을 하지 않고 영원 안에 머물게 된다. 셋째이자 마지막 단계인 아날렙시스는 '누스'(nous, 지성)가 신적 '에네르게이아'(energeia, 활동) 안으로 들어가는 상태를 뜻한다. 이는 흔히 '엑스타시스'(ekstasis, 황홀)로도 이해되는데, 막시무스에 따르면 이는 "사로잡힌 자의 정서"이자 "하나님의 활동"을 의미한다. 다시 말해, 인간 영혼이 자신의 모든 활동을 내려놓고 하나님의 활동에 이끌리는 수동적 참여의 상태에 들어가는 것을 뜻한다(Ambigua 16, 95-9). 막시무스는 이 세 단계를 통해, 모든 피조물이 '복된 비전'에 완전하고도 충만하게 참여하게 되는 종말론적 전망을 제시한다. 이는 단지 인식의 완성이 아니라 존재 자체가 하나님의 신적 생명에 침잠되고 통합되는 최종적 회귀의 장면을 묘사하는 것이다(Ambigua 2, 1065D-1068A).

『암비규아』 제37장은 막시무스 신학에서 통합의 구도가 가장 정교하게 전개되는 장으로, 그 신비롭고 웅대한 통합 구조의 정점을 보여준다. 그는 인간의 중재자적 소명을 간결히 요약하면서, 우주적 통합의 다섯 단계를 다음 네 가지 측면에서 구체적으로 보여준다. 첫째, 인간 본성 내에서의 통합이다. 이는 이성과 욕정, 육체와 영혼, 감각과 지성이 하나의 조화로운 존재로 결합하는 구조로서, 인간이 소우주로서의 자격을 회복하는 출발점이다. 둘째, 그리스도 안에서 이루어지는 통합이다. 이는 위격적 연합을 통해 신성과 인성이 분리되지 않고 조화를 이루는 상태이며, 피조물 전체의 회복을 위한 모델이다. 셋째, 그리스도의 인간 본성 안에서, 그리고 그것을 통한 통합적 기능을 보여준다. 그리스도의 인성은 인류 전체를 대표하여 통합의 도구가 되며, 그를 통한 중보적 사역이 모든 피조물의 회복으로 이어진다.

넷째, 철학적 차원에서의 통합이다. 막시무스는 본질, 속, 종, 개체, 우연성이라는 다섯 가지 철학적 범주가 다양하게 증식되었지만 결국 하나로 귀결된다고 본다. 이 범주는 존재론적 다양성 속에서 이루어지는 근본적인 통합을 설명하는 틀이며, 단지 인간이나 그리스도의 존재에 국한되지 않고 모든 창조 질서에 해당한다.

이처럼 반복적으로 제시되는 통합의 단계와 구조는 막시무스의 사상에서 통합이 신학적 핵심 개념이라는 점을 분명히 보여준다. 그는 『암비규아』 제37장의 결말에서, 자신의 이러한 통합적 신학을 정당화하며 다음과 같이 진술한다. "이 모든 것의 확실한 증인은 참된 신학자이자 위대하고 거룩한 디오니시우스 아레오파기테이며, 그의 저서 『신의 이름들』에서 '완전한 자와 한 분'(ὁ τέλειος καὶ ὁ εἷς)에 관한 장이 그것을 다룬다"(Ambigua 37, 174-6). 이 인용은 막시무스가 디오니시우스의 부정신학과 존재론적 일자 개념을 자신이 통합한 사상에 직접 연결하고 있음을 보여주며, 그리스도론, 인간론, 존재론이 서로 맞물려 하나의 신비로운 조화를 이룬다는 그 자신의 신학 체계를 요약하는 장면이다. 막시무스는 디오니시우스를 깊이 존경해서 그를 단순한 교부로 이해한 것이 아니라 성경 자체의 권위를 해석하고 조명하는 사도의 위치까지 끌어올렸다. 그는 디오니시우스를 통해 하나님의 본성과 피조물의 구조를 읽어내며 자신의 신학적 기반을 견고히 세워갔다. 특히 그는 골로새서 1장 20절, 곧 "하늘에 있는 것들이나 땅에 있는 것들 모두"가 그리스도를 통해 화해한다는 구절을 인용하며, 이 말씀을 자신의 신학 체계에 깊이 통합시켰다(Ambigua 37, 194-5).

『암비규아』 제37장에서 제시되는 이러한 통합 여정은 단순히 구조적 결합이 아니라 신화의 상승 여정을 반영한다. 막시무스는 이 다섯 단계의 통합을 통해 인간과 우주의 회복 과정을 서술하면서 각 단계가 더 높은 통합의 차원을 지향한다고 본다. 그 단계들은 다음과 같다. 첫째, 남성과 여성의 통합이다. 이 통합은 생물학적 결합 이상의 의미를 지니며, 인간이 그리스도 안에서 정결하게 되고, 새로운 인간성이 지닌 자유를 향해 나아가도록 이끈다. 이는 단순히 죄의 정화가 아니라 새로운 자유 안에서 자기 결정의 가능성을 열어주는 중대한 사건이다. 둘째, 낙원과 현재 세계 사이의 통합이다. 이는 인간의 타락으로 단절된 시간과 공간의 경계를 넘어 인간이 창조된 본래의 상태, 곧 에덴의 질서로 회복되는 통로이다. 이 통합을 통해 땅의 전체 질서가 하나로 연결된다. 셋째, 하늘과 땅의 통합이다. 그리스도 안에서 완성된 인간 존재를 통해 가능해진 이 통합은 구체적인 피조 세계와 초월적 영역이 중보적 방식으로 연결된다. 여기서 그리스도는 궁극적 중재자의 역할을 수행한다. 넷째, 지성적 존재와 감각적 존재 사이의 통합이다. 이는 천사 세계와 물질 세계, 인간의 영혼과 육체, 고차원적 사유와 감각적 인식을 하나로 아우르는 통합으로, 모든 피조물이 창조주의 질서 아래에서 서로 조화를 이루는 상태이다. 다섯째, 하나님과 창조물 사이의 통합이다. 이 최종적 통합은 그리스도 안에 구현된 로고스와 그 방식을 통해 이루어지며, 존재 전체가 본래의 근원인 하나님께 다시 결합하는 회귀의 정점이다(Ambigua ad Thal 48, 335).

이 다섯 단계는 막시무스가 꿈꾸는 우주적 신화의 질서를 가장 압축적으로 드러낸다. 통합은 인간 개인의 구원을 넘어 모든 존재가 성육신한 로고스 안에서 신적 생명에 참여하도록 이끄는 거대한 구속 드라마의 완성이다. 막시무스는 다섯 가지 통합 구조에 더해, 실천적이고 영적인 수행에 기초한 또 다른 다섯 가지 요구 조건을 병행해 제시한다. 그는 각 단계에 상응하는 구체적인 영적 요구 사항을 명시함으로써 통합이 단지 존재론적 조화에 그치지 않고 인간의 능동적 참여와 영적 수련을 전제함을 강조한다. 예를 들어, 남성과 여성의 통합은 단순히 생물학적 통일이 아니라 "자신의 로고스에 대한 완전한 지식"을 통해 이루어진다고 말한다. 이어지는 단계에서는 각각 성스러운 삶, 천사 같은 덕스러운 삶, 천사들과 동등한 지식, 그리고 마지막으로 사랑이 요구된다. 이처럼 막시무스는 통합의 각 단계에 실천적 영성 질서를 부여함으로써, 존재론적 회귀의 여정이 영혼의 정화, 관조, 신화로 이어지는 삼중 여정과 긴밀히 맞물려 있음을 보여준다. 툰베리는 그의 대표작 『소우주와 중재자』(Microcosm and Mediator)에서 막시무스의 다섯 단계의 통합과 수행적 삶의 질서가 어떻게 중재자로서의 인간의 사명을 구현하는지를 상세히 설명했다.[50]

『암비규아』 제37장은 막시무스의 통합 사상에 두드러진 특징을 덧붙인다. 무엇보다 이 장은 변화 여정의 주도권이 인간이 아닌 하나님과 그리스도에게 전적으로 있음을 분명히 한다. 그 이유는 첫째, 신적 우선성이다. 창조 이후의 모든 갱신과 회복은 하나님의 끊임없는 창조 활동과 그리스도의 성육신에 근거한다. 타락으로 인간 본성이 무력화된 초기 단계에서 인간은 자신을 스스로 일으켜 세울 능력이 없다. 다시 말해, 신화와 통합은 처음부터 끝까지 하나님의 은총에 의존한다. 둘째, 통합과 성육신의 불가분성이다. 그리스도는 하나님과 인간 사이를 다시 이어주는 유일하고 근본적인 매개자로서, 신성과 인성 양쪽을 향해 동시에 움직인다. 따라서 그리스도의 중재가 선행되지 않는 한, 인간은 하나님과의 상호 관계 속에서 신화의 단계로 들어설 수 없다.

이 상호성의 구조는 세례에 대한 막시무스의 이해에서 절정에 달한다. 그는 세례를 '전례적 해방 행위'로 정의하며, 이를 통해 하나님과 인간 사이에 새로운 관계의 문이 열리고 인간은 자신의 최종 목적, 즉 텔로스를 자유롭게 선택할 수 있게 된다고 설명한다. 이 과정은 위에서 논한 두 고전적 개념, 속성의 소통과 상호 침투 개념으로 요약된다. 성육신 안에서 하나님은 인간이 되시고, 반대로 인간은 그리스도 안에서 하나님께 참여한다. 다시 말해, 신화는 곧 성육신적 구원 계획의 완결이다.

(1) 변화산 사건과 신화의 궁극적 실현

막시무스가 신화와 통합의 신학적 구조를 보다 심화하여 설명하는 또 하나의 본문은 『암비규아』 제6장이다. 이 장에서 그는 변화산 사건의 해석을 통해 신화의 최종 단계를 극적으로 묘사하며, 신학자로서뿐 아니라 성경 주석가로서의 탁월한 면모를 드러낸다.[51] 막시무스는 이 본문에서 나지안주스의 그레고리우스가 행한 제21번째 설교를 기반으로, 인간의 육체와 영혼의 구성, 그리고 그 안에서 드러나는 하나님의 섭리에 대한 신학적 성찰을 전개한다. 그는 특히 금욕적 투쟁과 영적 관조를 통해 육체의 한계를 넘어서는 여정을 강조하며, 이를 신화의 모범적 예로 제시한다. 이러한 여정은 단순한 영적 수련이 아니라 장막과 구름을 통과하여 하나님의 찬란한 영광을 직접 마주하는 궁극적 비전을 향한 여정으로 규정된다.

변화산 사건은 바로 이러한 영적 도약의 형상적 표현을 가능하게 한다. 구름 속에서 드러나는 예수의 빛나는 모습과 함께 나타난 모세와 엘리야는 제자들에게 감추어져 있던 하나님의 영광을 계시한다. 이 장면에서 막시무스는 모세의 출애굽 여정을 단순한 과거 사건이 아니라 '건넘'(πέρασμα)과 '돌아옴'(ἐπάνοδος)이라는 구원사의 패턴을 선취하는 사건으로 해석한다(Ambigua 6, 4-17). 막시무스는 본문 전반에서 상징 개념을 적극적으로 사용한다. 예를 들어, 의복은 모세가 도입한 율법을 의미하고(Ambigua 6, 5), 엘리야에게 있어서 의복은 창조 세계를 상징한다(Ambigua 6, 12). 그런데 모세와 엘리야는 단순히 구약의 두 인물이 아니라 신학적 원리를 상징하는 이중의 상징구조이다. 주목할 점은 이 상징들이 서로 대립하는 것이 아니라 막시무스에 의해 긍정신학과 부정신학이라는 두 신학적 경로 속에서 화해되어 통합된다는 점이다. 이는 신화로 나아가는 여정 속에서 나타나는 신학적 이원성의 조화를 드러내는 탁월한 해석이다.

『암비규아』 제6장 17항(1127D-1128D)은 막시무스의 신화 사상을 가장 집약적으로 드러낸다. 이 대목에서 막시무스는 변화산 사건을 단순한 계시의 순간이 아니라 하나님과 인간 사이에서 이루어진 '건넘'을 상징적으로 표현하는 것으로 이해한다. 그리스도의 제자들은 "덕행의 부지런함"에 힘입어 예수에 의해 "상승하고 들어 올려졌다." 이는 성육신하신 그리스도가 인간의 도덕적 정화와 영적 상승을 통해 자신의 신성을 계시하신 것이다. 이러한 '건넘'은 단지 그리스도의 위격에만 국한되지 않는다. 막시무스는 제자들이 육체와 영혼을 정화함으로써 실제로 "육에서 영으로의 건너갈" 수 있었다고 설명한다. 이는 그리스도의 신성이 모든 빛으로 드러나는 순간으로, 제자들이 은혜와 진리가 충만한 아버지의 독생자를 직면하게 되는 영적 신비를 드러낸다. 그리스도가 입고 있는 희고 빛나는 옷은 복합적인 상징을 담는다. 막시무스는 이 옷을 성경 말씀 또는 창조 세계 전체로 해석한다. 전자는 로고스 그 자체를 나타내며, 후자는 창조자이신 하나님의 흔적을 담고 있는 피조물 전체를 의미한다. 이 해석은 결국 말씀과 자연, 몸과 영혼, 구약과 신약 사이의 신비로운 통합을 상징하며, 변화산에서 이루어진 신화의 장면을 신학적 통일의 시공간으로 변모시킨다.

이러한 통합의 범주는 모세와 엘리야라는 상징적 인물을 통해 더욱 확장된다. 막시무스는 이 둘을 각각 율법과 예언, 혹은 지혜와 자비, 지식과 교육, 금욕과 관조, 결혼과 독신, 지성적 세계와 감각적 세계를 대표하는 인물로 해석한다. 이러한 이중성의 목록은 단순한 나열이 아니라 상반된 차원들을 하나의 신비 안에서 화해시키려는 막시무스의 신학적 의도를 보여준다(31항). 이렇게 막시무스는 변화산 사건을 통해 그리스도 안에서 실현된 완전한 통합 모델을 제시하며, 이 사건을 신화의 완성으로 연결하는 독창적 해석을 펼쳐낸다.

2.6. 고백자 막시무스의 사상 정리

디오니시우스는 발현과 회귀의 웅대한 구조를 설정하고 위계와 신화 같은 핵심 개념을 정교하게 만든 첫 번째 대표 주자로 평가받는다. 그러나 그의 사상은 이후 고백자 막시무스에 이르러 철학적 깊이와 신학적 정교함을 덧입는다. 지금까지 디오니시우스와 막시무스 사이의 연관성을 간략히 개관하고, 『암비규아』 제37장을 중심으로 분리와 통합의 구조를 정리한 후, 이와 관련된 주요 주제를 네 개로 나누어 분석해 보았다. 이는 궁극적으로 막시무스의 통합적 사유가 초기 중세의 또 다른 신학자 에리우제나에게 어떤 영향을 미쳤는지를 조망하기 위한 준비 단계이기도 하다.

막시무스와 관련해 지금까지 다룬 내용을 정리하면 다음과 같다. 첫째, 창조와 우주의 분리 및 증식 구조를 살펴보았다. 이를 통해 막시무스가 어떻게 무로부터의 창조 개념을 수용하면서, 신적 운동 개념을 통해 창조 질서 안에 있는 역동성을 강조하는지를 살펴보았다. 『카리타스』 제4장은 하나님과 피조물 사이의 본질적 간극에도 불구하고, 창조가 사랑에서 비롯된 신적 의지의 표현이라는 점을 분명히 보여준다. 이 구조는 에리우제나가 발현으로서의 창조를 전개하는 이론적 기반을 제공한다.

둘째, 인간학적 측면을 고찰해 보았다. 막시무스는 인간을 작업장 혹은 실험실로 묘사하며 인간 존재를 하나님의 형상으로서 중재자와 소우주로 규정한다. 그는 인간 창조의 목적은 곧 피조물 전체의 통합과 하나님과의 연합이라는 점을 강조한다. 그러나 인간의 타락은 이 통합 기능을 흐리게 만들었고, 이는 구속사적 개입을 통해서만 회복될 수 있다고 본다.

셋째, 그리스도론적 전개를 살펴보았다. 막시무스에게 있어서 성육신은 단순히 구원의 수단이 아니라 존재론적 회복의 기초다. 그는 특히 그리스도 안에서 실현된 위격적 연합이 전체 창조 질서를 회복하는 중심임을 강조한다. 이를 설명하기 위해 그는 네 가지 개념으로 그리스도론을 심화시킨다. (1) 신성과 인성의 내적 연합을 뜻하는 상호침투, (2) 신성과 인성의 새로운 결합 방식인 신인적 개념, (3) 인간과 하나님의 상호 행위를 강조하는 상호성, (4) 보편자와 개별자 사이의 역동적 구조를 보여주는 로고스와 로고이.

넷째, 마지막으로 통합과 신화 구조를 분석해 보았다. 이는 『암비규아』 제37장과 제6장의 해석에서 구체적으로 설명되며, 디오니시우스의 발현과 회귀 패턴이 막시무스의 신학 안에서 어떻게 재구성되고 확장되었는지를 보여준다. 특히 다섯 단계의 통합, '비타 프락티카, 비타 콘템플라티바, 비타 미스티카의 영적 상승 구조', '스타시스, 텔로스, 아날렙시스' 같은 신화의 삼중 구조 개념이 유기적으로 연결된다. 막시무스는 이 모든 구조를 그리스도의 중재 안에서 하나의 신학적 통일체로 수렴시킨다.

2.7. 막시무스에서 에리우제나로

디오니시우스의 저작은 고도의 신학적 개념과 복잡한 철학 용어로 번역 자체가 매우 어려웠다. 디오니시우스 작품의 초기 라틴어 번역자였던 에리우제나는 그의 작품이 지닌 의미를 충실하게 옮기려 했으나 생각보다 쉽지 않았다. 그의 번역은 교황청의 도서관장이던 아나스타시우스(Anastasius)에 의해 오역과 해석의 한계를 지적받기도 했다. 하지만 에리우제나는 굴하지 않고 보다 신뢰할 만한 해석 지침을 찾았고, 결국 디오니시우스 사상의 가장 깊이 있는 해석자인 고백자 막시무스에게 눈을 돌렸다. 이러한 사상적 전환은 에리우제나의 주저인 『페리퓌세온』에서 명확히 드러난다. 에리우제나는 초기 교부들의 신학에 접근하면서 막시무스를 가장 명확하고 신뢰할 수 있는 해석의 창으로 활용했던 것이다.

그렇다고 에리우제나가 막시무스를 단순히 디오니시우스 해석의 중개자로만 이해한 것은 아니다. 에두아르 조노의 연구에 따르면, 막시무스는 디오니시우스가 시작한 신학적 과업을 보다 명확하고 체계적으로 완성한 인물이었다. 다시 말해, 에리우제나가 읽고 수용한 디오니시우스는 이미 막시무스에 의해 수정되고, 여과되고, 교정된 디오니시우스였다. 이러한 의존 관계는 에리우제나가 막시무스의 『암비규아』와 『퀘스티오네스』를 라틴어로 번역하면서 자신이 쓴 '서문'(Praefatio)에서도 직접 밝혔다. 그는 번역을 통해 막시무스를 단순한 해설자가 아니라 창조적인 신학 사유의 통로로 받아들이며, 그로부터 새로운 신학적 해석 방법과 철학적 어휘를 얻었다. 에리우제나는 그렇게 막시무스를 통해 디오니시우스를 다시 읽고, 막시무스를 통해 자신만의 신학 체계를 구축해 나갔다.

제3장

에리우제나의 발현 개념

1. 에리우제나에서 발현과 회귀의 근원 및 일반적 구조

발현과 회귀 구조는 9세기 신학자 에리우제나의 신학적·철학적 사상 전반을 관통하는 중심 원리이다. 그의 대표적인 저서인 『페리퓌세온』은 발현과 회귀라는 신학적 구조를 바탕으로 책의 전체 구조가 짜여 있으며, 그의 가장 탁월한 성서 주석서라 불리는 『엑스포지티오네스』 또한 이러한 발현과 회귀의 반복되는 주제를 다양한 방식으로 보여준다.

에리우제나는 『요한복음 서문에 관한 설교』에서 발현과 회귀 원리를 천사들의 질서의 하강과 상승, 독수리의 비행, 복음을 전한 요한의 신비로운 상징, 그리고 그리스도의 성육신 사건으로 설명한다.[52] 또한 그의 몇몇 라틴어 시에서도 발현과 회귀 구조가 시적 형상으로 등장한다. 예컨대 그는 『카르미나』(Carmina)에서 다음과 같이 노래한다. "그리스도는 위에서 내려와(Desursum uenit) 지상의 옷을 입으셨고, 그 옷을 입고 다시 위로 올라가셨다(sursum uolauit)"(9장, 25-26). 요한복음 16장 28절에 대한 주석에서 에리우제나는 그리스도의 인간화와 인간의 신화 사이의 깊은 상관성을 발현과 회귀로 설명한다. 에리우제나는 이 부분에 대해 다음과 같이 해석을 더한다.

"그리스도의 강림과 승천에 관하여, 주님은 성경의 다른 곳에서 '나는 아버지에게서 나와 세상에 왔다. 나는 다시 세상을 떠나 아버지께로 간다'라고 스스로 분명히 말씀하셨다. 이로부터 그분의 내려오심(발현)은 인성을 취하신 사건이며, 그분의 돌아가심(회귀)은 그 취하신 인성을 신성의 높은 경지로 이끌어 신화하기 위한 것임을 알 수 있다"(Commentaire III, v 21-26).

에리우제나에게 발현은 곧 신성한 실재가 자신의 본질을 드러내며 세상 속으로 '나아가는' 신적 운동이며, 회귀는 피조물의 이성이 이를 인식하고 다시 하나님께 '되돌아가는' 인식적이고 존재론적인 여정이다. 이 이중 구조는 그의 신학 사상 전체의 틀을 형성하며 이후 논의될 자연의 사중 구조와도 긴밀하게 연결된다.

그렇다면 에리우제나는 이러한 발현과 회귀 개념을 어디에서 얻었을까? 그가 교부들의 저작을 폭넓게 활용했을 뿐 아니라 이를 라틴어로 직접 번역했다는 점에서, 몇몇 구체적인 자료를 통해 그 사상의 출처를 유추하는 것은 어렵지 않다.[53] 앞선 장에서 살펴보았듯, 디오니시우스와 고백자 막시무스는 에리우제나의 발현과 회귀 개념의 기원을 탐색하는 데 가장 중요한 인물들이다. 실제로 에리우제나는 자신의 후기 저작들에서 이 두 인물을 반복적으로 인용하였고, 특히 『페리퓌세온』에서는 디오니시우스와 막시무스의 신학적 구조를 수용하고 이를 철학적으로 재해석했기 때문이다.

1.1. 디오니시우스

에리우제나는 자신에게 결정적인 영향을 미친 디오니시우스의 신학적 함의를 보다 철학적으로 명료하게 설명한다. 그는 디오니시우스의 발언을 인용하며 다음과 같이 말한다. "신적 조명의 발현은 우리에게 무한히 풍성하게 확장된다. 그리고 발현은 다시금 모으고 결합하며, 우리를 모으고 신화하시는 아버지의 단순한 일치로 수렴하고 통합하며 회복한다"(Expo I, 202-205). 에리우제나는 이처럼 디오니시우스의 모든 저작을 하나의 핵심 주제로 수렴시킨다. 그는 자신의 해석을 덧붙이며 그 구조적 특징을 다음과 같이 신학적으로 해석한다.

"내가 이 점을 언급하는 이유는 복된 디오니시우스의 모든 저술의 거의 전반적인 목적이 지고한 선(善)의 무한한 다수화에 관한 것이기 때문이다. 이 선은 모든 존재 안에 스스로 현존하며, 그 자체로서는 선으로 존재하거나 지속될 수 없으나 오직 본질이며 선 자체이신 분 안에 참여함으로써만 선으로 존재한다. 또한 이 다수화된 다양성이 지고한 선 자체로 환원하고 회복됨으로써 무한한 다수성은 궁극적인 목적 안에서 하나가 된다"(Expo I, 202-12).

이 인용문은 에리우제나가 디오니시우스의 신학 구조를 얼마나 체계적으로 파악했는지를 보여준다. 에리우제나는 디오니시우스의 저작 전체를 두 가지 상호 대립적이면서도 상호 의존적인 운동 구조로 요약한다. 그 두 가지는 '무한한 증식의 다수화'와 '다양한 형태를 지닌 다양성의 환원 및 회귀'이다. 이 구조는 단지 신학적 개념을 나열하는 것이 아니라 존재론적 운동의 근본 패턴을 설명한다. 흥미롭게도 이러한 해석은 자신을 디오니시우스의 "충실한 해석자"로 자처했던 에리우제나가 자신의 입장을 넘어서 주석적·철학적으로 발전했음을 보여준다(PL122, 1032C). 실제로 『엑스포지티오네스』에서 에리우제나는 단순한 번역자나 해설자의 위치를 쉽게 넘어서 디오니시우스 신학을 창조적으로 해석하고 재구성하는 주석가로 자리매김했다.

이러한 입장은 에리우제나가 디오니시우스의 네 개의 주요 저작, 즉 『천상의 위계』, 『교회의 위계』, 『신의 이름들』, 『신비신학』을 구조적으로 접근하는 방식에서도 드러난다. 그는 『디오니시우스 저작 번역 서문』에서 이 네 저작을 두 개의 짝으로 묶고, 각각을 발현과 회귀 구조를 따라 해석한다. 『천상의 위계』는 삼중의 세 위계 질서를 따라 하향적 발현 구조를 보여준다. 반면, 『교회의 위계』는 이와 반대되는 방향인 회귀 구조를 드러내며, 인간 본성이 하나님과의 일치에 도달하기까지의 상승적 질서를 설명한다. 『신의 이름들』은 신적 이름들이 지닌 능력을 요약하며, 신적 본질의 단일성으로부터 속성들이 어떻게 종(種)으로 하향적으로 전개되는지를 밝힌다. 반면, 『신비신학』은 이러한 이름과 형상들을 초월하여 존재의 근원으로 회귀하는 상승 여정을 강조하며 다음과 같은 선언으로 마무리한다. "본질의 탁월함을 통해 진리로 되돌아가는 것은 필수적이다. 이는 모든 피조물의 원인이며, 그를 통해, 그리고 그것을 향해 존재한다"(PL122, 1029A-1036A).

1.2. 고백자 막시무스

위에서 언급한 것처럼 에리우제나는 디오니시우스 저작을 번역하는 과정에서 고백자 막시무스를 접했다. 그런데 이 학문적 만남은 단순한 참고 수준을 넘어 에리우제나의 신학 형성에 결정적인 전환점을 제공했다. 로마 교황청의 도서관장이자 학자였던 아나스타시우스는 에리우제나에게 막시무스를 소개하면서 에리우제나가 디오니시우스 저작에 대한 막시무스의 『스콜리아』(Scholia, 주석), 즉 주해에 접근하도록 도움을 주었다. 이러한 연결고리는 단지 우연한 조우가 아니라 에리우제나가 디오니시우스의 사상을 정확히 이해하고 번역하기 위한 필연적 사건이었다. 에두아르 조노는 이러한 관계를 과소평가해서는 안 된다고 강조하며 "디오니시우스가 시작한 작업을 궁극적으로 완성한 이는 바로 막시무스였다"고 주장한다.[54] 에리우제나가 접한 디오니시우스는 이미 막시무스에 의해 수정되고 여과되었으며, 나아가 교정된 형태였던 것이다.

조노는 막시무스가 에리우제나에게 끼친 영향으로 몇 가지 주요한 신학적·해석학적 요소를 제시했다. 예를 들어 독창적인 성서 해석 방법, 심오한 철학적 어휘와 개념, 성육신과 신화의 상호적 구조, 그리고 '하나님이 존재한다'(quia est)와 '하나님이 무엇인가'(quid sit)라는 구문을 포함한 존재론적 표현들이다.[55] 이 모든 요소는 에리우제나의 『페리퓌세온』 전반에 걸쳐서 구체적으로 설명되고 있다.

에리우제나가 이러한 영향을 인식하고 있음을 보여주는 대표적인 사례는 『암비규아 아드 요안넴』 서문(Preface to Ambigua ad Iohannem)에 명확히 드러난다. 이 서문에서 그는 막시무스를 "디오니시우스의 가장 난해한 문장들을 설명해 주는 이"로 소개한다.[56] 이는 단순한 경의의 표현이 아니라 그의 번역 및 신학 체계 전체가 막시무스의 해석학에 뿌리내리고 있음을 보여준다. 에리우제나는 또한 막시무스의 해석에 기초하여 디오니시우스 사상의 핵심 주제들, 특히 발현과 회귀의 반복 구조를 더욱 분명하게 형성한다. 그는 하나님의 존재를 단일성과 다수성이라는 두 개념으로 설명하면서, 이들 사이의 신비로운 긴장을 발현과 회귀 구조 안에서 풀어내고자 했다. 에리우제나에게 있어 이 구조는 단지 철학적 개념이 아니라 하나님의 섭리를 드러내는 연속적인 하나의 형태로 간주되었다.

"이 구조는 발현 과정과 같다. 즉 충만한 신의 선함이 존재하는 모든 사물을 통해 가장 높은 곳에서 아래로 끊임없이 흘러내는 증식 과정이다. 이 발현은 먼저 존재의 보편적인 본질을 경유하고, 이어 가장 일반적인 속, 그보다 더 특화된 일반적인 속들, 다시 종, 그리고 궁극적으로는 가장 개별화된 수준으로 단계적으로 전개된다. 이러한 전개는 단계마다 고유한 차이와 속성을 통해 구분된다. 반대로 회귀는 동일한 단계를 역순으로 거슬러 올라가며 다시 그 모든 존재를 신적 선으로 회집시킨다. 이는 곧 무한히 다양하게 흩어진 존재들이 다시 가장 단순한 단일성으로 수렴하는 것이다. 이 단일성은 하나님 안에 있으며 하나님 그 자체이기도 하다. 이러한 귀결을 통해 하나님이 모든 것이 되며, 모든 것은 하나님 안에 들어가 신적 존재가 된다. 위에서 언급한 신이 만물로 발현하는 것을 '아나뤼티카'(analytica), 즉 '레조루티오'(resolutio, 회집)로, 그리고 회귀를 '테오시스'(theosis), 즉 신화(神化)로 부른다."[57]

에리우제나는 신의 선함이 증대하는 곳을 발현으로, 동일한 선함이 모이는 것을 회귀라 부른다. 더 주목할 점은 에리우제나가 이 발현과 회귀 구조를 분석과 신화라는 인식론적 틀 안에서 재구성하고 있다는 점이다. 이로써 그는 존재론적 구조와 인식론적 과정을 통합하며, 신학과 철학의 조화를 추구하는 중세 초기의 가장 독창적인 사유 체계를 형성한다.

1.3. 에리우제나에서의 발현과 회귀의 세 가지 방식

에리우제나는 발현을 단순성에서 다수성으로 향하는 하강 움직임으로 정의한다. 이는 그의 철학적인 책 『페리퓌세온』 전반에 걸쳐 가장 빈번하게 등장하는 개념 가운데 하나이다. 반대로 회귀는 다수성에서 다시 단일성으로 상승하는 움직임을 뜻하며, 이는 존재의 궁극적 목적을 향한 회귀의 여정이다. 에리우제나는 이러한 발현과 회귀 구조를 세 가지 주요 방식으로 설명하면서, 자신의 신학과 철학 사상을 구성하는 개념적 틀과 전개 방식을 분명하게 밝힌다.

그가 제시하는 첫 번째 방식은 『페리퓌세온』의 외형적 구조에서 시작된다. 이는 책 각 권의 서문에서 반복적으로 강조되는 주제로, 그의 작품 전체를 구성하는 중심 요소이다. 『페리퓌세온』은 총 다섯 권으로 구성되어 있는데, 책 전체의 구조는 네 단계로 구분되는 '자연'(natura)의 위계 체계와 밀접하게 연결된다. 첫 번째 단계는 "창조하지만 창조되지 않는 것"(creans nec creatum), 곧 하나님 자신을 의미하며 제1권에서 다루어진다. 두 번째 단계는 "창조되었으나 스스로 창조하는 것들"(creata creantia)로, 원초적 원인 혹은 신적 원형들(primordiales causae)에 해당하며, 제2권의 주제이다. 세 번째 단계는 "창조되었고, 스스로 창조하지 않는 것들"(creata nec creantia)로, 가시적이고 물질적인 세계, 곧 창조된 우주 전체를 가리키며, 제3권에 서술된다. 마지막 네 번째 단계는 "창조하지 않으며 또한 창조되지도 않는 것"(nec creans nec creatum)으로 정의되는데, 이는 존재의 종말(finis), 곧 하나님께로의 회귀를 의미하며 제4권과 제5권에 걸쳐 논의된다. 이처럼 『페리퓌세온』의 첫 세 권은 발현의 방향에서 신적 단일성으로부터 다수의 피조 세계로 나아가는 여정을 설명하고, 마지막 두 권은 그러한 피조 세계가 다시 하나님께로 돌아가는 회귀 운동을 다룬다. 이 구조는 에리우제나가 발현과 회귀의 패러다임을 단지 신학 사상의 일부로 제시하는 것이 아니라 그의 전체 형이상학 체계를 구성하는 원리로 삼고 있음을 보여준다.

에리우제나가 설명하는 발현의 두 번째 방식은 존재의 위계 질서를 통해 드러난다. 이는 천사가 지닌 본성의 차별화에서 시작된다. 천사의 본성은 지성, 지혜, 이성, 감각, 생명, 존재라는 여섯 가지 요소를 포함하고 있는데, 이들은 점차 하강하면서 존재의 위계를 형성한다. 구체적으로 예를 들면, 인간 본성(이성, 감각, 생명, 존재를 지님), 비이성적 생물(감각, 생명, 존재를 지님), 식물(생명, 존재를 지님), 그리고 돌과 같은 무생물(존재만 지님) 순으로 이어진다. 이와 같은 하향적 운동은 발현이라 불리며, 그 반대 방향, 곧 존재로부터 출발해 점차 생명, 감각, 이성, 지혜, 지성을 향해 상승하는 과정은 회귀라 불린다(Peri II, 565D).

에리우제나가 제시하는 세 번째 방식은 고백자 막시무스의 자연과 세계에 대한 위계적 구분을 수용해 재구성한 예이다. 그는 막시무스의 다섯 단계 구분, 즉 창조되지 않은 자연과 창조된 자연, 지성적인 것과 감각적인 것, 하늘과 땅, 낙원과 인간 거주지, 남성과 여성의 구분을 자신의 신학 체계 속에서 직접 통합하였다(Peri II, 529C-542B). 이러한 구분은 단순한 존재론적 분류를 넘어 창조 세계 전체가 하나님께로 되돌아가는 회귀 여정을 상징적으로 보여주는 장치이다. 이 역동적 과정은 에리우제나 신학의 주요 개념들을 통합적으로 드러낸다. 곧 은총과 자연, 그리스도론과 인간학, 발현과 회귀라는 상호 연관된 주제들이 이 다섯 단계의 상승과 하강 구조 안에서 긴밀하게 결합해 등장한다.

1.4. 두 가지 구체적인 사례

에리우제나의 신학을 관통하는 발현과 회귀의 거시적 구조를 더 명확히 이해하기 위해 그의 저작에서 두 가지 대표적인 사례를 살펴볼 수 있다. 이 사례들은 추상적인 개념에 머무르기 쉬운 발현과 회귀 구조를 구체적이고 실질적인 차원에서 보여준다. 첫 번째 예는 『엑스포지티오네스』 제9장의 진술인데, 여기서 에리우제나는 발현과 회귀의 원리를 짧고 명확하게 요약한다.

"그럼에도 불구하고 이 모든 것의 발현은 오직 하나님에게서 비롯된다. 가장 신성한 발현은 최적의 방식으로 그리고 조화롭게 모든 위계 질서에 부여되며, 차이를 완전히 제거하지는 않지만 여전히 모든 피조물에게 동일하게 주어진다. 모든 것이 회귀를 통해 그분께로 되돌아가는 것처럼, 모든 것 역시 발현을 통해 하나님에 의해 창조되었다. … 천사의 위계와 인간 위계의 발현이 모두 하나에서, 곧 모든 것의 원인으로부터 내려오며, 회귀는 다시 동일한 곳으로 올라간다" (Expo IX, 288-93).

이 구절은 발현과 회귀에 대한 에리우제나의 핵심 사상을 압축적으로 담고 있다. 모든 존재는 하나님으로부터 발현되어 다수성으로 퍼져나가며, 다시 동일한 하나님께로 회귀하여 단일성으로 수렴된다. 하나님은 머묾의 존재 양식으로 하늘에 계시며, 발현과 회귀의 기원이며 궁극이 되신다. 이 대목에서 네 가지 핵심 개념, 즉 발현, 하강, 회귀, 상승이 서로 분리되지 않고 하나의 유기적인 운동 안에서 설명된다. 특히 에리우제나는 발현을 단순한 창조의 움직임으로 보지 않고, "최적의 방식으로 그리고 조화롭게" 모든 위계 안에 부여된 신적 활동으로 이해한다. 발현은 다수성을 생성하되, 차이를 제거하지 않으며 그 안에서 질서를 형성한다. 회귀 또한 동일한 질서와 구조를 따라 진행되며, 각 존재를 그 원천인 하나님께 다시 이끈다. 발현과 회귀는 이처럼 위계 질서 내에 긴밀하게 연결되어 있으며, 존재의 다양성과 통일성을 동시에 보존하는 원리로 작용한다(Expo XIII, 89).

두 번째 사례는 『페리퓌세온』에서 찾을 수 있다. 에리우제나는 인간 영혼의 소우주적 기능을 설명하면서 발현과 회귀의 전반적인 구조를 다시금 통합적으로 조명한다. "영혼은 지성을 통해, 모든 존재가 모든 것의 하나 된 원인으로부터 다수성으로 나아가는 운동을 시작하되, 그들이 영원하고 변하지 않으며 그 원인 안에 존재하는 단순한 통일성을 버리지 않고, 모든 운동의 종말로서 그것을 향해 나아가 그 안에서 완성된다는 사실을 가장 명확히 알고 있다"(Peri II, 578D).

위에서 살펴본 두 인용문, 특히 『엑스포지티오네스』 제9장의 구절은 에리우제나 사상의 중심을 선명하게 드러낸다. 이 부분에서 네 가지 주요 논점을 구체적으로 살펴볼 수 있다.

첫째, 에리우제나는 기독교 전통에서 중요한 창조, 타락, 구속, 최후의 심판 개념을 결코 배제하지 않으면서도, 이를 설명하는 데 있어 보다 포괄적인 발현과 회귀 구조를 선호한다. 『페리퓌세온』에서 전개되는 논의 대부분도 이 두 개념의 상호작용 속에서 펼쳐진다. 특히 주목할 점은, 에리우제나가 "만물이 그로부터 나오고, 그를 통하여 이루어지며, 그에게로 돌아간다"(롬 11:36)는 바울의 선언을 단순히 인용하는 차원을 넘어 창조에서 신화에 이르는 우주론적 전체 여정의 기본 구조로 삼고 있다는 점이다. 이는 그가 그리스도를 모든 존재의 출발점이며 궁극적 회귀점으로 이해하고 있음을 보여준다.

둘째, 발현은 하나님 본질의 '머묾'을 전제로 한다. 하나님은 발현과 회귀의 모든 구조를 가능케 하면서도, 이 구조에서 초월적 방식으로 구별되어 머물고 있는 존재이다. 여기서 머묾이라는 개념은 두 가지 차원에서 이해할 수 있다. 하나는, 하나님의 본질은 시간과 공간, 변화와 운동의 질서로부터 벗어난 초월적 단순성으로 존재한다는 점이다. 이는 발현과 회귀라는 움직임이 하나님 자신 안에서 발생하는 것이 아니라 피조물 세계 안에서 일어나는 운동임을 의미한다. 다른 하나는, 머묾이 인간 안에 있는 하나님의 형상으로 창조된 본래의 본성, 곧 죄에 의해 파괴되지 않고 감추어진 채로 보존되어 있는 순수한 인간성을 의미한다는 것이다. 에리우제나는 인간이 타락했음에도 불구하고, 그 안에는 여전히 신적 본질의 흔적이 보존되어 있다고 본다. 이 인간 본성이야말로 회귀의 여정을 가능케 하는 내적인 동력이다. 따라서 머묾은 신의 초월성과 인간 내면에 잔존하는 신성이라는 이중적 의미를 지니며, 발현과 회귀의 전 과정을 통합하는 신학적 중심축이 된다.

셋째, 발현과 회귀는 에리우제나의 전체 저작에 걸쳐 긴밀하게 얽혀 있으며, 이 둘을 명확하게 분리해 설명하기는 극히 어렵다. 그는 창조에서 시작해 최종적인 신화에 이르는 일련의 신학적 여정을 제시하지만, 이 여정의 시작과 끝, 즉 발현과 회귀의 경계를 명확히 나누는 일은 거의 불가능하다. 이러한 맥락에서 발현과 회귀는 단순히 연속된 두 단계를 넘어 서로를 내포하고 보완하는 상호 운동의 구조로 이해되어야 한다(Peri II, 526A). 예컨대, 구조적 측면에서 보자면 『페리퓌세온』 제1권 서두부터 회귀에 관한 논의가 포함되고 있으며, 발현과 회귀의 상징적 주제인 '신현'(manifestatio) 역시 책의 마지막인 제5권 후반부에서 다시 한번 강조된다. 발현과 회귀는 우주론적·신학적 차원 모두에서 에리우제나의 중요 주제를 형성하며, 이러한 패턴은 삼위일체론, 긍정신학과 부정신학, 잃어버린 낙원과 되찾은 낙원, 그리스도의 성육신과 인간 본성의 회복, 그리고 신현과 신화라는 주제들과 연결된다.

넷째, 디오니시우스의 신비신학 전통을 계승한 에리우제나는 발현과 회귀의 연결 지점을 설명하기 위해 다양한 신학적 원리들을 적극적으로 활용한다. 『엑스포지티오네스』 제1장 말미에서 그는 삼위일체에 대한 논의를 발현과 회귀의 틀 안에서 전개한다. 삼위일체는 모든 완전함, 정화, 조명의 기원이자 궁극적 종착점으로 제시되며, 존재하는 모든 것과 이성적 사유는 삼위일체로부터 가장 높은 곳에서 가장 낮은 곳으로 발현되고(procedit), 다시 가장 낮은 곳에서 가장 높은 곳으로 삼위일체를 향해 회귀(reducitur)한다(Expo I, 649-50). 이러한 흐름은 위계 속에서도 반복된다. 에리우제나는 『엑스포지티오네스』 제8장에서 위계 내에서의 발현과 회귀를 기술하면서, 접두사 '레'(re)가 "위로 다시 돌아가는" 운동을 나타낸다고 설명한다.

"불타오름, 지혜, 인식, 하나님을 수용하는 능력은 하나님으로부터 첫 번째 천상의 위계로 내려오며(descendit), 이 첫 번째 위계는 다시 두 번째 위계로, 두 번째는 세 번째로, 그리고 세 번째는 네 번째 위계로 차례차례 전달된다. 이 전달은 단계적으로는 일어나지만, 같은 강도로 이루어지는 것은 아니다. 그러나 이러한 하강 운동은 단방향적이지 않다. 네 번째 위계는 세 번째를 통해, 세 번째는 두 번째를 통해, 두 번째는 첫 번째를 통해, 그리고 첫 번째 위계는 다시 하나님 자신을 통해 회귀한다(reducitur)"(Expo VIII, 332-8).

2. 하나님 안에서 - 하나님과 발현

에리우제나의 철학과 신학 전반에 걸친 핵심 과제는 세계와 자연이 어떻게 구성되고 전개되는가를 합리적이고 신학적인 방식으로 설명하는 것이다. 그는 이 질문을 단지 우주론적·형이상학적 차원에서 탐색하는 데 그치지 않고, 하나님 안에서 일어나는 발현이라는 신학적 패러다임 안에서 풀어내려 한다. 발현에 대한 에리우제나의 설명은 다양한 개념을 통해 전개된다. 그는 신적 삼위일체를 만물의 궁극적인 근원이자 모든 존재의 출발점으로 제시하며, 그로부터 출현하는 세계의 전개를 '창조'(creatio), '실체화'(substantializatio), '분화'(distinctio), '구분'(divisio), '증대'(augmentatio), '신현'(manifestatio) 등의 개념을 사용해 설명한다. 이 용어들은 단순히 교리적 설명을 넘어서 존재의 발생과 확장을 하나님의 자기 발현 과정으로 이해하려는 에리우제나의 사고방식을 드러낸다. 그가 이처럼 다양한 신학적 어휘를 동원하여 발현을 설명하는 궁극적인 목적은 분명하다. 그것은 "우리가 신적 섭리에 따라 창조된 우주의 총체성을, 언어로는 형언할 수 없는 하나님의 신비한 발현 속에서 이해할 수 있도록 돕는 것"이다(Expo VIII, 190-2). 여기에서 에리우제나는 단순한 논리적 설명을 추구하는 것이 아니라 인간 이성이 신적 신비에 참여할 수 있는 가능성을 탐색하며, 그러한 참여를 해석학적·신학적 과제로 제시한다.

2.1. 언어적 측면

디오니시우스는 신학적 사유를 표현하기 위해 기존 단어의 의미를 변형하거나 새로운 단어를 창조하는 과감한 언어 전략을 구사했다. 이러한 방식은 에리우제나에게도 이어져, 그 역시 독창적인 신학 언어를 구성하기 위해 라틴어 어휘를 창조적으로 결합하거나, 그리스어 원어를 분석하고 재구성하는 작업을 꾸준히 수행했다. 에리우제나의 저술 전반에 흐르는 특징 중 하나는, 하나님과 신성에 대한 다층적인 묘사를 통해 신학 개념뿐 아니라 언어 자체의 가능성을 확장하려 한 것이다. 발현에 대한 초기 묘사는 특히 『엑스포지티오네스』 제8장에서 확인할 수 있다. 여기서 에리우제나는 다양한 동사형 표현을 동원하여 하나님의 신적 능력이 어떻게 피조물 세계로 확산되고 전달되는지를 정밀하고 시적인 방식으로 기술한다.

"그(디오니시우스)에 따르면 신적 능력은 모든 것에 이르며, 모든 것을 채우고, 무한한 확산 속에서 모든 것을 꿰뚫으며, 모든 존재를 초월하면서도 그 안에 감추어진 분으로 찬양된다. 이를 적절하게 번역하자면, 하나님은 자신의 섭리적 행위를 통해 모든 피조물에게 도달하고, 형언할 수 없는 방식으로 각 이성적 존재에게 비례적으로 빛을 비추신다. 이 빛은 가장 고귀한 천상의 본질에게 먼저 부여되고, 질서정연하게 분배되며, 그 아래의 피조물들에게도 적절히 전달된다"(Expo VIII, 91-103).

이 인용문은 발현 개념에 대한 에리우제나의 신학적 사유가 지닌 깊이와 특징을 여러 측면에서 보여준다. 첫째로 주목할 점은, 에리우제나가 발현을 설명할 때 동원하는 수많은 동사형 표현들이다. 이는 발현이 그의 신학 체계에서 단순한 교리적 개념을 넘어 매우 역동적이며 결정적인 논의의 축을 형성한다는 사실을 강력히 시사한다. 발현은 단지 존재의 유출이나 증식을 가리키는 철학적 형식만이 아니라 신적 실재와 피조물 세계를 매개하는 핵심 구조이다.

둘째, 이러한 발현의 묘사에는 부정신학의 언어가 깊이 스며들어 있다. 에리우제나는 하나님을 '보이지 않으며, 초본질적이며, 감추어진 존재'로 묘사함으로써 하나님의 본질이 인간의 인식 능력을 넘어선다는 사실을 강조한다. 그러나 동시에, 하나님은 발현이라는 형식 안에서 자신의 피조물, 특별히 인간과 연속성을 맺으며 자신을 드러내신다. 이러한 긴장 구조는 발현이 곧 '신과 인간 사이를 중개하는 결정적 장'이라는 점을 분명히 밝힌다.

셋째, 에리우제나는 인간이 단순히 피동적으로 신의 계시를 받아들이는 존재가 아니라 신적 생명에 참여하고 응답할 수 있는 능동적 존재로 간주한다. 그는 인간이 신적 능력을 수용하고, 그 안에서 능동적으로 살아갈 수 있는 존재로서 '참여'(participatio)를 실천할 수 있다고 보았다. 이러한 관점은 발현 개념이 인간 존재의 존엄성과 영적 가능성을 정초하는 신학적 근거로도 기능한다는 것을 보여준다.

넷째, 에리우제나는 발현을 설명하기 위해 매우 다양한 동사들을 사용한다. 동원된 어휘는 '빛나다', '부여하다', '흘러넘치다', '교육하다', '가르치다', '흐르다', '나아가다', '적응하다', '증가시키다', '구별하다', '조명하다', '선언하다', '배치하다', '심다' 등으로 다채롭다. 그중에서도 특히 '흐르다', '빛나다', '부여하다', '내려오다'와 같은 동사들이 반복적으로 사용되며, 이들은 발현의 중심 의미를 구성한다. 이러한 동사들은 발현을 생동하는 신적 에너지의 움직임으로 전달하며, 이는 신학적 언어의 미학적 차원까지 고려한 표현 전략임을 보여준다.

한 걸음 더 들어가, 에리우제나가 사용한 다양한 동사들은 발현 개념에 다층적이고 풍부한 의미를 부여하며, 각각의 표현은 신학적 상상력과 존재론적 구조를 구체화하는 데 핵심적인 역할을 한다. 이러한 언어적 선택은 단지 수사적 장치가 아니라 발현이라는 개념 자체가 갖는 존재론적이고 계시론적인 깊이를 드러내는 하나의 통로가 된다. 여기서는 몇 가지 대표적인 동사를 살펴보려 한다.

첫째, '흐르다'(fluere)라는 표현은 발현 이미지를 '강물의 흐름'과 같이 유기적이고 지속적인 운동으로 형상화한다. 이는 신플라톤주의 전통에서 기원한 것으로, 신적 원천에서 시작된 생명의 흐름이 우주의 다양한 존재들 속으로 흘러 들어가는 움직임을 상징한다. 중세 신학에서는 이 흐름이 본질의 분화와 존재의 확산을 가능케 하는 신적 행위로 해석되었다(Expo VII, 231-5).

둘째, '빛나다'(lucere)는 단순한 물리적 조명이 아닌, 하나님이 피조물 속에서 자신을 드러내시는 방식이다. 에리우제나는 하나님께서 피조 세계를 창조하시고 그 안에서 자신을 발현하시지 않았다면, 하나님은 여전히 자기 안에 감추어진 채로 남아 있을 것이라고 전제한다(Expo XV, 276-80). 이 말은 피조 세계가 곧 하나님의 빛을 담는 창이며, 발현의 장이라는 인식을 전제로 한다. '빛나다'라는 표현은 신적 본질이 존재 안에 깃들며 하나님 자신을 드러내는 계시의 사건이다. 이는 고대 기독교의 '빛의 신학'(theologia lucis)과도 밀접한 관련이 있다.

셋째, '부여하다'(ingerere)는 단순히 어떤 것을 '건네준다'는 의미를 넘어서 주체가 의도를 가지고 무엇인가를 제공하거나 명령한다는 의미를 내포한다. 이 표현은 하나님의 은총이 피조물에게 조건 없이 주어지는 선물이자 동시에 존재의 질서 안에서 작동하는 명령 원리임을 나타낸다. 이때 '은총'(donum)과 '자연'(datum)은 하나님의 동일한 은혜의 작용이라 하더라도 수여의 방식과 피조물의 응답 양식에 따라 신학적으로 서로 다른 차원을 갖는다(Peri V, 903A-905C). 이는 자연과 은총의 관계, 곧 자연 안에서 은총이 어떻게 작동하는가를 설명하는 중요한 개념으로 작용한다.

넷째, '내려오다'(descendere)는 발현의 구조를 위계적 질서 안에서 단계적으로 전개되는 운동으로 드러낸다. 이 동사는 가장 높은 존재인 천사의 본질 또는 하나님 자신으로부터, 가장 낮은 존재인 무생물에 이르는 하강 과정을 가리키며, 신적 질서의 단계성과 연속성, 그리고 질서가 갖춰진 창조의 사슬을 강조한다. 인간조차도 때때로 천사로 비유되며, 이 위계적 하강 운동에 참여하는 존재로 묘사된다(Expo VIII,

122-3). 이는 발현이 단지 무작위적인 유출이 아니라 철저히 질서정연하고 계시적 의미를 지닌 신적 계획의 일부임을 보여준다.

이러한 네 가지 동사는 에리우제나의 발현 신학을 구성하는 상징적 어휘이자 존재론적 구조를 표현하는 열쇠들이다. 각각은 발현의 다차원적인 성격, 즉 존재론적 분화, 신적 계시, 은총의 질서, 위계적 구조를 구체화하면서, 신과 세계, 창조와 구속, 자연과 은총을 연결하는 에리우제나 신학의 중심 틀을 구성한다.

2.2. 하나님과 신성

에리우제나에게 있어 하나님은 발현과 회귀의 모든 구조가 기원하는 절대적인 원천이자, 그 구조 안에서 모든 것이 다시 귀속되는 궁극적 목적이다. 『엑스포지티오네스』 제13장에서 그는 발현의 전체적인 구조를 "단순한 통일성에서 무한한 증식으로의 흐름"으로 규정하며, 하나님을 이러한 운동의 출발점이자 종착점으로 삼는다. 이 발현의 운동 속에서도 하나님은 결코 자신을 잃지 않으며, 모든 분화와 생성 과정을 초월하여 자신의 존재 방식 안에 머무르신다. 이로써 하나님은 창조의 역동성을 이끄는 근원이면서도, 동시에 어떠한 변화도 겪지 않는 초월적 정체성을 지니신다.

그렇다면, 에리우제나는 이러한 하나님을 어떻게 이해하고 있는가? 에리우제나는 『페리퓌세온』과 『엑스포지티오네스』라는 두 주요 저작에서 서로 다른 신학적 렌즈를 통해 하나님을 묘사한다. 먼저 『페리퓌세온』에서 보다 철학적이고 존재론적으로 하나님의 본질을 이야기한다. 특히 제1권에서 에리우제나는 삼위일체를 중심으로 한 하나님의 묘사에 집중하며, 삼위 간의 내적 관계와 신적 본질의 초월성을 강조한다. 그는 하나님을 언어로 온전히 표현할 수 없는 분, 즉 인간 언어와 개념의 한계를 넘어서는 존재로 간주한다. 그러므로 하나님은 오직 '은유적 언어'(metaphorica locutio)를 통해서만 나타낼 수 있다.

하나님 존재의 탁월성과 초본질성에 기반하여, 하나님은 모든 존재의 본질, 원인, 근원, 영원한 이성, 신성한 본질, 충만, 운동으로 묘사된다. 에리우제나 신학의 중심에는 늘 두 개의 축이 존재하는데, 그것은 바로 부정신학과 긍정신학, 곧 하나님의 초월성과 내재성을 동시에 탐색하려는 '두 가지의 신학'이다. 또 하나의 흥미로운 용어는 "플루스 쾀"(plus quam)이라는 짧은 라틴어 표현으로 『페리퓌세온』과 『엑스포지티오네스』에서 광범위하게 사용된다. 예를 들어, 그는 하나님을 "생명보다 더 크신 분"(plus quam uita), "존재보다 더 크신 분"(plus quam esse)이라 부르며, 어떤 존재론적 범주조차 하나님의 본질을 포괄할 수 없음을 천명한다. 하나님은 존재한다는 사실조차 초월하시는 분, 모든 분류와 개념 이전에 계시는 분이시다. 이때 부정신학은 하나님의 불가해성과 절대 초월을 말하며, 긍정신학은 그 초월성이 어떻게 피조물 안에 긍정적으로 드러나는지를 설명한다.

『페리퓌세온』은 철학자로서의 에리우제나의 면모를 보여준다. 개념과 존재, 논증과 사상적 언어로 삼위일체와 창조의 신비를 풀어가는 그는, 철학이라는 도구로 하나님의 침묵과 말씀을 동시에 서술한다. 반면 『엑스포지티오네스』에서는 성경의 상징과 위계 속에서 하나님을 해석하는 주석가로서의 에리우제나를 볼 수 있다. 이 두 저작은 한 인물이 펼치는 신학의 두 얼굴이라 할 수 있다.

『엑스포지티오네스』에서 그는 다음과 같은 두 가지 방식으로 하나님을 묘사한다. 하나는 명확하고 전통적인 정의를 따른 묘사이고, 다른 하나는 자신이 고유하게 창조한 신조어를 통한 서술이다. 그는 이렇게 하나님을 정의한다. 하나님은 "최고선", 곧 "진정한 보편적 존재"이시며, "모든 생명의 근원", "보이지 않는 아름다움이자 순수하고 최고의 광채", "정화자이자 조명자이자 완성자"이시다. 또한 하나님은 “가장 근본적인 원인인 신성과 섭리”, “존재 자체”, “원초적 조명”, “모든 천상 군대의 군주이자 근원”, “모든 것의 본질”, “완전성과 비물질성의 기원”, “모든 운동의 일반적 근원”, “정화의 근원이자 목적”으로 묘사된다.

에리우제나는 『엑스포지티오네스』에서 자신의 신학을 단지 전통적인 교의적 개념으로만 논하지 않았다. 그는 자신이 필요한 언어를 직접 빚어 하나님의 신비를 표현하려 했다. 특히 『엑스포지티오네스』에서 등장하는 수많은 신조어들은 그의 신학이 얼마나 창의적이고 실험적인 언어 감각 위에 세워졌는지를 잘 보여준다. 그의 신조어들은 대체로 두 가지 유형으로 나눌 수 있다. 먼저 그리스어 어근의 조합이다. 에리우제나는 근원을 뜻하는 “아르키아”(archia) 혹은 “아르키”(archy) 같은 어근을 결합해 하나님을 표현하는 독특한 단어를 만들어냈다. 이를테면 하나님을 “키리-아르키”(kyri-archy, 주권의 기원), “텔레트-아르키아”(telet-archia, 제사의 기원), “탁시-아르키아”(taxi-archia, 질서의 기원) 같은 단어로 묘사했다(Expo III, 60-3; VII, 634-7). 때로 그는 “사크라멘트-아르키아”(sacrament-archia, 근원적 성사), 혹은 “텔레이오트-아르키아”(teleiot-archia, 완전성의 원천) 같은 표현도 동원한다. 이러한 단어들은 하나님이 모든 존재의 질서, 희생, 성례의 기원이심을 상징적으로 드러낸다.

두 번째 유형은 라틴어 명사형과 동명사형의 결합이다. 예컨대, “사피엔티-포르미스”(sapientiformis, 지혜-형성), “에센티알리-포르미스”(essentialiformis, 본질 형성), “포르미-포르미스”(formiformis, 형태 형성), “풀크리-포르미스”(pulchriformis, 아름다움 형성) 같은 단어들이 그런 예다. 이러한 표현은 하나님과 피조물 사이의 형상적 관계, 곧 하나님의 모습이 피조물 안에 형성된다는 개념을 반영한다. 이 가운데 가장 주목할 만한 개념은 “데이-포르미스”(Deiformis, 신 형성)이다. 이 말은 피조물, 특히 인간이 하나님을 닮도록 창조되었다는 교리를 언어적으로 압축한 표현이다. 에리우제나는 피조물이 지닌 '신-형성' 개념을 통해 하나님과의 유사성과 연속성을 강조한다(Expo III, 223-7). 『엑스포지티오네스』에서는 이렇게 말한다. "모든 천상의 권능은 자신 안에 있는 신-형성, 곧 하나님에 대한 닮음과 적합성을 선포해야 한다"(Expo VII, 16-7). 이처럼 에리우제나는 인간과 피조물이 하나님의 모습을 반영하고 있다는 점을 기존의 언어로는 포착할 수 없다고 여겼다. 그래서 그는 새로운 언어를 만들어 하나님과 세계의 신비로운 관계를 설명하려 한 것이다.

그는 『엑스포지티오네스』 제10장에서 하나님을 다음과 같은 표현들로 정의한다. "초월적으로-알 수 없는 정화"(purificatio superignota), "가장 풍성한 빛"(lux abundantissima), "초-완전한 존재"(prae-perfectum). 이 마지막 표현은 특히 인상적이다. 그는 하나님을 단순히 완전한 존재로 규정하지 않고, 완전함조차 초월한 분, 곧 '완전성 위의 완전성'이라 말함으로써 언어가 도달할 수 있는 마지막 경계를 또 한 번 넘어서고자 했다. 결국 에리우제나에게 있어 신조어란 단지 수사적 장치가 아니라 하나님의 무한성과 인간 인식의 경계 사이를 이어주는 신학적 언어의 다리였다.

2.3. 하나님과 삼위일체

에리우제나의 사상에서 삼위일체는 단순히 하나의 교리로 끝나지 않는다. 삼위일체는 세계 전체를 관통하는 존재론적 구조이자, 발현과 회귀의 신비를 이해하는 열쇠다. 하나님 안에서 발생하는 첫 번째 발현, 곧 단일성에서 삼위일체로의 분화는 모든 발현의 원형이다. 이러한 차원에서 에리우제나는 하나님의 단일성과 단순성을 강조한다. 하나님은 그 자체로 완전하고 불가분하며, 어떤 것도 필요로 하지 않는 존재다. 그러나 동시에 이 단순성과 일치성 안에서 삼위일체의 구분이 나타난다. 하나님은 하나이지만, 세 위격으로 존재하신다는 긴장은 에리우제나 신학의 심층 구조를 형성한다. 그에게 삼위일체는 곧 발현의 시작이며 회귀의 목표다. 에리우제나의 삼위일체론은 겉으로 보기엔 전통적인 교의신학과 크게 다르지 않아 보이지만, 그가 사용하는 개념은 약간 다르다. 그는 '위격'(persona)이라는 용어보다 '실체'(substantia)나 '본질'(essentia)이란 어휘를 더 자주 사용한다. 이 선택은 그가 라틴 신학보다 그리스적 사유, 특히 신플라톤주의의 영향을 강하게 받았음을 보여준다. 삼위일체는 독립된 세 존재가 아니라 하나의 본질이 세 방식으로 자신을 표현한 결과이며 그 안에는 결코 분열이 없다.

그의 설명은 단지 신학적인 것에 머무르지 않고, 철학적인 구조까지 포괄한다. 그는 삼위일체를 자연과 세계에 적용하여 신플라톤주의의 일자로부터의 '유출'(emanatio) 개념과 연결하며, 세계와 역사, 인간 이성의 구조가 어떻게 이 삼위일체적 원형을 따라 전개되는지를 탐색한다. 이처럼 삼위일체는 단지 하나님의 내적 구조에 관한 설명이 아니라 우주의 존재 방식 자체에 대한 통찰로 이어진다.

『페리퓌세온』 제1권과 제2권에 걸쳐 제시되는 이 삼위일체론은, 에리우제나가 어떻게 발현과 회귀의 구조를 신학적으로 조직해 나가는지를 잘 보여준다. 그는 삼위일체 개념을 우주론, 인식론, 구원론의 핵심 구조로 변형시켜 나가는데, 발현과 회귀라는 이중 운동의 틀 안에서 이 개념을 가장 온전하게 이해할 수 있다. 하나님은 삼위일체 안에서 자신을 드러내시고(발현), 피조물은 그 삼위일체를 향해 다시 돌아가는(회귀) 존재의 여정을 걷기 때문이다.

이처럼 에리우제나는 삼위일체를 우주적 존재 구조의 출발점과 완성점으로 이해한다. 그가 사용한 '시작, 중간, 끝'이라는 구도는 삼위일체 개념 속에서 발현과 회귀가 어떤 중심적 의미가 있는지를 명료하게 드러낸다. 하나님은 '시작'이시다. 이는 모든 존재가 하나님으로부터 발현되었기 때문이다. 존재하는 모든 것은 그분 안에서 기원하고, 그분은 존재 자체를 가능케 하신다. 하나님은 '중간'이시다. 왜냐하면 모든 것이 하나님 안에서 지속되고 하나님을 통해 움직이며 생명을 누리기 때문이다. 발현된 존재들은 단절된 개별 항목이 아니라 하나님을 중심으로 조율되는 살아 있는 흐름이다. 하나님은 '끝', 즉 종국이시다. 모든 피조물은 다시 그분께로 회귀하며 그 안에서 진정한 안식과 완전함을 누리기 때문이다. 이 '끝'은 단순한 종결이 아니라 온전한 성취와 안정의 상태를 의미한다(Peri I, 451D-452A).

이러한 전개는 "하나님으로부터"와 "하나님을 향하여"라는 표현에 고스란히 담겨 있다. 전자는 발현을, 후자는 회귀를 지시하며, 이 두 운동은 삼위일체의 내적 활동뿐 아니라 창조와 구속의 구조를 설명하는 두 축이다. 더욱이 에리우제나는 삼위일체 개념을 단지 신학적 차원에만 머무르게 하지 않고, 자연과 은총, 인간 본성, 그리스도의 주제와도 긴밀하게 연결한다. 발현과 회귀는 단순한 하나님의 운동이 아니라 모든 존재의 구조를 설명하는 열쇠인 셈이다(Peri II, 609B).

에리우제나의 삼위일체론이 어디서 비롯되었는지는 여전히 활발히 논의되는 주제다. 이와 관련해 장 트루이야르(Jean Trouillard)는 세 가지 기원을 제시했다. 첫째는 서방과 동방 교부의 조화를 추구한 교리적 시도이고, 둘째는 아우구스티누스를 중심으로 한 라틴 삼위일체 해석의 전통이며, 셋째는 신플라톤주의의 철학적 영향이다.[58] 반면 레오 셰프치크(Leo Scheffczyk)는 에리우제나의 삼위일체 개념이 그리스 신학보다는 라틴 전통, 특히 교부들의 정통 신학 체계에 가까운 증언이라고 본다.[59] 에리우제나가 동방 용어들을 라틴어로 번역하고 그것을 철학적으로 재구성한 점은 분명하지만, 그는 그리스 사상을 단순히 수용한 것이 아니라 라틴 신학의 맥락 안에서 신중하게 재배열했다는 평가도 가능하다.

사실 에리우제나 사상 전반에는 신플라톤주의의 깊고 뚜렷한 흔적이 감지된다. 그러나 진정 주목해야 할 지점은, 그가 신플라톤주의를 단순히 수용했는가 하는 문제가 아니라 얼마나 창의적으로 이를 변형하고 자신의 고유한 사상으로 전환했는가, 그리고 그 사상에 대해 어떤 비판적 태도와 신학적 목적 의식을 가지고 접근했는가에 있다. 여기서 특히 강조하고자 하는 바는, 삼위일체 개념의 수용과 재구성에 있어 에리우제나가 다양한 개념들을 얼마나 자유롭고 유연하게 끌어와서, 세 위격 간의 내적 관계를 설득력 있게 재현하고 있는가이다. 에리우제나는 삼위일체를 단지 교리적으로 해석하지 않고, 그것을 발현과 회귀라는 우주론적이고 신학적인 패러다임 속에서 새롭게 해석한다. 에리우제나는 세 위격, 즉 성부, 성자, 성령의 상호 관계를 통해 존재의 순환 구조, 곧 '머묾, 발현, 회귀'의 삼중 운동을 상징적으로 드러낸다. 이 구조는 디오니시우스와 신플라톤주의 전통에서 이미 등장하는 개념들이지만, 에리우제나는 이를 자신만의 언어와 신학 체계 안에서 재정의한다. 그에게 있어 삼위일체는 단지 신 안의 구조가 아니라 모든 존재의 기원과 목적을 포괄하는 총체적 상징이 된다.

에리우제나는『엑스포지티오네스』제7장에서 발현과 회귀 구조 속에서 삼위일체를 설명하기 위해 두 가지 상징적 이미지를 제시한다. 하나는 "삼중으로 빛나는 초본질적 실체"(substantia superessentialis trilucea)이고, 다른 하나는 '모나드'(monad)와 '헤나드'(henad)이다. 그는 먼저 빛의 상징성과 "다른 차원의 빛에 대한 지식"이라는 개념을 토대로 삼위일체의 신비를 해석하기 시작한다. 그에 따르면 천상의 위계는 "삼중으로 빛나고, 삼중으로 나타나며, 단순히 표현하자면 삼중으로 밝아진다." 이처럼 세 번 반복되는 삼중이라는 빛의 표현은 단지 시적 수사가 아니라 삼위일체의 발현 구조를 반영하는 상징적 언어로 작동한다. 에리우제나는 이 구조를 이렇게 설명한다.

"(삼위일체는) 삼중으로 빛나는 존재(trilucea)다. 동일한 본질이 세 위격 안에서 각기 다른 방식으로 드러난다. 이러한 드러남은 감각으로 파악되거나 개념으로 규정할 수 있는 것이 아니다. 그것은 경건하게 탐구하고 진실로 이해하고자 하는 이들에게 계시되는 신비이다. 첫째, 본질은 성부 안에서 빛나는데, 이는 모든 것이 성부로부터 기원했기 때문이다. 둘째, 본질은 성자 안에서 빛나는데, 만물이 성자를 통해 창조되었기 때문이다. 셋째, 본질은 은혜(gratia) 안에서 빛나는데, 모든 피조물이 은총을 통해 축복을 받기 때문이다"(Expo VII, 521-6).

에리우제나는 삼위일체를 설명하기 위해 '모나드'와 '헤나드'라는 두 개념을 또 하나의 상징적 도식으로 활용한다. 그는 이를 통해 하나님의 단일성과 삼위일체성을 보다 정교하게 구분한다. 그는 먼저 이렇게 선언한다. "테아르키아(thearchia, 신성)는 모나드와 헤나드로 구성되어 있으며, 본질상 하나이고, 실체적으로는 셋이다"(Expo VII, 951-3). 다시 말해, 신성은 본질에서는 하나이되, 실체에서는 삼위로 존재한다는 것이다. 이 진술은 하나님이 본질적으로는 유일무이한 단일성이지만, 실체적 또는 위격적 차원에서는 세 위격으로 나뉜다는 삼위일체 교리를 반영한다. 이 구조 안에서 모나드는 발현, 곧 하나님으로부터의 나오심이라는 운동과 관련되며, 헤나드는 회귀, 곧 만물이 다시 하나님께로 돌아가는 과정으로 설명된다. 다시 말해, 모나드는 출발점이고 헤나드는 귀환점이다. 에리우제나는 이 두 개념을 다음과 같이 구분해 해석한다. "비록 우리의 인식 범위에서는 모나드와 헤나드가 동일한 개념처럼 보일 수 있지만, 실제로는 중요한 차이가 있다."

모나드는 단일성 자체로 간주된다. 이는 모든 수의 기원이며, 다수성의 가능성을 내포하는 존재론적 기초이다. 이 단일성은 단지 수학적 구조의 원천일 뿐 아니라 존재하는 모든 것의 본원적 기반이다. 즉, 존재론적 출발점으로서의 하나님은 모나드 같은 존재다. 반면에 '하나'에서 발현된 다수의 신적 단일성들을 의미하는 헤나드는 통일성으로 이해되며, 이는 실체들이 하나로 모이는 궁극적 일치를 의미한다. 헤나드는 존재자들의 회귀 과정에서 드러나는 신적 통일성의 궁극적 형태이며, 특히 하나님의 초본질적인 본성과 연관된다. 에리우제나는 이 개념들을 요약하며 다음과 같이 설명한다. "신적 선(bonum divinum)은 곧 모나드이며, 이 모나드는 세 위격 안에서 실현되는 통일성을 지시한다. 다시 말해, 세 위격은 본질의 단일성 안에서 하나로 존재하는 것이다"(Expo VII, 953-64).

3. 하나님으로부터의 창조와 발현

하나님의 단일성이 삼위일체로 발현된 이후, 발현은 창조 안에서 계속된다. 비록 발현과 회귀 패턴이 창조 개념보다 더 지배적인 주제로 등장하지만, 에리우제나가 전통적인 창조 개념을 어떻게 재구성했는지를 살펴보는 것은 여전히 유익한 작업이다. 에리우제나에게 창조란 어둠에서 빛으로, 다시 말해 무(無)에서 존재로 피조물이 이끌려 나오는 과정이다. 그는 창조의 발현 과정을 설명하기 위해 특정한 철학적 방식을 채택하며, 창조에 관한 그의 고유한 이해는 교부 전통과의 연속성과 함께 자신만의 독창성을 드러낸다. 에리우제나의 창조론에 대한 논의는 이미 여러 학자들에 의해 깊이 연구되어 왔으므로, 이 장에서는 세부적 논증을 반복하기보다 그의 신학과 철학 사유 속에서 드러나는 몇몇 독특한 측면들을 간략히 요약하고자 한다.

그의 복합적인 창조 논의는 발현과 회귀라는 특유의 패턴을 전제하고 있으며, 이는 이 책의 서론에서 검토한 여러 원리와 밀접히 연관되어 있다. 에리우제나의 창조 이해는 특히 발현과 관련해 다음 세 가지 관점에서 고찰될 수 있다. 첫째, 창조를 '실체화'로 파악하는 관점, 둘째, 창조를 '신적 운동'으로 이해하는 관점, 셋째, "무에서의 창조"(creatio ex nihilo)와 "자기로부터의 창조"(creatio de se ipsa) 사이의 에리우제나 고유의 변증법적 해석이다.

3.1. 창조를 실체화로 이해하기

창조를 실체화(substantificatio), 즉 실체로 만드는 과정으로 이해하는 첫 번째 사례는 에리우제나가 선택한 언어적 표현에서 출발한다. 로렘은 이 주제와 관련하여 『엑스포지티오네스』를 중심으로 중요한 연구를 수행하면서, 에리우제나가 창조를 '실체화'라는 개념으로 설명하는 다양한 구절을 보여주었다.

실제로 에리우제나가 『페리퓌세온』에서 실체화 개념을 언급하는 사례는 어렵지 않게 발견된다. 여기서 실체화는 철학적이고 개념적인 맥락에서 사용되며, 존재의 출현과 분화를 설명하는 이론적 도구이다. 반면, 『엑스포지티오네스』에서는 동일한 개념이 보다 신학적이고 상징적인 방식으로 적용된다. 에리우제나는 '숩스탄티아'(substantia, ὑπόστασις)라는 용어를 통해 하나님의 '페르소나'(persona, 본질 혹은 실체)를 설명하면서도, 동시에 창조 행위 자체를 '숩스탄티피카티오'(substantificatio, 실체를 부여하는 것)라는 동사형 개념으로 묘사한다(Peri V, 1018B). 이때 실체를 부여한다는 것은 단순히 존재를 주입하거나 창출하는 것이 아니라 피조물이 신적 원리로부터 나와 존재를 갖게 되는 신학적 운동을 뜻한다.

『엑스포지티오네스』 제4장은 이러한 창조 개념과 실체화에 대한 에리우제나의 이해를 보다 명확히 보여주는 구절을 담고 있다. 다음 구절은 요한복음 1장을 연상시킨다.

"제1장에서처럼 그는 하나님 아버지를 '근원적 빛'으로, 그리고 아들을 '모든 것을 밝히는 광선'으로 묘사한다. 이어서 그는 아버지를 '가장 근본적인 원인인 신성'이라 부르며, 아버지로부터 발현되고 출생한 아들을 '모든 것에 실체를 부여하는 자'(substitutor)라 지칭한다. 모든 것이 이 광선에 참여함으로써 빛을 얻듯이, 모든 존재는 이 아들의 섭리에 참여함으로써 실체를 부여받는다. 다시 말해, '광선'은 그것을 조명하고(illuminare), '섭리'는 실체를 부여한다(substantificare)"(Expo VI, 108-15).

에리우제나는 빛의 상징을 통해 하나님 아버지와 아들 되신 그리스도를 각각 "빛 자체"와 "밝히는 광선"으로 정의한다. 아들은 섭리에 의해 명명되며, 나아가 "실체를 부여하는 분"으로도 불린다. 이는 곧 하나님께서 사랑하는 아들 안에서 모든 것을 창조하셨다는 점을 강조하며, 모든 피조물이 그리스도의 밝히는 광선에 참여함으로써 실체를 부여받는 존재가 된다는 의미를 담고 있다. 이러한 설명은 요한복음 1장의 내용을 신학적으로 재구성한 것으로 볼 수 있는데, 특히 '창조되었다'(creata sunt)는 전통적 표현 대신 '존재하게 된다'(subsistere)는 개념이 사용되었다는 점에서 중요한 신학적 차이를 보여준다(Expo IV, 65-7).

에리우제나는 다른 곳에서도 "실체를 부여한다"는 개념을 하나님 아버지와 아들에게 자유롭게 적용한다. 『엑스포지티오네스』 제13장에서 그는 하나님을 "모든 것의 기원이자 모든 것에 실체로 부여하는 원인"으로 묘사한다. 여기서 "실체를 부여하는 원인"이라는 표현은 하나님께서 창조의 주체일 뿐만 아니라 만물에 실체를 부여하는 본질적인 원천임을 나타낸다(Expo XIII, 414-9).

특히 주목할 만한 구절은, 에리우제나가 "모든 것에 실체를 부여하는 하나님"을 "성전의 모퉁이들"에 비유하는 대목이다. 이 모퉁이는 수많은 분열과 다양성을 통합하는 중심 토대이다. 에리우제나는 모든 것에 실체를 부여하는 원인으로서의 하나님을 "성전의 모퉁이를 통해 신비롭게 형상화된 존재"로 묘사하며 다음과 같이 말한다. "모든 움직이는 것은 모퉁이 주위를 회전하지만, 정작 그 모퉁이 자체는 움직이지 않는다"(Expo VIII, 416-8). 이 비유는 하나님이 만물의 운동과 변화를 통일시키는 중심이며, 동시에 스스로는 불변하는 존재임을 상징적으로 보여준다.

3.2. 신적 운동으로서의 창조

『페리퓌세온』, 특히 제1권에서 제3권에 이르기까지 에리우제나는 창조 문제를 다루기 위해 두 가지 중요한 방법론을 사용한다. 하나는 개념적이고 철학적인 접근 방식이며, 다른 하나는 성경 본문을 주석하는 방법이다. 이러한 이중적 접근은 『페리퓌세온』과 『엑스포지티오네스』 전체의 전개 구조를 이해하는 데 유익하며, 그의 신학적 사고의 폭넓은 스펙트럼을 보여준다. 에리우제나의 "신적 운동"(motus divinus) 개념은 『페리퓌세온』의 다음과 같은 구절에서 그 핵심이 드러난다. "하나님의 운동은 경건하게 이해되어야 한다. … 그것은 모든 존재를 본질로 이끌고 그것들을 포함하며, 만물을 위해 모든 방식으로 섭리하며, 모든 존재를 향한 하나님의 헤아릴 수 없는 둘러쌈과 섭리적 발산, 그리고 활동을 통해 모든 존재 안에 임재하는 것으로 이해되어야 한다"(Expo VIII, 416-8).

창조는 이처럼 단순한 일회적 사건이 아니라 신적인 운동을 통해 지속해서 이루어지는 존재의 부여이며, 동시에 하나님이 피조물 안에 내재하시는 방식이다. 다시 말해, 창조는 하나님으로부터의 발현이며, 그 운동은 곧 피조물의 존재론적 기반이다.

『엑스포지티오네스』에서는 이러한 신적 운동이 천사들 존재의 다양한 움직임을 통해 은유적으로 형상화된다. 이러한 표현들이 에리우제나 자신의 고유한 창안인지에 대해서는 학문적 논의가 있을 수 있으나, 이 운동 개념은 그의 사상 전반에 흐르는 발현과 회귀라는 신학적 구조와 깊이 연결되어 있다. 에리우제나는 "그분의 운동에 의해 만물이 창조되었다"라고 짧게 언급한다. 이 한 문장은 단지 신적 창조의 독특한 방식을 시사하는 데 그치지 않고, 에리우제나가 상정한 신학 전체의 구조와 사유 방식, 곧 하나님과 세계의 관계에 대한 그의 전제를 함축하고 있다.

그의 이러한 사상은 특히 쉼 없이 움직이는 '세라핌'(Seraphim, 최상위 천사)의 이미지에서 절정을 이룬다. 세라핌의 "말로 표현할 수 없는 운동", 즉 "끊임없고, 타오르며, 날카롭고, 뜨겁고, 신속하며, 더할 나위 없이 강렬한 의지와 결코 실패하거나 굽히지 않는 운동"은 신적 운동이 지닌 본질과 생동감을 상징적으로 드러낸다(Expo VII, 108-10). 이어지는 구절에서는 왜 이러한 묘사들이 사용되었는지를 상세히 설명하며, 세라핌의 운동이 단순한 상징이 아닌, 하나님 안에서의 존재와 활동의 역동성을 반영하는 신학적 모델임을 드러낸다. "세라핌의 운동은 결코 멈추지 않기 때문에 끝이 없으며, 사랑의 열정 속에서 불타오르기에 뜨겁다. 또한 모든 것을 미묘하고 빠르게 관통하기에 날카롭고 신속하다. 천상 권능의 첫 번째 계층인 세라핌은 그들보다 낮은 모든 존재를 초월하여 최고선을 향한 사랑으로 불타오르기에 더욱 뜨겁다"(Expo VII, 138-43).

이러한 표현에서 에리우제나는 창조를 운동 개념으로 이해하는 자신의 견해를 한층 심화시킨다. 그는 언어적 유희와 신학적 해석을 결합하여 하나님에 대한 보다 풍부하고 역동적인 상을 제시한다. 특히 하나님이라는 명칭의 어원에 주목하며, 그리스어 동사 '세오레오'(θεωρέω, 보다)와 '세오'(θέω, 달리다)를 분석한다(Peri I, 452B-C). 이를 통해 그는 '세오스'(θεός, 하나님)를 '달리시는 분'으로 해석한다. 이러한 해석은 단지 어원적 흥미를 넘어서 신학적 깊이를 제공한다. 하나님은 단지 고요한 관조의 대상이 아니라 모든 존재를 향해 끊임없이 달리시는 분이며, 그래서 정지해 있는 법이 없다. 에리우제나는 "하나님은 모든 곳에서 달리시며(currit), 달리심으로써 모든 것을 채우신다(omnia currendo implet)"고 말한다. 이때의 '달림'은 단순한 이동이 아니라 창조와 발현의 동력을 상징한다. 흥미롭게도 이러한 이미지는 종종 "흘러내리는 강물" 모티브와 함께 사용된다(Peri I, 452C). 하나님은 마치 흐르는 물처럼 피조 세계로 흘러 들어가 그 안을 채우고, 모든 존재에 생명을 불어넣는다. 이러한 문맥에서 '달리다'(currere)와 '채우다'(implere)라는 두 동사는 단순한 동작을 넘어 하나님의 창조적 발현의 신학적 의미를 뜻한다. 이들은 존재를 무로부터 이끌어 내고, 세상을 충만하게 하는 하나님의 역동성을 표현하는 핵심 개념들이다. 실제로 『페리퓌세온』 전반에 걸쳐 '달리시는 하나님'의 이미지는 빈번하게 반복되며, 에리우제나 신학에서 창조자를 정적인 존재가 아니라 끊임없이 움직이며 작용하는 운동 속의 하나님으로 이해하도록 만든다. 이러한 신적 역동성은 『엑스포지티오네스』에서도 더욱 강조되며, 에리우제나는 이 두 저작을 통해 하나님을 존재의 근원일 뿐 아니라 존재 안에 스며들어 활동하시는 생생한 운동의 원천으로 제시한다(Peri I, 453B).

『엑스포지티오네스』는 이러한 신적 운동의 이미지를 더욱 강화한다. 에리우제나는 다음과 같이 서술한다. "그는 아버지이자 하나님으로 불리며, 하나님을 뜻하는 '세오스'(θεός)는 동사 '세오'(θέω)에서 유래하여 '달리시는 분'을 의미한다. 그는 모든 것을 통과하며, 모든 것을 채우고 실체를 부여한다. 그렇다면 그의 운동은 누구이며 무엇인가? 그의 운동은 그의 말씀, 곧 그의 발화이며, 시편 기자는 이를 '그의 말씀은 빨리 달리도다'라고 표현한다"(Expo I, 178-82).

여기서 '달림'이라는 개념은 단순한 움직임을 넘어 발현과 회귀라는 우주적 순환의 전체 과정을 지탱하는 하나님의 역동적 능력을 상징한다. '채움' 개념 역시 중요하다. 또한 에리우제나는 '흐름'이라는 이미지를 사용하여 하나님의 창조 사역을 묘사한다. 그는 종종 '흘러나온다'는 표현을 통해 신적 생명력의 확산을 설명하며, 이러한 유동적인 이미지는 물, 공기, 불, 흙이라는 네 가지 보편 원소에 대한 반복적인 언급 속에서 더욱 뚜렷하게 등장한다. 이 원소들은 에리우제나의 우주론 안에서 하나님의 활동이 자연과 세계 전체에 어떻게 스며드는지를 보여주는 상징적 매개물들이다. 그에 따르면 인간의 관점에서 모든 피조물은 "위로부터 흘러나오는 것"이며, 하나님의 관점에서는 하나님이 "모든 것을 채우시는 분"으로 이해되기 때문이다(Peri III, 677D, 688A).

이러한 표현은 플라톤주의 영향을 간접적으로 반영하는 것으로 보인다. 마치 고대 플라톤 철학에서 '일자'(τὸ ἕν)로부터 영혼과 육체가 흘러나온다고 보듯이, 에리우제나의 '흐름' 개념은 하나님과 피조물 사이에 존재론적 연속성을 시사한다. 하나님 자신의 '달림'과 '채움'은 그분의 본질에서 비롯된 창조적 발산의 표현이며, 이는 하나님 자신의 선하심에서 비롯된 무한한 확장의 운동이다. 그러나 이 지점에서 신학적으로 중요한 질문이 제기된다. 에리우제나가 묘사한 이러한 발현으로서의 창조 개념이 기독교 전통의 핵심 교리인 '무에서의 창조'(creatio ex nihilo)와 어떻게 조화를 이룰 수 있는가? 곧 존재가 하나님의 본질에서 유출된 것처럼 보이게 하는 이 표현이 전통적인 창조 교리의 고유성을 훼손하지 않으면서, 어떻게 신학적 정체성을 유지할 수 있는지를 면밀히 살필 필요가 있다.

예상대로 에리우제나가 제시하는 신적 운동을 통한 창조 개념은 보다 포괄적인 발현과 회귀 구조 속에 포함되어 있다. 『페리퓌세온』 전체를 관통하는 그의 발현과 회귀 개념에는 세 가지 또는 네 가지 전치사 구조가 존재하며, 이는 에리우제나의 신학 사상을 지배하는 핵심적 언어 패턴이다. 이 전치사 구조를 다음과 같이 두 유형으로 정리할 수 있다. 첫째는 '…로부터, …을 통해, …을 향하여'이고, 둘째는 '…

로부터, …안에서, …을 통해, …을 위하여'이다. 이러한 전치사들의 조합은 발현과 회귀 운동을 설명하는 신학적 도식으로서, 피조물의 존재론적 여정을 요약하는 중요한 신학적 언어다. 다음 구절은 이 구조의 의미를 잘 보여준다. "모든 피조물은 하나님으로부터 존재를 받아 존재하기 시작하며, 그를 향해 움직여 결국 그 안에서 안식을 얻게 된다"(Peri I, 514C). 이 짧은 문장 속에 존재의 기원과 종말에 대한 에리우제나의 사상이 농축되어 있다. 곧 인간을 포함한 모든 피조물은 하나님으로부터 유래하고, 하나님 안에서 시간과 공간의 조건 속에 실존하며, 하나님을 향하여 움직여 결국 하나님 안에서 안식에 이른다는 것이다. 이는 단순한 존재론이 아니라 우주론적 순환의 신학이다.

에리우제나는 이러한 발현과 회귀의 궤적을 창조를 위한 신적 운동 개념과 긴밀히 연결하며 다음과 같이 묘사한다. "모든 것이 성전의 모퉁이를 중심으로 회전하는 것처럼 움직인다"(Expo XIII, 416-8). 이 비유는 창조 질서 전체가 하나의 중심축, 곧 하나님 자신을 중심으로 회전하고 있음을 상징적으로 보여준다. 다시 말해, 모든 존재는 하나님으로부터, 하나님 안에서, 하나님을 통해, 하나님을 향하여 존재하고 움직이며, 최종적으로 하나님 안에 이르는 우주론적 순환의 여정에 참여한다. 이러한 묘사는 창조와 존재, 구원과 회복을 모두 아우르는 에리우제나 사상의 통합적 특징을 잘 보여준다.

우리는 하나님의 운동 속에서 신적 의지의 발현을 본다. 에리우제나는 하나님 안에서 신적 의지를 단순한 내적 의도가 아니라 신적 행위나 작업과 사실상 동일한 것으로 본다. 다시 말해, 신적 본성의 움직임은 단지 외적 활동이 아니라 신적 의지 자체의 목적이자 실현이다. 이처럼 의지와 운동의 일치는 에리우제나 신학의 중요한 특징이다. 에리우제나의 다음 주장은 중요하다. "하나님은 자신의 신적 의지를 통해 하나의 방식으로 '자기 자신을 창조하신다'"(Peri III, 634B).

이러한 자기 창조는 그 자체로 운동이며, 이는 하나님의 흘러나옴에서 시작되어, 다시 하나님 자신이라는 종말적 목적으로 되돌아가는 회귀 구조를 따른다. 에리우제나는 "모든 운동은 특정한 시작점에서 출발하여, 궁극적인 안식을 이루는 그 끝을 향해 반드시 나아가게 되어 있다"고 말한다.

이처럼 신적 운동은 선형적이거나 하나의 방향으로 흐르는 것이 아니라 본질적으로 순환적인 구조를 지닌다. 창조와 회복, 출발과 귀환의 구조가 동일한 기원을 가리키며, 이 구조 안에서 우주의 모든 질서가 굳게 세워지고 유지된다. 신적 운동은 단지 시발점으로서의 하나님에게서 나오는 것이 아니다. 이 운동은 창조된 존재들, 곧 '피조물들의 원인'(causae creatae)을 통과하면서 하나님 안에서 작동한다. 여기서 "하나님 안에서"라는 표현은 단순한 장소적 개념이 아니라 존재론적 틀 안에서의 운동이다. 그것은 마치 모든 자연이 하나님의 본성 안에서 질서 있게 움직이는 것과 같으며, 하나님을 벗어나거나 탈선하는 경로는 존재하지 않는다. 이 운동은 필연적으로 하나님이라는 목적지를 향해 되돌아간다. 왜냐하면 하나님 외에 다른 최종 목적이 존재하지 않기 때문이다. 이러한 구조는 에리우제나가 강조한 발현과 회귀의 사유 속에 정확히 위치한다. 결국, 이 신적 운동은 오직 지성적 이해 속에서만 파악된다. 즉, 참된 인식은 모든 것이 하나님으로부터 시작되었음을 인식하고, 하나님을 통해, 하나님 안에서, 하나님을 향해 나아간다는 것을 이해하는 데 있다. 이는 신적 운동의 최종 목적이 하나님 자신임을 드러내며, 하나님의 창조적 사역은 곧 자기 자신을 향한 선한 의지의 실현이라는 신학적 통찰로 귀결된다.

에리우제나의 신학에서 예측할 수 있듯이, 신적 운동이라는 주제 역시 자연과 은총이라는 또 다른 주요 원리와 긴밀하게 연결되며 발전한다. 신적 운동은 두 가지 방식으로 적용된다. 첫째는 일반적인 운동, 둘째는 특수한 운동이다. 이 두 운동은 각각 존재(esse)와 행복

(bene esse)이라는 범주로 확장되며, 이는 다시 자연과 은총이라는 하나의 쌍을 이룬다. 이와 같은 구조는 선물(datum, 주어진 자연)과 은총(donum)이 동일한 원천, 즉 하나님으로부터 "흘러나온다"는 인식에 근거한다(Peri I, 515A-B). 일반적인 운동은 창조의 기원으로서의 하나님에서 비롯되는 선물을 의미하며, 특수한 운동은 창조된 피조물이 종말로서의 하나님을 향해 나아가는 은총을 가리킨다. 이 신적 운동은 존재가 마지막 안식에 도달할 때까지 중단 없이 지속된다. 이처럼 에리우제나는 신적 운동 개념을 발현과 회귀라는 구조 안에 통합시킴으로써, 창조와 구원의 전체 과정을 하나의 순환적 패턴 속에서 이해한다. 뿐만 아니라 그는 이 패턴을 선물과 은총이라는 보다 보편적인 신학 범주들과 연결함으로써, 자신의 체계 안에서 통합된 신학적 인식을 구축한다.

이 운동의 양상은 관점에 따라 다르게 나타난다. 하나님의 관점에서 보면, 하나님은 창조 행위 속에서 자신으로부터 흘러나오신다고 이해할 수 있으며, 인간의 관점에서는 모든 피조물이 하나님으로부터 흘러나온다고 인식된다. 흥미롭게도 관찰자의 위치에 따라 하나님에 대한 이해도 달라진다. 접근 불가능한 하나님은 접근 가능한 분으로, 정지해 계신 하나님은 움직이시는 분으로 인식될 수 있다. 에리우제나는 이를 "하나님은 움직이지 않으시지만 움직이고자 하셨고, 그 의지가 우리에게는 '움직임'으로 나타난다"고 설명한다. 다시 말해, 인간의 인식 안에서 드러나는 하나님의 운동은 그분의 선한 의지가 감지되는 방식이며, 그 의지는 곧 창조와 구원의 여정을 지탱하는 원동력이다. 그렇다면 에리우제나는 이 '대립의 일치'(coincidentia oppositorum)를 어떻게 정당화하고 설명하는가? 하나님은 외부의 어떤 원인도 없이 스스로 움직이시는 분으로 이해될 수 있는 동시에, 어떤 것에 의해 움직이시는 분으로도 이해될 수 있는가(Expo III, 262-4)? 에리우제나는 『엑스포지티오네스』 제1장에서 이 질문을 직접 제기하며 그 복잡한 문제를 해결하기 위해 다음과 같은 신학적 논리를 제시한다.

"그리스인들이 말한 바와 같이 '파트리키네토스'(πατρικινητός, 아버지에 의해 움직이는) 존재가 어떻게 가능하냐는 질문은 결코 모순되지 않는다. 불변하는 존재가 어떻게 움직일 수 있는가? 무엇에 의해, 무엇 안에서, 그리고 무엇을 향해 움직이는가? 이러한 질문은 오래전부터 지혜로운 이들이 탐구해 온 철학적 주제이다. 그 존재는 결코 공간적으로도 시간적으로도 움직이지 않는다. 오히려 초본질적인 방식으로, 즉 시간과 공간을 완전히 초월하는 방식으로 스스로 움직인다. 그 움직임을 유발하는 외부의 어떤 원인도 존재하지 않는데, 그 존재 자체가 모든 운동의 유일하고 궁극적인 원인이기 때문이다. 그것은 곧 '운동이며 안정'(motus et quies), '안정된 운동'(quies mobilis), '움직이는 안정성'(motus stabilis)이다"(Expo I, 163-71).

여기서 파트리키네토스는 '부성에 의해 움직이는' 또는 '아버지로부터 유래하는 운동성'이라는 의미로, 고대 그리스 철학에서 신의 내재적 작용을 설명할 때 사용되던 개념이다. 에리우제나는 이미 많은 교부들이 "아버지에 의해 움직이는" 문제를 논의해 왔다고 주장한다. 모순처럼 보이는 이러한 개념을 극복하기 위해 에리우제나는 두 가지 원리를 제시한다. 첫째는 "탁월성에 의해서"(per excellentiam), 둘째는 "무한성에 의해서"(per infinitatem)라는 개념이다. 하나님은 만물 가운데 첫 번째 존재이시지만, 동시에 그 첫 번째마저도 초월하시는 분이시다. 따라서 하나님에 대한 인간의 모든 인식은 제한적이며, 어떤 개념도 직접적으로 하나님께 적용될 수 없다. 오직 '탁월함'이라는 방식으로만 하나님은 안정된 운동이자 동시에 움직이는 안정성이 될 수 있다. 에리우제나는 이처럼 역설적인 하나님의 안정적 운동 개념을 『엑스포지티오네스』 제1장에서 삼위일체의 활동에도 적용한다.

"그러므로 최고로 숭고한 삼위일체는 움직이지 않는 세 겹의 운동이다. 아버지는 아들을 품으면서 움직이시며, 그분 안에서, 그분을 통해 모든 것이 창조되었다. 아버지는 성령을 보내시면서 움직이시며, 그분 안에서, 그분을 통해 모든 것이 완전하게 되었다. 아들은 아버지의 뜻을 실현하면서 움직이시며, 성령은 아버지와 아들의 뜻을 함께 실행하면서 움직이신다"(Expo I, 186-91).

3.3. 무로부터의 창조와 자기 자신으로부터의 창조

서방 기독교 전통에서 '무로부터의 창조'(creatio ex nihilo) 개념은 '하나님의 말씀'(verbum Dei)이 수행하는 본질적인 역할을 통해 절대적이고 유일한 신적 창조의 성격을 강조한다. 이는 창조주 하나님과 피조물 사이에 명확한 존재론적 단절과 구분이 존재함을 의미한다. 이러한 관점에서 중재자로서의 그리스도, 곧 '하나님의 말씀'을 제외하고는 하나님과 창조 세계 사이에 어떠한 연속성도 발견하기 어렵다. 더불어 고대 철학에서 데미우르고스가 세계를 형성하기 위해 사용했던 영원한 물질의 존재 가능성도 여기서는 철저히 배제된다. 그 결과 말씀이 창조 행위에서 수행하는 중심적 역할과 창조주와 피조물 사이의 뚜렷한 구분은, 하나님과 인간 사이에 존재론적 혹은 본질적인 연속성을 허용하지 않는다. 이 구조는 단절과 차이를 필연적으로 전제한다(Peri V, 634A-690B).

그렇다면 에리우제나는 무로부터의 창조 개념을 어떻게 수용하는가? 그는 전통적인 신학적 정의와 논의를 그대로 따르는가? 아니면 신플라톤주의 사상과 기독교 신학을 결합하여 새로운 종합을 시도하는가? 에리우제나는 무로부터의 창조라는 용어를 그의 여러 저술에서 반복해서 사용한다. 그는 초기 저작인 『예정론에 관하여』에서 이 개념을 언급하며, 하나님의 신적 예지(divina praescientia) 및 예정론(praedestinatio)의 맥락에서 창조를 설명했다.[60] 특히 『페리퓌세온』 제3권에서는 무로부터의 창조에 대해 더욱 정교하고 다층적인 논의를 전개한다. 그러나 그의 저작에서는 전통적인 서방 교부 신학에서 흔히 보이는 교리적·변증법적 논리, 즉 무로부터의 창조를 중심으로 한 통일적 교의 체계는 분명하게 나타나지 않는다. 물론 그는 다양한 문맥에서 무로부터의 창조와 하나님의 말씀이라는 용어를 사용하지만, 그 해석 방식은 전통적인 교부 해석학의 범위 안에 머물지 않는다. 오히려 에리우제나는 자신의 독창적인 신학적 사유 구조, 즉 '신학의 두 가지'라는 메타 구조 속에서 무로부터의 창조 개념을 재해석하고 재구성한다. 이 재구성을 통해 에리우제나가 단지 교부 신학의 수용자에 그치지 않고, 신플라톤주의와 기독교 신학을 창의적으로 통합한 사상가였음을 알 수 있다. 이는 그의 신학적 독창성과 철학적 통찰력을 가장 잘 드러내는 중요한 주제 가운데 하나다.

에리우제나의 무로부터의 창조 이해는 본질적으로 "하나님 자신으로부터의 창조"(creatio de se ipsa) 개념과 긴밀하게 연결된다. 그는 특히 후자 개념을 더 강조하는데, 이는 하나님과 피조물 사이의 존재론적 관계를 보다 심층적으로 통합하기 위한 시도일 수 있다. 이러한 창조 개념은 위에서 살펴본 대로 종종 세 가지 또는 네 가지 전치사 조합을 통해 표현되며, "하나님 자신으로부터"라는 표현은 전통적인 "그로부터"(de eo)라는 표현을 떠올리게 한다. 『페리퓌세온』에는 "하나님 자신으로부터의 창조"를 암시하거나 명시하는 구절들이 다수 등장하는데, 다음과 같은 대표적인 예가 있다. "모든 사물의 원인과 선행 기원은 '그로부터'(ex), '그를 통해'(per), '그 안에서'(in), '그를 향해'(ad) 창조되었다"(Peri II, 553A-B). 여기서 주목할 점은 에리우제나가 피조물들이 "그 안에서"(in) 창조되었다고 진술하면서도 전통적인 표현인 "그에 의해"라는 구문은 거의 사용하지 않는다는 점이다(Peri II, 563B). 이는 하나님과 피조물, 특히 인간 사이에 더욱 밀접하고 강한 존재론적 연속성이 존재함을 암시한다. 다시 말해, 하나님은 단순히 외부에서 피조물을 형성하시는 창조주로만 계신 것이 아니라 피조물의 존재 자체가 의존하고 자리 잡는 내적인 근원으로 기능하신다.

하나님 자신으로부터의 창조 개념을 지지하는 또 다른 증거는 다음의 유명한 구절에서 찾아볼 수 있다. “우리는 그 안에서 살고(vivimus), 움직이며(movemur), 존재한다(sumus)”(행 17:28). 에리우제나는 『페리퓌세온』 제2권의 서두에서 나지안주스의 그레고리우스를 인용하는 방식으로 이 구절을 처음 소개하며, 이후 전권에 걸쳐 반복적으로 상기시킨다. 이 문장은 단지 존재의 근원을 서술하는 데 그치지 않고, 에리우제나의 창조론과 존재론 전체를 이해하는 데 있어 결정적인 열쇠를 제공한다. 여기서 하나님은 단순히 외부에서 창조를 명령하는 존재가 아니라 존재하는 모든 것의 내면적 장소이자 생명과 운동, 실존의 토대로 자리한다.

이 짧은 구절을 바탕으로 세 가지 중요한 철학적 문제가 도출된다. 첫째, “우리의 존재”가 하나님 안에서 어떻게 이해될 수 있는가? 이는 곧 ‘존재’(esse)와 ‘실재’(existentia)의 기원이 하나님 안에 있음을 강력히 시사한다. 에리우제나는 인간 존재가 하나님의 말씀으로 형성되었을 뿐만 아니라 그 존재 자체가 하나님 안에 내재해 있음을 반복적으로 강조한다. 다시 말해, 존재의 근원은 하나님으로부터 ‘주어졌다’기보다는 하나님 자체로부터 흘러나왔으며, 여전히 하나님 안에 머무는 방식으로 이루어진다. 둘째, ‘존재, 생명, 운동’이라는 삼중적 구조의 철학적 의미는 무엇인가라는 물음이다. 이 구조는 고대 형이상학에서 핵심 범주로 자리했던 본질(οὐσία), 생명(ζωή), 활동(ἐνέργεια)과 나란히 배치될 수 있다. 에리우제나는 이 세 항목으로 대우주로서의 신적 본성과 소우주로서의 인간 본성 사이의 존재론적 연속성을 설명하며, 삼중 구조는 그러한 연결을 가능하게 하는 하나의 철학적 신학적 틀이다. 셋째, 이러한 삼중 구조는 더욱 확장되어 '존재(esse), 행복한 존재(bene esse), 영원한 존재(semper esse)'라는 또 다른 구조를 형성한다. 이 삼중 구조는 고대 존재론의 전통을 계승하면서, 에리우제나가 전개한 '머묾, 발현, 회귀'라는 신학적 패러다임 속에서 재해석된다(Peri II, 575D). 이는 곧 존재를 순환적이고 역동적인 방식으로 이해하려는 에리우제나 신학의 대표적인 예이다.

이 점은 에리우제나의 독창적인 하나님으로부터의 창조 개념을 이해하는 데 매우 적절한 단서를 제공한다. 그에 따르면 하나님은 자신의 존재를 규정하거나 창조 행위를 정의하기 위해 외부의 어떤 것도 필요로 하지 않으며, 필요로 할 수도 없다. 하나님은 창조 과정에서 외재적인 어떤 물질도 받아들이지 않는다. 이는 고대 철학에서 데미우르고스 개념과 분명한 대조를 이룬다. 플라톤주의의 데미우르고스가 원시적이고 영원한 물질을 바탕으로 세계를 구성했다면, 에리우제나의 하나님은 어떠한 물질도 필요 없이, 전적으로 자기 안에 창조의 원인과 가능성을 내포하고 있다. 이 점은 오히려 하나님께서 그분의 비밀스러운 품 안에서, 곧 하나님 자신 안에 창조에 필요한 모든 수단을 충분히 소유하고 계신다는 사실을 역설적으로 보여준다.

에리우제나는 모든 존재가 하나님 안에 존재하며, 창조되기 이전에도 영원부터 하나님의 마음속에 실재하고 있다고 주장한다. 곧 시간과 공간 안에서 현실화되기 이전에도, 모든 피조물은 이미 하나님의 마음 안에 영원한 실체로서 존재하고 있다. 따라서 하나님 외부에는 아무것도 존재하지 않으며, 하나님의 선지식(praescientia) 안에 포함되지 않는 것은 아무것도 없다. 이로부터 하나님은 악이나 죽음과 같이 하나님 외부에 있는 것들에 대해 알지 못하신다는 명제가 도출된다. 여기서 무지는 인식의 결핍이 아니라 악과 죽음이 하나님의 지식과 의지 밖에 있는 것, 곧 하나님의 본성에 속하지 않는 것을 뜻한다.

에리우제나는 『요한복음 서문에 관한 설교』에서 이러한 주장을 더욱 정교하게 논한다(8:10-30). 그는 창조의 행위 자체가 삼위일체 하나님 안에서 그 근거와 기원을 지닌다고 밝힌다. 바로 이 신적 기원과 근거 속에서 창조된 모든 존재는 삼위일체 하나님의 본질에 참여하며, 그 신적 본성 안에 머물게 된다. 이러한 존재론적 논리 구조에 따라 에리우제나는 모든 존재가 하나님 자신으로부터(ex Deo), 그리고 하나님 안에서(in Deo) 창조되었다고 주장할 수 있는 신학적 정당성을 확보한다.

이전의 논의를 바탕으로 에리우제나는 하나님이 세상과 자연을 무로부터 창조하셨다는 전통적인 교리와 동시에, 하나님 자신으로부터 창조하셨다는 주장을 함께 확립하고자 했다. 여기서 두 가지 상이한 창조 개념이 병존하고 있음을 확인할 수 있다. 전자는 주로 기독교 전통 신학의 범주에 속하며, 후자는 신플라톤주의 전통과 밀접한 관련을 지닌다. 이러한 두 입장의 병치는 자칫 이론적 긴장을 유발하거나, 신학적으로 조화 불가능한 결과로 이어질 가능성을 내포한다.

그러나 에리우제나는 이 둘을 단순히 병렬적으로 제시하는 데 그치지 않고 자신만의 독창적인 신학적 논리 체계 안에서 조화시키려 했다. 그는 무에서의 창조와 하나님 자신으로부터의 창조를 서로 분리된 독립 범주로 고착시키지 않으며, 오히려 존재론적 차원에서 변증법적으로 통합하려 했다. 즉 여기서 말하는 '무'(nihil)는 단순한 비존재나 공허를 의미하지 않으며, 오히려 피조물에 선행하면서도 피조물이 그 존재의 근거를 발견하는 자리이다. 다시 말해, '무'는 하나님 외에 아무것도 없는 상태를 가리키며, 하나님의 내적 잠재성 안에 포함되어 있으나 아직 발현되지 않은 존재의 차원으로 이해된다.

이러한 해석은 에리우제나가 전개한 부정신학과 긍정신학의 상호작용, 그리고 그의 중심 구조인 '머묾, 발현, 회귀' 안에서 더욱 분명해진다. 에리우제나는 하나님을 “초월적 실재로서 만물의 원인이자 목적”으로 보면서도, 모든 피조물이 하나님 안에 존재하고 머물며 다시 하나님께로 회귀한다고 주장했다. 이러한 존재론적 순환 구조 안에서 피조물은 하나님으로부터 나아오되, 그 출현의 시작점은 외관상 ‘무’로 보이는 가시적 실재의 부재 상태이다. 그러나 이 ‘무’는 하나님의 내재적 가능성과 동일시될 수 있으며, 그로부터 피조물의 존재가 발현되어 나아오고, 다시 그 근원인 하나님께 회귀한다는 구조 속에서 신학적으로 정당화된다.

이러한 맥락에서 에리우제나는 무로부터의 창조와 하나님 자기 자신으로부터의 창조를 동일시하지 않는다. 그는 하나님이 곧 ‘무’라고 주장하지 않으며, 동시에 ‘무’를 하나님 외부에 실재하는 실체나 존재로 상정하지도 않는다. 오히려 ‘무에서의 창조’는 존재 이전의 모든 것이 하나님의 내적 충만 속에 잠재해 있다는 신학적 표현으로 이해할 수 있으며, ‘자신으로부터의 창조’는 그러한 하나님의 충만함으로부터 발현되어 나오는 존재 질서와 존재의 연속성을 드러내는 방식으로 제시된다.

결국, 에리우제나는 이러한 창조론적 사유를 통해 “하나님 외에는 아무것도 없다”라는 존재론적 전제를 변증하고자 했다. 다시 말해, 그 어떤 피조물도 하나님 바깥에 실체적으로 존재할 수 없으며, 모든 창조된 존재는 하나님의 지식과 본성 안에 포함되어 있다는 사상을 체계적으로 구성하고자 했다. 그의 이러한 창조 이해는 단선적인 교의적 설명이나 전통적 해석에 머무르지 않고, 신학과 철학의 경계를 넘나드는 복합적이고 상호보완적인 사유 구조를 통해 무로부터의 창조와 하나님 자신으로부터의 창조를 존재론적·형이상학적으로 통합하려는 시도로 평가할 수 있다. 이는 그가 전개한 형이상학적 신학의 가장 독창적이고 정교한 표현 중 하나이다.

에리우제나의 신학적 구조가 어떻게 작동하는지를 이해하려면 먼저 그의 하나님 자신으로부터의 창조 개념이 부정신학과 긍정신학이라는 두 축에 기반하고 있음을 주목해야 한다. 에리우제나는 빈번하게 하나님을 '초월성'과 '최고성'의 관점에서 설명한다. 부정신학의 입장에서 하나님은 모든 존재와 개념을 초월하시는 분이며, 심지어 아리스토텔레스의 열 가지 범주조차 초월하신다. 이러한 하나님의 초월성은 그가 사용하는 '신적 무지'(divina ignorantia) 개념에서 뚜렷하게 드러난다. 에리우제나에 따르면, 하나님은 인간의 언어, 철학적 개념, 신학적 정의에 의해 규정될 수 없고, 오직 '하나님 자신'(quid est)에 의해서만 알려질 수 있다. 이 논리에 따라, 그는 하나님을 '무'(nihil, 아무것도 아님)로 설명할 수 있다고 주장한다.

그러나 이때의 '무'는 단순한 비존재를 의미하지 않는다. 오히려 그것은 인간과 천사의 지성마저도 초월하는 '신적 선함'(divina bonitas)의 형언할 수 없고 이해할 수 없고 접근할 수 없는 광채를 가리킨다(Peri III, 690C-D). 다시 말해, '무'는 이름조차 붙일 수 없는 하나님을 지시하는 역설적인 이름이다. 에리우제나는 이러한 하나님을 "무적 존재"(No-Thing-ness)라고 부르며, 이는 모든 명명과 인식의 질서를 전복하는 신학적 명칭이다. 이로써 에리우제나의 부정신학에 내재된 '이름의 역전'이라는 논리에 도달한다. 부정신학에서는 '무'가 가장 부정적인 표현이면서도 동시에 가장 긍정적인 신학적 진술이다. 다시 말해, '무'는 존재하지 않는 것을 뜻하는 것이 아니라 존재를 넘어 있는 신성의 현존을 지시하는 방식이다. 이러한 관점에서 하나님은 '신성한 무' 혹은 '신성한 어둠'(divina caligo)으로 불릴 수 있다. 이는 하나님의 불가해성, 불가명성, 초존재성을 표현하는 고전적 부정신학의 언어이며, 동시에 에리우제나 신학의 가장 근본적인 전제이다. 결국 이러한 명명 방식은 하나의 신학적 역설을 드러낸다. 즉, 긍정도 부정도 불가능한 그 무엇을 긍정해야 한다는 명제이다. 이는 에리우제나 신학의 핵심 사상을 보여주는 대표적인 예로, 부정신학과 긍정신학의 변증법적 결합을 잘 드러낸다.

부정신학의 관점에서 하나님은 모든 것을 초월한 '무'이시다. 그러나 긍정신학에 따르면, 바로 그 '무'로부터 모든 피조물이 존재한다. 이와 같은 논의는 단순한 모순이 아니라 신적 초본질성과 부정신학의 틀 안에서만 가능한 불가해하고 신비로운 결합의 결과이다. 여기서 핵심은 오직 "탁월함을 통해서"(per excellentiam)라는 원리를 따라, '초월적인 하나님의 무적 존재'만이 부정신학으로 '무'를 의미하게 된다는 점이다. 이 '무'는 하나님 자신을 지시하는 부정적 이름으로서 기능하며, 긍정과 부정을 모두 초월하는 신적 실재이다. 특히 강조할 점은 '지속적인 부정의 행위'(negatio continua)만이 하나님을 '무적 존재'로 명명할 수 있는 정당성을 부여한다는 것이다. 이것은 동시에 무로부터의 창조라는 하나님의 독특한 창조 방식을 신학적으로 설명할 수 있는 기반이다. 물론 여기서 말하는 '무'는 단순한 결핍이나 부재로서의 '무'가 아니다. 오히려 그것은 신적 초본질성과 초선(超善)이라는 하나님의 신비를 은유적으로 표현하기 위한 언어적 시도이자, 신적 초월성을 말로 포착하려는 신학적 용기의 표상이라 할 수 있다.

결론적으로 모든 피조물은 '무'에서 나와 '무'로 돌아간다. 에리우제나의 무로부터의 창조 개념과 그가 전개한 회귀 사상은 이 존재의 순환적 진리를 생동감 있게 드러낸다. 그는 디오니시우스를 따르며 다음과 같은 구절을 해석한다. "그의 본성의 초본질성 때문에 '무'라 불리는 그에게로 실제로 돌아갈 것이다"(Peri V, 897D). 에리우제나의 논리적 기반은 명확하다. 곧 하나님은 모든 것의 원천이자 목적이다. 하나님의 초월성은 그분을 어떤 '사물'(res)로 규정하려는 모든 시도를 철저히 차단한다. 따라서 하나님은 우리가 돌아가야 할 '무'가 되는 것이다(Peri V, 898B).

이로써 창조는 하나님으로부터 나와 하나님으로 회귀하는 여정이

되며, 이 여정은 존재하는 모든 본성과 존재하지 않는 모든 가능성을 아우르고, 또한 그것을 초월하는 신비의 운동으로 이해된다. 이 지점에서 에리우제나는 단순히 '무로부터의 창조' 개념을 반복하는 것이 아니라 그 개념을 재정립한다. 그는 신플라톤주의적 창조 이론과 기독교 전통의 창조 교리 사이에 새로운 신학적 통합과 조화의 가능성을 제시하려는 시도를 펼치고 있는 것이다.

4. 만들어진 하나님 – 신현과 발현

서방 교부들은 일찍부터 신현(theophania)을 다룰 때 극도로 신중했다. 그러나 아우구스티누스가 삼위일체 논의 속에서 이 개념을 도입한 뒤, 디오니시우스와 고백자 막시무스에 이르러 신현 사상이 한층 정교해졌다. 막시무스는 성육신을 하나의 신현으로, 나아가 창조 자체를 완전한 신현으로 정의하였다. 신현의 가장 정교한 변주는 에리우제나에게서 나타난다(Expo IV, 419-500). 데이비드 루스콤(David Luscombe)은 '테오파니아'(theophania, 신현)라는 단어를 통해 디오니시우스와 에리우제나의 저술이 12세기 서방 학계에서 다시 활발히 수용되었음을 지적한다.[61] 오늘날에도 이 신현은 발현과 창조를 논의하는 신학 담론 가운데 가장 빈번히 다뤄지는 주제 중 하나다. 특히 에리우제나가 창조 대신 신현이라는 표현을 선호했다는 사실은 주목할 만하다.

윌레미엔 오튼(Willemien Otten)은 에리우제나 신학에서 신현이 차지하는 결정적 의미를 이렇게 강조한다. "발현과 회귀라는 용어는 무엇보다 에리우제나가 사용한 '자연'의 다양한 관점을 통합하는 데 기여한다. 신현 개념은 자연을 묘사하고 해석하기 위해 도입된 가장 복합적이면서도 불안정한 용어로 신적 본질은 그 자체로 자연에 운동성을 부여하지만, 동시에 하나님의 궁극적 실재는 인간에게 결코 완전히 파악되지 않는다. 결국 자연과 신현은 동일한 근원적 총체성을 서로 다른 관점에서 조망한다. 발현과 회귀 범주는 우주론적 전개가 나아갈 방향과 목적을 제시한다."[62]

에리우제나는 신현을 "하나님의 나타남"(apparitio Dei)으로 정의한다. 신현은 곧 신적 말씀이 구체적으로 드러나는 것을 의미한다. 그는 『엑스포지티오네스』 제4장에서 '테오파니아'(theophania)를 그리스어 '세오파네이아'(θεοφάνεια)로 표기하며, 이는 "하나님의 나타남" 혹은 "하나님의 조명"으로 해석될 수 있다고 설명한다. 에리우제나에게 신현은 "처음으로 드러나는 명료성"으로(Expo VII, 60-76), 하나님이 창조 안에서 자기 존재를 드러내시는 방식, 곧 신적 자기 계시이다. 이러한 정의에 따르면, 신현은 단순한 외적 사건이 아니라 하나님 자신의 조건에 따라 '하나님의 말씀'을 통해 세계 안에 현존하시는 방식이다. 에리우제나는 "보이는 것과 보이지 않는 모든 것의 종(種)"이 하나님의 창조물일 뿐 아니라 동시에 하나님의 신현이라고 말한다. 다시 말해, 모든 피조물은 하나님의 나타남의 흔적이자 매개물이며, 이를 통해 인간은 하나님을 간접적으로나마 인식할 수 있다. 하나님의 관점에서 신현은 곧 신적 은혜의 행위이고, 창조 세계로의 신적 개입이다. 만일 하나님께서 이러한 신현을 통해 자신을 드러내지 않으신다면, 인간은 하나님의 본성과 뜻에 대해 아무것도 알 수 없을 것이다. 이러한 점에서 신현은 하나님과 인간 사이의 중재 행위이며, 창조 그 자체가 곧 신현이라 할 수 있다. 나아가 하나님의 선함이 지니는 권능과 우월성은 창조 안에서, 그리고 창조 안에 내재한 신현의 질서를 통해 드러나고 하나님은 이를 통해 영광을 받는다. 이 점에서 카퓌앵의 지적은 주목할 만하다. 그에 따르면, "창조물(creatura)과 성경(scriptura)은 가장 탁월한 신현의 표현들"이다.[63] 에리우제나는 이 두 가지, 즉 자연과 계시를 통해 하나님이 어떻게 자기 자신을 드러내고 인간이 그분께 나아갈 수 있는지를 설명하고자 한다.

그럼에도 불구하고 이러한 신적이고 자발적인 자기 계시가 '하나님이 무엇인가'(quid est)를 드러내는 것은 아니다. 그것은 다만 '하나님이 존재하신다'(quia est)는 사실만을 드러낼 뿐이다. 이는 심지어 하나님 자신조차 자신의 본질을 완전히 알 수 없다는 신학적 전제를 담고 있다. 곧 '하나님이 무엇인가'라는 질문은 인간의 인식을 철저히 초월한다. 하나님의 계시는 하나님의 본질이나 실체가 아닌, 단지 "존재한다는 사실과 그로부터 파생되는 결과"에 해당할 뿐이다. 이 점은 『엑스포지티오네스』에서도 분명하게 표현된다. 에리우제나는 신현을 하나님의 '실체'(substantia)가 아니라 '효과'(effectus)로 정의한다. 그는 이렇게 말한다. "비록 누군가가 하나님의 신현에 도달한다고 하더라도, 그 사람이 하나님의 실체에 이르는 것은 아니다. 이는 곧 성경의 말씀, '아무도 하나님의 은밀함을 본 적이 없으며, 앞으로도 볼 수 없으리라'는 구절과 일치한다"(Expo IV, 383). 에리우제나의 관심은 단순히 '무'로부터 하나님 외부에 있는 또 다른 객관적 존재를 창조하는, 즉 객관적 창조론 자체에 있지 않다. 오히려 그는 하나님과 피조물 사이의 내밀한 관계에 더욱 주목하며, 그에 따른 철학적 논리와 신학적 근거를 일관되게 견지한다.

하나님은 자신의 피조물과 소통하시기 위해 신현을 시작하신다. 이때 신현은 창조주와 피조물 사이의 '접촉점'(punctum contactus)으로 기능하며(『요한복음 서문에 관한 설교』 10:26-31), 하나님은 당신의 피조물을 통해 자신을 계시하신다. 즉 신현은 하나님과 피조물 사이의 긍정적인 연결을 매개하며, 하나님께서 자신을 보이시고 알리시는 경로가 된다. 이러한 논의는 부정신학의 전제를 수용하면서도, 그 속에서 긍정신학의 가능성을 드러낸다. 곧 "하나님이 알려지거나 보일 수 없다"는 부정신학의 입장을 인정하면서도, 신현이라는 통로를 통해 하나님에 대한 참된 인식이 가능하다는 점을 함께 보여준다. 에리우제나에게 있어 신현은 하나님을 아는 유일한 경로이며, 창조물은 이를 통해 하나님의 보이지 않는 본성에 대한 지식을 얻을 수 있다. 신현은 이해할 수 없는 하나님과 유한한 인간 사이를 중재하는 신학적 매개체다. 우리는 육안으로 하나님을 볼 수 없지만, 신현 안에서는 영적으로 하나님을 '볼 수' 있다(Expo IV, 299-301). 오직 이러한 신현적 형이상학만이 표면상 이원론적으로 보이는 에리우제나의 체계를 조화롭게 통합할 수 있다. 그는 부정신학에서 긍정신학으로 이어지는 변증법을 통해 신적 창조를 새롭게 해석하고, 하나님과 피조물 사이의 신학적인 간극을 좁혔다. 이 신현 안에서만 성부와 성자와 성령의 본질(essentia) 및 그들의 실체(substantia)를 부분적으로나마 이해하고 인식할 수 있다.[64]

신현에 대한 긍정적 관점은 특히 건축과 미학적 응용의 맥락에서 새로운 신학적 확장 가능성을 보여준다. 이브 크리스트(Yves Christe)는 로마네스크 양식의 성당 포털에서 드러나는 예수의 변모와 재림의 도상(圖像) 안에 신현 개념이 어떻게 구현되고 있는지를 탁월하게 분석했다.[65] 물론 이런 분석은 에리우제나의 신현 개념과 맞닿아 있다. 에리우제나의 신현 이론은 당시 서방 기독교와 카롤링거 시대의 신학 흐름에서 생소했던 새로운 관점, 곧 모든 피조물 안에 드러나는 신적 아름다움과 낙관적 형이상학을 잘 보여준다.

신현은 단순한 '현현'이 아니라 하나님의 비인지성과 초월성을 동시에 드러내어 인간이 하나님을 인식하게 하는 방식이다. 창조 세계로의 신현은 형언할 수 없는 하나님에 대한 은유적 긍정이며, 이는 때때로 부정적인 방식으로 더 잘 표현된다. '무'와 접근 불가능성은 신현 속에서 접근 가능하고 이해 가능한 것으로 전환된다. 이때 하나님의 단일성과 단순성은 신현을 통해 다수성으로 드러난다. 이는 신플라톤주의의 일자와 다양성 사이의 구조와, 그리스 교부들의 성서적 상징주의를 연결하는 신학적 고리를 형성한다. 신현은 보이지 않는 하나님으로부터 보이는 창조물로의 발현 과정이며, 동시에 감지할 수 없는 실재들, 즉 하나님과 근원적 원인들에 대한 감지 가능한 표징(signa)을 제공한다. 특히 근원적 원인들은 하나님과 가장 가까운 피조물로서, 가장 높은 단계의 신현을 구성한다.

이 지점에서 에리우제나의 사유 안에 내재된 부정에서 긍정으로의 전이를 확인할 수 있다. 또한 디오니시우스의 영향을 받은 핵심 원리, 내려갈수록 명료해지고 올라갈수록 어두워지는 논리, 즉 하강의 명료성과 상승의 모호성도 함께 관찰된다. 결국, 신현은 하나님과 피조물 사이를 잇는 중심 통로다. 인간이 '무'에서 시작하여 존재의 충만함으로 나아가는 여정의 길목마다 신현은 신적 실재를 가리키는 표지판이자, 신성과 세계를 연결하는 신학적 경로가 된다.

또 다른 흥미로운 신학적 주제가 있다. 그것은 바로 신현 속에서 하나님이 '창조된다'는 주장이다. 이는 하나님께서 자신의 자발적인 의지에 따라 움직이고 드러나는 방식과 동일한 신학적 맥락에서 이해되어야 한다. 에리우제나는 『페리퓌세온』 제1권에서 하나님을 "창조하지만 창조되지 않는 분"(creans sed non creatus)으로 정의한다. 그러나 다른 문맥에서는 신현 속에서 하나님이 '창조된다'고도 말한다. 이 상충되는 두 정의는 어떻게 조화될 수 있을까? 과연 하나님이 창조된다고 말할 수 있는가? 이 물음에 대한 해석의 열쇠는 신현을 '신적 의지의 자기 현시'로 이해하는 데에 있다. 즉 피조물 안에서 이루어지는 신현은 하나님의 의지가 자기 자신을 드러내는 방식이며, 이는 신학적으로 '창조'라는 언어로 표현될 수 있다. 이러한 맥락에서, 하나님이 신현 안에서 '드러나신다'고 할 수 있고, 더 나아가 "하나님은 만물의 창조자일 뿐 아니라 만물 안에서 창조되신다"고 말할 수 있다. 곧 하나님은 신현 안에서 '무'로부터 하나님 자신을 창조하신다는 신학적 진술도 가능하다(Peri III, 650C).

에리우제나는 신현을 다음과 같은 개념들과 긴밀하게 연관해 설명한다. 그것은 환상(phantasia), 표상(prototypon), 참여(participatio), 그리스도의 성육신(incarnatio), 신화(deificatio)이다. 이러한 다양한 개념은 그가 사용하는 신학적인 언어가 단일한 의미로 고정되지 않고, 인식론적이고 존재론적인 다양한 차원에서 전개됨을 보여준다. 그는 신현을 창조주와 인간 인식 사이의 관계에 중심을 둔다. 특히 신현과 환상을 병렬적으로 배치함으로써 신현에 대한 자신의 신학적 이해를 더욱 명확히 한다. 환상은 피조된 세계에 대한 인간의 인식과 지식을 지칭하며, 인간의 인식 능력이 아래로부터 작동함을 나타낸다. 반면, 신현은 창조주로부터의 발현이며, 존재론적이고 인식론적인 접촉이 위로부터 주어지는 사건이다. 에리우제나는 그리스어 '세오파네이아'(θεοφάνεια)로 표현되는 신현 개념을 단순한 시각적 현현으로 보지 않는다. 오히려 그는 인식을 인간 안에 '심는'(inserebat) 작용을 신현으로 이해한다(Peri II, 576D-577A). 즉 신현은 인식 자체를 인간 안에 심어주는 신적 작용이다.

궁극적으로 모든 것이 하나님 안에서 혹은 하나님으로부터 기원하듯, 신현 또한 하나님 자신에게서 비롯된다. 하나님 외부에는 그 어떤 실체적 근거도 존재하지 않는다. 이와 관련해 에리우제나는 다음과 같이 단언한다. "그러므로 하나님은 자신의 신현, 곧 신적 현현(divinae apparitiones)의 계기를 자기 자신에게서 취하신다. 이는 모든 것이 '하나님으로부터'(ex ipso), '하나님을 통해'(per ipsum), '하나님 안에서'(in ipso), '하나님을 위해'(propter ipsum) 존재하기 때문이다"(Peri III, 679A). 이 구절은 로마서 11장 36절의 고전적 신학 구조를 반영하면서, 신현이 철저히 하나님으로부터 유래한다는 존재론적 진리를 강조한다. 에리우제나는 이러한 신현을 통해 하나님이 피조물 안에서 자신을 드러내시되 피조물 밖에 의존하지 않으신다는 신학적 독창성을 명확히 보여준다.

신현은 "원형의 모범"(principium exemplare)을 의미하는 "프로토투폰"(πρωτότυπον, 모범적인 형상)이라는 병행 개념을 통해 설명된다. 이 개념은 자연을 통해 하나님이 드러난다는 신학적 의미를 내포하며, 가시적이든 비가시적이든 모든 피조물 속에 하나님의 본질이 확산되고 분배됨을 뜻한다. 다시 말해, "모범적인 형상"은 하나님의 본질이 만물 안에 참여하는 방식으로 내재되어 있다는 점을 표현한다. 이는 단지 창조의 도식이 아니라 삼위일체론적 구조를 전제한다. 곧 성부가 성자 안에서 창조하신 것을, 성령을 통해 분리하고 확산시키는 삼위의 작용이다. 이러한 관점에서 볼 때 '모범적인 형상'은 발현과 회귀의 패러다임 안에서 신현과 동일한 신학적 기능을 수행하며, 신현은 하나님을 단순한 창조자로 묘사하는 것에 그치지 않고 삼위일체적 본성 전체를 드러낸다.

그뿐만 아니라 신현은 '참여' 개념을 통해서도 이해될 수 있다. 고전적 의미에서 참여란 하위 존재가 상위 존재에 관여함으로써 이루어지는 질서를 뜻한다. 전통적인 해석에 따르면 이때 하나님은 그 어떤 존재에도 참여하지 않으시며, 오직 피조물만이 하나님께 참여할 수 있다. 그러나 에리우제나는 이와는 다른 보다 독창적인 결론에 이른다. 그는 신적 질서 안에서 하나님 자신도 모든 창조물과 일종의 '참여' 관계를 맺는다고 주장한다. 이러한 참여는 단지 상호 관계를 넘어 신적 분배 개념과 긴밀히 연결된다. 에리우제나는 이렇게 설명한다. "'신적 자기 분배'란 신적 은총과 선물이 가장 높은 존재로부터 가장 낮은 존재에 이르기까지, 더 높은 질서를 거쳐 더 낮은 질서로 단계적으로 분배되는 것을 의미한다"(Peri III, 631A). 이러한 신적 분배의 구조는 곧 참여의 구조를 상징하며, 결과적으로 신적 본성을 계층적으로 드러낸다. 이로써 하나님은 창조를 통해 자신의 분배에 참여하신다는 신학적 결론에 도달한다.

신적 참여로서의 신현은 하나님께서 자신을 관조하시는 독특한 방식으로 작용한다. 이는 하나님이 자신의 본질을 피조물 안에 드러내심으로써 그 신비를 피조물의 인식 안에 반영하시기 때문이다. 예를 들어, 천사들조차도 오직 신현을 통한 참여와 관조를 통해서만 하나님을 '볼 수' 있다. 이와 마찬가지로 인간도 오직 신현을 통해 자기 안에 내재하신 하나님을 관조하고 그분께 참여할 수 있다. 따라서 신현은 창조주와 피조물 간의 접촉 지점일 뿐만 아니라 대우주로서의 신적 본성과 소우주로서의 인간 본성 사이의 근원적 연결고리이다. 하나님은 자신의 분배와 신현 안에서 피조물과 참여적 관계를 맺으시며, 반대로 인간은 신현을 통해 하나님께 참여하고 그분을 관조할 수 있다. 이러한 맥락에서 신현은 발현과 회귀 구조에서 핵심적인 수단이다. 나아가 이는 에리우제나의 성례론 이해와도 직접 연결된다. 성례는 단순한 표징을 넘어 하나님과 피조물 사이의 신현적 접촉을 구현하는 자리이기 때문이다.

신현은 또한 신적 창조의 방식이며, 종종 하나님의 "불러내심"(vocatio)으로 묘사된다. 이 "불러내심"은 하나님 자신의 내밀한 본질로부터, 곧 "비존재"로부터 피조물을 불러내고 이끄시는 창조적 행위를 의미한다. 이 불러냄은 두 단계로 구성된다. 첫 번째는 창조의 순간이고, 두 번째는 그리스도의 성육신 안에서 이루어지는 구속의 사건이다. 이처럼 원초적 불러냄(창조)과 되부름(구속)으로 이루어진 이중 구조는 에리우제나의 사유 안에서 그리스도의 구원론으로 확장된다. 이어서 그는 이렇게 진술한다. "첫 사람 아담 안에서 잃어버려지고 일종의 존재하지 않는 상태로 떨어진 자들을 성부 하나님께서는 그의 아들에 대한 믿음을 통해 이미 그리스도 안에서 다시 태어난 자들로 부르신다"(Peri I, 445D). 이는 신현이 단지 피조물의 인식 대상으로서 존재하는 것이 아니라 창조와 구속, 즉 시간의 시작과 끝을 관통하는 신적 자기 계시의 핵심 매개임을 명확히 드러낸다.

이러한 '불러내심'은 그리스도의 구속 사역과 깊게 연결되어 있으며, 특히 '케노시스'(κένωσις, 자기 비움)와 성육신 신학과 맞물려 이해되어야 한다. 신현 안에서의 창조는 그리스도의 성육신을 통해 인간 본성 안으로 신성이 침투하는 사건, 곧 신적 동형화와 겸손한 낮아지심 안에서 그 절정을 이룬다. 하나님의 말씀이 육화된 그리스도는 신현의 가장 완전한 구현이기 때문이다. 이 안에서 신현을 뜻하는 '불러내심'은 단순한 창조의 행위 그 자체를 넘어 되부름과 회복의 의미를 함께 내포한다. 에리우제나는 이 점을 다음과 같이 강조한다. "하나님께서는 존재하지 않는 것들을 존재하는 것처럼 부르신다."[66]

신현 안에서의 그리스도의 구속적 역할과 이 '불러내심'은 곧 신화 개념으로 확장된다. 즉 성육신과 신화라는 구조 안에서 신현의 기능은 더욱 심화된다. 에리우제나는 『페리퓌세온』 제1권의 초반부에서 고백자 막시무스를 인용하며 이 점을 다음과 같이 설명한다.

"신현은 하나님 이외의 다른 어떤 원인에서도 비롯되지 않으며, 오직 성자 하나님의 겸비하심에 의해 이루어진다. 이는 아버지의 지혜이신 독생자 성자께서, 그분에 의해 창조되고 정화된 인간 본성 위로 임하신 결과이며, 동시에 신적 사랑에 의해 인간 본성이 그 말씀에게 높이 들어 올려진 결과이기도 하다. 여기서 '겸비하심'이란 단지 성육신 사건만을 가리키는 것이 아니라 신화, 즉 피조물이 신적 본성에 참여하는 과정을 통해 이루어진 것을 의미한다"(Peri I, 449A-B).

이 구절은 에리우제나가 막시무스의 신학을 어떻게 수용했는지를 보여줄 뿐만 아니라 그가 창조와 신화를 어떻게 연결했는지, 즉 발현과 회귀 구조 안에서 이 개념을 어떻게 전개했는지를 보여준다. 이러한 흥미로운 부분은 나중으로 미루고, 여기서는 신현의 일반적 개념에 초점을 맞추려 한다. 에리우제나는 '그리스도의 겸비하심'을 단순한 과거의 사건, 즉 피조물이 신적 본성에 참여하여 신에게 이르는 과정으로 해석한다. 신화란 결국 피조물이 '신이 되는'(deificari) 것을 의미한다.

앞선 인용문을 통해 에리우제나가 성경에 대한 자유로운 철학적 주해를 바탕으로 신현 개념을 사용하여 그리스도의 성육신을 종말론적 차원으로 확장했음을 확인했다. 결과적으로 이는 창조, 성육신, 신화 사이의 긴밀한 연결성을 보여주며, 기독교 신학의 주요 단계를 형성하는 하나의 통합적 구조를 제시한다. 에리우제나에 따르면, 신현이 '신적 의지'(voluntas divina)가 모든 피조물 안으로 들어가는 현상을 뜻한다면, 신화는 그 반대로 모든 피조물이 신적 의지 안으로 회귀하는 여정을 의미한다. 이 두 운동은 서로 상반되면서도 궁극적으로 통일성을 지향하며 발현과 회귀 구조 속에서 통합된다. 이 점에서 에리우제나는 이렇게 말한다. "하나님은 자신이 신으로 만드신 자들과 하나가 되심으로써 선을 통해 자신의 '모든 존재'(omnia esse)를 완전히 확립하셨다"(Peri I, 482C-D; II, 534C-535A; V, 639A-B).

위에서 살펴본 바와 같이, 하나님의 지혜의 겸비하심인 그리스도가 인간에게 임하고, 그 인간이 동일한 지혜로 높여짐으로써 신현이 이루어진다(Peri I, 449A-B). 그리스도의 성육신은 은혜가 그리스도를 통해 인간에게 내려온 사건이다. 동시에 이는 인간 본성이 단지 성육신이라는 과거 사건 안에서만이 아니라 신현 전체의 과정에서 상승하는 여정까지 포함한다. 바로 이 점에서 고백자 막시무스의 신학이 에리우제나에게 끼친 강력한 영향을 확인할 수 있다. 곧 그리스도의 육화 안에서 진정한 신현은 로고스의 하강과 인간 본성의 신화가 동시에 일어나는 상호교차적 사건이다. 로고스(Logos)의 하강은 신성(divinitas)이 인간의 상황 안으로 스스로 내려오시는 것이며, 그리스도를 통해 시작된 이 하강은 곧 인간의 상승을 가능케 하는 은총의 기반이다.[67] 이처럼 상승과 하강의 이중 구조 안에서 신현은 구체적인 자리를 차지한다. 곧 오직 그리스도의 성육신 속에 나타난 신현만이 그분의 인성과 신성 사이는 물론, 신성의 하강과 인간의 상승 사이를 잇는 관문이자 연결고리이다. 따라서 신현은 단순한 '보임'이나 계시가 아니라 신적 본성과 인간 본성의 상호작용이자 위로 상승하고 아래로 하강하는 통합적 노력으로 이해되어야 하며, 이러한 구조는 다음 장에서 더욱 깊이 논의할 것이다.

5. 요약

이 장은 에리우제나의 발현과 회귀의 삼부작 가운데 첫 번째 장으로서, 인간 본성과 그리스도 사이의 변증적 관계를 중심에 두고, 그 양측면에 발현과 회귀 구조를 배치하고 있다. 조노의 지적처럼 발현과 회귀 구조는 에리우제나의 철학과 신학 전체를 관통하는 핵심 구조로, 그의 사상 전체에 깊이 스며들어 있다.[68] 실제로 『엑스포지티오네스』에 나타난 다양한 표현들은 발현과 회귀 개념이 에리우제나의 신학에서 얼마나 중심적인 위치를 차지하는지를 잘 보여준다. 나아가 에리우제나는 자신이 번역한 디오니시우스 아레오파기타와 고백자 막시무스의 주요 저작들에 덧붙인 서문에서, 두 인물이 자신의 발현·회귀 신학에 끼친 심대한 영향을 보여준다. 이러한 영향은 그의 철학의 핵심인 세계의 사중적 구분 및 '자연'(natura)의 다섯 가지 구성에서 구체적으로 구현된다. 에리우제나는 디오니시우스와 막시무스를 동일한 해석의 틀을 활용해 통합하며, 발현과 회귀 원리를 그 신학적이고 형이상학적 체계 전반에 적용하고 있다.

이 장에서는 에리우제나의 발현과 회귀 구조를 개괄한 뒤, 특히 발현의 관점에서 그의 창조 신학을 재해석하는 데 초점을 맞추었다. 에리우제나가 창조와 발현을 설명할 때 사용하는 독창적인 신조어들과 신학적 도식들은 발현 개념이 단순한 신적 '나타남'을 넘어 존재론적이고 인식론적인 차원을 지닌다는 점을 보여준다. 발현과 창조에 관한 철학적·개념적 논의는 이미 풍부하게 이루어져 있으므로, 본 장에서는 에리우제나의 신학적 통찰에 기반한 세 가지 주제를 살펴보았다.

첫째, "하나님 안에서"의 발현을 다룬 부분에서는 에리우제나가 삼위일체의 역동성 안에서 하나님의 자기 발현을 어떻게 이해했는지를 살펴보았다. 그는 발현의 첫 단계를 하나님의 단일성 안에서 삼위로의 전개로 설명하고, 이를 빛과 반사, 원천과 흘러넘침의 상징을 통해 신학적으로 정립한다. 이는 발현이 단순한 외적 드러남이 아니라 하나님 자신 안에서 일어나는 자기 전개 과정이라는 점을 보여준다. 둘째, "하나님으로부터"의 발현을 다룬 부분에서는 에리우제나가 창조를 이해하는 세 가지 방식을 분석했다. 이는 실체화, 신적 운동에서의 창조와 자기 자신으로부터의 창조 사이의 변증법적 긴장으로 요약된다. 이 분석을 통해 에리우제나는 교부들의 전통과 성경 본문을 창의적으로 해석하면서 권위와 이성, 신학과 철학의 통합을 시도하고 있음을 확인할 수 있었다. 셋째, "하나님이 창조하신 세계 안에서" 발현을 다룬 부분에서는 신현이 발현을 구체적으로 실현시키는 방식과 피조물 안에서 참여와 관조를 가능케 하는 구조를 고찰하였다. 여기서 발현은 하나님이 세계 안에 자신을 분배함으로써 피조물이 그분을 인식하고 참여하게 되는 신적·인간적 접촉의 장이다. 에리우제나는 이처럼 발현 개념을 신학적으로 정립하는 데 그치지 않고, 성경 본문에 대한 깊이 있는 해석을 통해 발현·창조·신현의 연속성과 통일성을 강조한다. 특히 무로부터의 창조와 하나님으로부터의 창조 사이의 변증법은, 그의 신학이 단순한 사변을 넘어 신적 계시와 인간 이성의 조화를 지향하고 있음을 보여준다.

"하나님이 창조하신 세계에서의 신현과 발현"이라는 마지막 절에서는 신현을 하나님의 '나타남'으로 이해하고 동시에 이를 창조주와 피조물 사이의 중심적 매개로 간주하는 흥미로운 이론을 고찰하였다.

많은 학자들이 에리우제나 신학에서 신현 개념을 주목해 왔으나, 신현이 발현과 회귀의 전체 패러다임 안에서 차지하는 핵심적 위치를 심층적으로 조명한 논의는 드물었다. 에리우제나의 신현론은 그의 긍정신학을 구성하는 데 결정적으로 기여하며, 이로써 그는 디오니시우스의 부정신학에서 점차 벗어나고 있음을 짐작하게 해 준다.

마지막으로 신현의 신학적 위치를 심층적으로 재조명하였다. 에리우제나에게 있어 신현은 하나님의 단순한 현존의 표지가 아니라 창조주와 피조물 사이의 중심 매개이자, 참여와 신화를 통해 인간이 하나님 안에 이르게 되는 통로이다. 많은 연구자들이 신현 개념의 중요성을 인정해 왔지만, 이를 발현과 회귀라는 전체 패러다임 안에서 구조적으로 배치한 분석은 여전히 드물다. 에리우제나의 신현론은 그가 디오니시우스적 부정신학에서 점차 긍정신학적 자기 계시론으로 전환하고 있음을 분명히 드러낸다.

이러한 분석을 통해 발현과 회귀의 패턴이 에리우제나의 사상, 특히 그의 창조 신학에 얼마나 깊이 스며들어 있는지를 확인할 수 있다. 또한, 디오니시우스에서 막시무스를 거쳐 에리우제나에 이르는 신학적 발전의 계보 역시 분명히 드러난다. 이 세 명은 위계와 참여뿐 아니라 발현과 회귀 구조라는 공통된 틀 안에서 인간과 하나님 사이의 관계를 신학적으로 설명하였다. 이러한 발현에 대한 폭넓은 고찰은 결국 자연(natura)의 여정을 새로운 방향으로 전환시키는 중요한 분기점이 되며, 동시에 핵심적인 전환점과 그러한 전환점을 만드는 주체를 식별하는 데 결정적인 통찰을 제공한다.

제4장

변증법적 전환점 – 인간 본성과 그리스도

앞 장에서는 만물이 하나님으로부터 발현되며, 피조물의 존재 자체가 하나님께로의 회귀를 필연적으로 지향한다는 에리우제나의 주장을 살펴보았다. 이러한 발현과 회귀의 전체 여정에서 우리는 결정적인 신학적 전환점을 마주한다. 바로 이 점에서 다음과 같은 근본적인 질문들이 제기된다. 회귀를 가능하게 하는 전환은 어떻게 발생하는가? 에리우제나는 이를 "오는 자"(veniens)라는 개념을 활용해 어떠한 수사적 방식으로 설명하는가? 그가 주요 신학 원리를 종합해 이러한 변증법적 전환을 어떻게 정당화하는가? 나아가 이러한 전환 속에서 인간학과 그리스도론을 어떻게 다루는가?

이러한 질문들은 에리우제나의 인간학과 그리스도론 안에서 유기적으로 전개된다. 그는 변증법, 부정신학과 긍정신학, 자연과 은총이라는 철학적이고 신학적인 범주들을 교차시키며, 이 전환점을 중심으로 이 질문들을 다시 배치한다. 부정신학과 긍정신학의 긴장 속에서 전개되는 에리우제나의 해석학은 이 장에서 다루게 될 변증법적 전환점이 단지 신학적 이론이 아니라 신적 드라마 속에 있는 실제적 운동임을 드러낸다. 그는 인간과 그리스도를 이 전환의 중점에 제시하면서 '이중 회귀'라는 더 넓은 해석의 기초를 형성한다. 에리우제나의 사상에서 발현과 회귀는 단순한 선형적 흐름이 아니라 그리스도의 도래와 인간의 응답 사이에서 상호 작용하는 시적이고 신학적인 드라마로 전개된다.

이러한 관점에서 에리우제나의 자연(natura)과 은총(gratia) 개념은 이 변증법적 전환점의 근본 구조를 형성한다. 그는 자연을 "존재하는 것과 존재하지 않는 것"(quod est et quod non est)으로 정의함으로써 피조물의 존재론적 상태를 역설의 구조 안에 위치시킨다. 이는 발현과 회귀의 전체 구조 안에서 자연이 은총을 통해 스스로를 넘어서도록 해 주는 중심 개념이다.

『페리퓌세온』의 제1권 초반부에서 에리우제나는 '자연'에 대한 정의를 통해 그의 철학적이고 신학적인 논의를 시작한다. 이 정의는 자연을 네 가지 범주로 구분하는 분류 체계 안에서 더 구체화되며, 이는 발현과 회귀, 곧 분리와 통합의 과정을 상징적으로 보여준다. 자연의 이러한 사중 구분은 창조된 존재의 발현과 복귀라는 여정을 포괄적으로 구조화하며, 발현과 회귀 구조를 집약적으로 보여준다. 이 맥락에서 '자연'은 단지 피조 세계만을 가리키는 것이 아니라 창조와 구원, 그리고 최종적 회복이라는 전체 구속사의 흐름 안에서 핵심적 '행위자'로 기능한다. 에리우제나의 자연 개념은 상징적 차원에서 하나님의 신비와도 깊이 연결되어 있다. 창조 질서 안에 존재하는 모든 '존재'(esse)는 하나님의 신현이며, 심지어 '비존재'(non-esse)조차도 은유적으로 하나님과 관련된다. 이는 하나님이 어떠한 존재로도 완전히 규정될 수 없는 '무', 혹은 '비존재'로 이해되기 때문이다. 에리우제나는 이러한 신비 속에서 비존재가 모든 존재를 통해 드러나며, 결국에는 존재 너머의 비존재로 회귀하는 여정의 흐름을 그려낸다.[69]

자연에 대한 이러한 이해는 은총 개념과도 깊게 연결된다. 에리우제나는 라틴어 '다툼'(datum)과 '도눔'(donum)을 통해 자연과 은총의 상호 관계를 선명하게 드러낸다. 자연과 은총이라는 이 두 개념은 각각 발현과 회귀의 역동적인 과정에서 긴밀히 얽혀 있으며, 존재의 전개와 완성을 위해 서로 보완하는 관계다. 구체적으로 말하면, 자연은 '비존재에서 존재로 나아가게 하는 힘'으로 창조와 발현의 계기이며, 은총은 '존재하는 것들을 모든 존재를 넘어 하나님 자신 안으로 이끄는 능력'으로써 회귀의 계기이다(Peri V, 906B-C). 에리우제나는 자연을 창조와 신현의 맥락에서 발현과 연결하고, 은총을 회귀와 신화의 여정에서 중심적인 열쇠로 제시한다. 이러한 자연과 은총의 상호작용은 피조 세계가 어떻게 신적 실재 안에서 시작되었고, 또 어떻게 하나님께로 회귀하는지를 보여주는 변증법적 구조를 드러내 준다.

에리우제나는 또한 "내재된 갈망"(interna appetitio)과 "자연적 열망"(naturale desiderium)이 자연을 하나님께로 되돌아가게 하는 내적 동인으로 작용한다고 설명한다(Peri V, 867D). 이러한 열망은 자연의 본성에 깊이 뿌리내려 있는데, 그로 인해 자연은 본원적으로 하나님을 향해 나아가고, 회귀의 방향으로 자신을 서두르게 된다. 타락 이후 부패한 육체조차 자연적 열망에 의해 다시 부활의 길로 이끌리며, 에리우제나는 "부활의 때에 육체가 다시 돌아와 불멸성과 영성으로 변화될 수 있다"고 설명한다(Peri V, 915C).

발현과 회귀가 의미와 기능 면에서 긴밀하게 얽혀 있는 것처럼, 자연과 은총 역시 분리되지 않고 서로 깊이 연관되어 있다. 에리우제나는 "모든 실체의 선물과 자연의 회복"을 "자연과 은총이 결합한 결과"로 명확히 규정한다. 인성과 '하나님의 말씀'이 원초적 낙원에서 최종적 낙원에 이르기까지 나란히 함께 작용하는 것처럼, 자연과 은총도 신화의 완성에 이르는 여정에서 상호 보완적으로 작용하는 동반자로 기능한다.

에리우제나는 자연을 그의 신학 전반에 걸쳐 일관되게 긍정적으로 이해한다. 이는 곧 인간 본성에 대한 해석으로 자연스럽게 적용된다. 인간은 하나님의 형상으로 창조된 존재이기에, 에리우제나는 인간이 원래 소유했던 "아름다움의 꽃"(flos pulchritudinis)과 "본질의 완전성"(plenitudo substantiae)을 결코 상실하지 않는다고 강조한다. 인간 안에 내재한 신적 형상은 타락 이후에도 온전히 사라지지 않으며, 회복과 완성을 향한 여정 속에서 지속적으로 작용한다.

이제 에리우제나의 인간학과 그리스도론을 중심으로 발현과 회귀 구조 안에서 드러나는 변증법적 전환점의 세 가지 측면을 고찰하려 한다. 첫째 절에서는 인간 본성에 대한 에리우제나의 긍정적 해석을 중심으로 그의 인간학을 살펴보겠다. 특히 자연에 대한 이해와 인간 존재의 신적 형상성을 강조하는 그의 관점을 분석하겠다. 둘째 절에서는 그동안 상대적으로 주목받지 못한 에리우제나의 그리스도론에 초점을 맞추고자 한다. 그리스도에 대한 상징적이고 시적인 표현을 중심으로 『엑스포지티오네스』 제2장의 내용을 면밀히 검토하면서 그리스도의 신성과 인성, 그리고 구속적 역할에 대한 에리우제나의 신학적 입장을 조명할 것이다. 셋째 절에서는 인간학과 그리스도론의 종합을 통해 드러나는 변증법적 구조를 고찰하겠다. 여기서는 발현과 회귀 구조를 따라 에리우제나가 언급한 "모든 것이 따라 도는 모퉁이"라는 개념을 구체적으로 분석해 보겠다(Expo II, 1-37).

1. 발현과 회귀에서의 인간 본성

『페리퓌세온』과 에리우제나가 번역한 『인간 창조에 대하여』(De opificio hominis)에 나타나는 여러 인용 구절에서 확인할 수 있듯,

에리우제나의 인간 이해에 가장 결정적인 영향을 미친 인물은 닛사의 그레고리우스이다. 에리우제나는 인간 창조에 관한 신학적 관점에서 그레고리우스의 견해를 적극적으로 수용하며, 특히 '두 번째 창조' 개념을 공유한다. 여성에 대한 남성의 우위에 관한 에리우제나의 비유적 해석 역시 일정 부분 그레고리우스의 영향을 반영한다.

1.1. 소우주와 작업장

에리우제나가 닛사의 그레고리우스와 고백자 막시무스의 사상에 깊이 의존했다는 점을 고려할 때, 그의 인간학에서 핵심적으로 드러나는 개념은 인간을 '소우주'이며 동시에 '작업장'으로 이해하는 것이다. 에리우제나는 여러 저술에서 인간을 가리켜 작업장이라 표현하는데, 그 안에 우주의 전체 구조가 압축되어 있다. 에리우제나에 따르면 인간은 단순한 피조물이 아니라 전 우주의 창조가 그 안에 요약된 존재다. 인간은 창조 질서의 기본 모델이자 주요 원형으로 간주되고, 천사에서 동물에 이르기까지 모든 피조물의 요소를 내포한 "포괄적 존재"(totalitas)다(Peri IV, 764B-D). 더 나아가 그는 발현에서 회귀로 이어지는 우주의 전 여정이 인간 안에 요약되어 있다고 본다. 즉 인간은 모든 존재의 회귀 가능성을 내포하고 있으며, 창세기에서 인간이 창조의 마지막에 등장한다는 진술은 바로 이러한 우주적 역할을 상징적으로 드러내고 있다(Peri IV, 782C-D).

소우주로서의 인간은 단순히 신적 형상을 비추는 거울에 머무르지 않는다. 인간은 신적 세계 전체, 곧 대우주를 응축해 보여주는 종합적 표상이다. 에리우제나는 "창조하는 지혜"(sapientia creans)로서의 하나님과 그 지혜를 모방해 존재하는 "창조된 지혜"(sapientia creata)로서의 인간을 서로 마주 보게 배치한다(Peri II, 582B; IV, 759A-C). 창조 행위 자체가 신적 지혜의 외현이라면, 인간은 그 외현을 내면화한 소우주이다. 모든 피조물은 이 신적 지혜 속에 자리하며, 그 지혜를 나누어 가진다. 모든 피조물은 이 지혜를 공유하고, 그 안에 존재하며, 그 안에 참여한다.

'무지'(ignorantia)에 대한 에리우제나의 수사는 이런 이원론적 관계를 더욱 분명히 보여준다. 하나님과 인간은 본질적으로 동일하지 않고 그 사이에는 인지적 위계가 존재한다. 인간은 고귀한 지위, 때로는 천사와 동일시될 만큼의 지위를 부여받지만, 신적 인식과 인간의 인식은 원인과 결과의 관계로 구분된다. 따라서 에리우제나는 두 주체의 근본적 연관성을 긍정하면서도 인간 인식의 한계를 잊지 않는다.

인간을 모든 피조물의 작업장이라 부르는 이유는 에리우제나가 인간을 "하나님의 마음속에 영원히 창조된 하나의 지적 관념"으로 정의했기 때문이다(Peri IV, 768B). 이처럼 인간은 단순한 피조물이 아니라 신적 이성과 계획 안에 내재한 존재이다. 이러한 신학적 관점에 기초하여 에리우제나는 하나님과 인간 사이의 연관성과 유사성을 일관되게 긍정하며 강조한다. 물론 이 둘 사이에 근본적인 차이도 존재하지만, 그는 이를 다음과 같이 설명한다. "모든 것이 신적 이해 안에서는 원인으로 존재하지만, 인간의 지식 안에서는 결과로 존재한다"(Peri IV, 769C).

모든 피조물의 작업장으로서의 인간 본성은 인간 존재의 포괄성과 중심성을 잘 보여준다. 인간 안에서는 보이는 존재와 보이지 않는 존재를 막론하고, 모든 피조물이 이해되고 통합된다. 인간은 "속의 한 종류"로서 모든 피조물을 초월하며, 긍정과 부정을 내적으로 융합하여 만물을 조화롭게 만든다. 비록 타락 이후 인간의 본성이 완전히 드러나지 않고 감추어져 있더라도, 피조물에 대한 모든 지식은 인간 안에 "심겨" 있으며, 타락 이후에도 그것은 온전하고, 손상되지 않으며, 더럽혀지지 않은 상태로 보존되어 있다(Peri IV, 769B).

이러한 이해는 『페리퓌세온』에서 여섯째 날에 창조된 인간이 전체 창조의 정점에 위치한다고 설명하는 배경이 된다. 인간은 이성적 존재로서 창조의 중심일 뿐 아니라 부활의 질서에서도 핵심적인 위치를 차지한다. 에두아르 조노 역시 발현과 회귀 속에서 인간의 중재적 역할을 적절하게 요약하고 있다.

"에리우제나의 세계관에서 인간이 확고한 중심적 위치를 차지한다는 사실을 분명히 인식할 필요가 있다. 인간은 창조된 세계의 중재자(medietas)이자, 모든 존재를 하나로 묶는 연결 고리(copula)이며, 모든 창조가 이루어지는 작업장(officina)이다. 더 나아가 인간 자신이 곧 세계이자 우주로 간주된다. 이러한 조건 속에서 우주의 역사가 인간의 역사 속에 요약되며, 인간의 역사가 발현과 회귀, 분리와 재통합이라는 이중 운동을 통해 신학적으로 강조된다고 말할 수 있다."[70]

인간은 외적 세계와 내적 세계, 감각적 세계와 영적 세계, 상위와 하위를 연결하는 고리이자 접점으로 작용한다. 에리우제나에 따르면, 인간 안에는 창조와 요약, 즉 재통합의 다섯 가지 구성 요소, 곧 "육체적인 것, 생명체, 감각적인 것, 이성적인 것, 지성적인 것"(Peri IV, 755B)이 모두 포함되어 있다. 이러한 인간의 매개자 역할은 에리우제나가 『요한복음 서문에 관한 설교』 제19장에서 제시한 자연의 삼중 구분에서도 명확히 드러난다. 그는 자연을 세 부분으로 나눈다. 첫째는 상위의 영적 세계인데 이는 천사의 위계 안에 있는 보이지 않는 영적 실체들로 구성된다. 둘째는 인간인데 상위와 하위를 매개하는 존재이다. 셋째는 육체적 세계인데 보이는 물질적인 실체들이 이 하위 부분에 포함된다. 이 세 영역 가운데 인간은 두 극단, 즉 보이는 세계와 보이지 않는 세계를 연결하는 중재자로 작용한다. 에리우제나는 이 점을 다음과 같이 명료하게 서술한다.

"세 번째 세계란 매개 원리 안에서 상위의 영적 세계와 하위의 육적 세계를 자신 안에서 결합하여 두 세계를 하나로 만드는 것이다. 이 세계는 오직 인간만을 의미하며, 그 안에서 모든 것이 하나로 연결된다.

… 그러므로 여기서 모든 것이란 '만물'(omnia)이라고 불리는데, 마치 작업장에서 녹아 하나가 되는 것과 같기 때문이다."[71]

인간의 소우주적이며 매개적인 본성은 발현과 회귀 과정에서 결정적인 역할을 수행한다. 인간은 창조의 여정에서 모든 단계에 관여하며, 각각의 전환점에서 중재하는 존재로 자리한다. 그래서 에리우제나는 다음과 같이 말할 수 있다. "모든 피조물은 인간 안에서 형성되고, 그 안에서 서로 연결되며, 그 안으로 돌아가야 한다. 또한 인간을 통해 모두가 구원을 받아야 한다"(Peri IV, 760A). 인간 본성과 덕이 회귀 과정에서도 중심 역할을 하는 이유는 모든 피조물이 본래 인간 안에서 창조되었기 때문이다. 그러므로 모든 피조물은 본질적으로 인간 본성으로 회귀하게 되어 있다. 에리우제나는 이 점을 다음과 같은 반문을 통해 강조한다. "그들이 그의 본성에 어느 정도라도 참여하지 않고, 어떤 방식으로든 그로부터 발현하지 않는다면, 왜 모두 그에게로 돌아가야 한단 말인가?"(Peri IV, 774A-B). 다시 말하면, 모든 피조물은 인간 안에서, 그리고 인간을 통해서만 본래의 실체적 상태로 "다시 이끌려갈 수 있다." 인간은 자신 안에 처음부터 내재되어 있던 모든 것을 상징적으로 '회집'(recapitulatio, 재집합)할 수 있으며, 회귀의 최종 단계에서 "만물의 통일"을 이룰 수 있는 유일한 피조물이다(Peri V, 901B).

조노가 지적하듯이, 에리우제나의 이러한 긍정적인 인간관은 닛사의 그레고리우스와 아우구스티누스의 사상을 종합적으로 화해시키는 과정에서 형성되었다고 볼 수 있다.[72] 에리우제나의 『예정론에 관하여』에서 잘 드러나듯, 그는 아우구스티누스의 창조와 타락, 특히 아담의 중심적 역할을 논의의 출발점으로 삼는다. 그러나 그는 이러한 전통적 입장을 보다 낙관적인 인간 이해로 전환시키며, 아우구스티누스의 한계를 넘어서고자 했다. 예를 들어, 에리우제나는 인간의 모든 본성이 아담 안에서 죄를 지었다고 보지 않는다. 그는 오히려 각 인간의 '개별적 의지'가 아담 안에서, 그리고 아담과 함께 죄를 지었다고 주장한다. 다시 말해, 아담의 죄는 인간 본성 전체의 죄를 의미하는 것이 아니라 각 개인의 자유 의지에 따라 죄에 참여한 것을 뜻한다.[73] 이와 같은 해석은 인간 본성을 전적으로 부패하거나 타락한 상태로 보지 않으며, 오히려 자유 의지를 통한 참여와 회복 가능성을 더 크게 열어 둔다. 이 같은 숭고한 인간 이해는 에리우제나가 인간의 존엄성과 신적 형상을 어떻게 해석하는지에 대한 더욱 깊은 논의로 이어진다.

1.2. 인간 본성의 존엄성

소우주이며 '모든 피조물의 작업장'으로 이해되는 인간 본성은 인간의 고양된 존엄성을 나타내며, 인간이 창조 질서에서 갖는 탁월한 지위를 단적으로 드러낸다. 에리우제나는 "인간 이전에 창조된 모든 것이 인간 안에서 보편적으로 이해된다"고 서술하면서, 인간이 창조의 종합자이자 중심 존재임을 강조한다(Peri IV, 782C). 위에서 살펴본 것과 같이 그는 심지어 죄조차 인간 본성의 존엄성을 완전히 제거하지 못한다고 분명히 밝힌다. 에리우제나는 발현과 회귀라는 거대한 신학적 구조 안에서 인간 존엄성과 관련된 몇 가지 주제를 제시한다. 여기서는 그 가운데 네 가지 주제를 중심으로 살펴보고자 한다.

첫째, "하나님의 형상"(imago Dei)으로서의 인간 이해이다. 인간의 존엄성은 무엇보다 인간이 하나님의 형상으로 창조되었으며, 하나님의 마음속에 있는 지적 관념으로서 존재한다는 사실에서 비롯된다(Peri IV, 768B). 이 신적 형상성은 인간 존엄성의 본질적인 토대가 된다. 에리우제나는 인간이 하나님의 형상을 단지 창조의 순간에만 지닌 것이 아니라 "세계의 첫 창조 때"부터 "모든 것이 완성된 후"에도 지속적으로 보유한다고 주장한다(Peri IV, 797C). 이러한 견해는 비록 시간적인 순서상 인간이 다른 모든 피조물 후에 창조되었을지라도, 보다 고양된 존재로서 존엄성에 있어서는 그 어떤 피조물보다 앞선다는 사실을 강조한다. 그래서 에리우제나에 따르면 창조라는 가장 신적인 행위는 인간 안에서 완성된다(Peri IV, 784C).

둘째, 낙원과 인간 본성이다. 에리우제나는 낙원에 대한 해석을 통해 인간 본성을 묘사한다. 그에게 낙원이란 "성경이 하나님의 형상으로 창조된 인간 본성을 상징적으로 나타내는 단순한 비유"에 불과하다(Peri IV, 822A, 824A). 신화의 최종 단계에서 낙원으로의 회귀를 설명하는 과정에서, 그는 인간 본성 자체를 곧 낙원과 동일시한다. 이러한 관점에서 에리우제나는 "낙원의 풍요로운 흙"을 잠재적으로 불멸성을 지닌 인간의 본질적이고 영적인 몸에 대한 은유로 해석한다(Peri IV, 822B).

셋째, 그리스도의 성육신과 인간 본성이다. 에리우제나는 인간 본성을 그리스도의 겸비와 성육신이라는 신학적 주제 안에서 해석한다. 성육신은 곧 인간 본성의 존엄성을 가장 뚜렷하게 드러내는 사건이다. 그리스도께서 인간 본성을 취하셨다는 사실은, 인간 본성이 본래부터 신적 형상과 깊은 유사성을 지녔음을 시사하며, 이는 창세기 1장 26절에 나오는 "하나님의 형상" 개념과 밀접하게 연결된다. 이러한 견해는 에리우제나의 시(詩)에서도 잘 나타난다. 그는 "이토록 위대한 신적 형상이 결코 잃어버려지지 않도록 하나님께서 인간의 모습을 취하셨다"고 노래하며, 인간 본성의 고귀한 존엄성이 타락 이후에도 결코 소멸되지 않았음을 강조한다(Carmina 5:17-8).

요한복음 3장 31-33에 대한 주석에서, 에리우제나는 "위로부터 오셨다"는 표현을 인간 본성의 타락 이전 상태, 곧 그 숭고한 본성을 가리키는 것으로 해석한다. 그는 '그리스도-인간'(Christus-homo)을 인간이 본래부터 갖고 있던 존엄성에 뿌리를 둔 것으로 해석한다. 에리우제나는 다음과 같이 서술한다. "따라서 '위로부터 오셨다'(desursum venit)와 '하늘로부터 오셨다'(de caelo venit)는 표현을 구분할 수 있다. '위로부터 오셨다'는 말은 (그리스도의) '인성'이 최초의 죄 이전, 곧 타락 이전의 인간 본성의 숭고함에서 기인한 것으로 이해해야 한다. 그러므로 '그리스도-인간'이 바로 이 숭고한 본성에서 유래하였음을 의심해서는 안 된다"(Commentaire III, xi:32-6).

넷째, 자유 의지와 인간의 죄이다. 에리우제나는 자유 의지를 인간 존엄성의 핵심 요소로 규정한다. 자유 의지는 인간이 하나님의 형상으로 창조되었다는 사실과 더불어, 인간 본성의 고귀함을 구성하는 필수적인 요소이다. 인간에게 주어진 자유 의지는 단순히 '은총의 선물'(donum)이 아니라 창조 당시 본질적으로 인간 본성 안에 포함되어 있던 '자연의 선물'(datum)이다. 다시 말해, 자유 의지는 인간 존재 자체에 내재된 본성의 일부이며, 이를 통해 인간은 도덕적 판단과 선택의 능력을 지닌다. 이러한 자유 의지는 한편으로는 인간이 구원의 은총을 필요로 한다는 사실을 드러내며, 다른 한편으로는 인간 본성의 독립성과 책임성을 나타낸다. 에리우제나에 따르면, "의지의 자유로운 선택"은 오직 인간만이 지닌 고유한 특성으로 인간 존엄성의 근거이자 도덕적 책임의 기초이다(Expo VIII, 407-8).

에리우제나는 『엑스포지티오네스』에서 자유 의지의 핵심 특징 중 하나로 인간의 '비종속성'을 강조한다. 『엑스포지티오네스』 제9장에서 에리우제나는 디오니시우스가 이성적 피조물의 자유 의지를 높이 평가한 이유를 다음과 같이 설명한다. "우리 인간은 강제된 삶이 아니라 자유로운 삶을 살아간다. … 오직 자유로운 선택만이, 신적 형상의 영광이 다시 속박으로 되돌아가는 것을 막을 수 있다"(Expo IX, 363-9). 이러한 설명은 자유 의지야말로 인간이 신적 형상으로서의 존엄을 보존할 수 있는 열쇠임을 강조한다. 그리하여 속박으로부터의 해방은 곧 회귀의 여정을 시작하는 출발점이 된다(Commentaire IV, i: 53-54). 이와 같은 논리는 에리우제나가 번역한 『천상의 위계』에서도 일관되게 나타난다. 그에 따르면, 가장 높은 권위를 지닌 존재조차도 권력을 "폭군처럼" 혹은 "남용하여" 행사하지 않는다. 오히려 그는 "아름답게 정렬된 위계적 덕목들"을 통해, 조화롭고 질서 있게 피조 세계를 다스린다. 에리우제나는 이 지점에서 다시 한번 인간의 비종속성을 강조하며, 자유 의지라는 교리가 사도들의 권위에서 유래했음을 부각시킨다. 결국 인간의 자유 의지는 단지 선택의 능력에 그치지 않고, 발현에서 회귀로 이어지는 전체 구조와 깊이 연결된 신학적 핵심 개념으로 등장한다.

"우리 중 누구도 마지 못해 위로 이끌리는 일은 없다. 이는 자유 의지 안에 특별히 부여된 신적 형상의 자연스러운 영광이 퇴색하지 않도록 하기 위함이다. 그러나 우리 각자에게는 내면의 힘과 자유가 주어졌으며, 우리는 그 힘을 따라 우리가 창조된 분의 형상 안으로 돌아가 신화의 상태에 이르고 복된 삶에 참여할 수 있다. 이는 그분께서 천사들을 통해 우리를 도우시며, 또한 인류 전체를 함께 사랑하시기 때문이다"(Expo IX, 614-21).

에리우제나는 이 문장에서 먼저 인간 존재 안에 본래 내재된 신적 형상을 강조한다. 이는 인간의 자유와 회귀 가능성의 근거가 되며, 나아가 신화와 영원한 행복의 상태로 나아가는 원동력이 된다. 인간은 자신의 의지를 통해 스스로 회귀의 여정을 시작할 수 있는 고귀한 존재가 된다.

하지만 이처럼 고양된 인간 본성과 회귀 능력을 전제할 때, 죄의 위치와 역할은 어떻게 이해해야 하는가? 에리우제나는 죄와 은총이라는 뚜렷이 구분되는 두 실재를 어떻게 조화시켰는가? 그는 죄와 그 결과를 지나치게 비관적으로 해석하지는 않지만, 죄가 본성과 은총 사이에 존재하는 심대한 간극을 형성한다고 본다. 특히 일반 회귀와 특별 회귀의 구분에서, 죄는 인간이 단순한 존재의 회귀를 넘어 신적 생명에 참여하는 특별 회귀로 나아가지 못하게 가로막는 장애물이다. 『엑스포지티오네스』 제15장에서 에리우제나는 자유 의지와 죄 사이의 관계를 집중적으로 조명하며, 그의 글의 다양한 곳에서 죄를 "위반", "혼란", "불순함", "분할", "분열", "구분", "불경", "왜곡", "잘못된 생각", "환상", "오염", "부패" 등의 언어로 설명한다.

에리우제나가 『엑스포지티오네스』에서 죄를 설명할 때 가장 두드러지게 사용하는 용어는 '프레바리칸도'(praeuaricando, 위반)이다(Expo I, 410-11, 438-40). 이 용어는 죄를 단순한 윤리적 행위 차원을 넘어 존재의 질서와 인식의 구조, 그리고 전체적 연합을 파괴하는 전방위적인 왜곡의 실재임을 드러낸다. 특히 『엑스포지티오네스』 제7장은 죄를 "위반에 대한 대가"(poena praeuaricationis)로 정의하며, 죄를 다양한 구획 및 분할 과정과 긴밀히 연결한다. 에리우제나는 이렇게 서술한다. "이성적 영혼이 자신의 위반에 대한 형벌을 받으며, 특정한 분할의 힘에 의해 다수의 형태와 다양한 열정들로 분리되고 나뉘어 일시적인 것들에 집착하게 되었다"(Expo VII, 588-90). 이 진술은 죄가 인간 존재의 통일성과 단일성을 파괴하며, 결과적으로 존재를 시간성과 다의성 속으로 분열시킨다는 사실을 보여준다. 이러한 죄의 이해는 기독교 신학 일반에서의 전통적인 죄론과도 깊이 상응한다. 죄는 하나님의 긍정적인 창조 질서를 무너뜨리고, 이를 원래의 상태로 회복되기 위해서는 무언가에 의해 대체되거나 중재되어야 한다(Expo XV, 366-77).

인간의 자유 의지가 잘못 사용되어 발현의 여정에서 이탈하게 될 경우, 그 결과는 반드시 그리스도의 구원의 은총에 의해 교정되어야 한다. 그러나 에리우제나는 이러한 은총이 언제, 어떤 방식으로 작용하는지는 구체적으로 설명하지 않는다. 그럼에도 불구하고 인간의 비참한 상태는 인간 안에 본래부터 내재된 자유 의지의 잠재성이 완전히 소멸되었음을 의미하지 않는다. 에리우제나의 죄 해석 방식은 인류의 죄에 대한 인간 중심적, 합리적 치유책을 제시하지 않는다. 오히려 그의 죄 서술은 즉각적으로 회귀와 신화 과정과 연결된다(Expo

VII, 592-6). 이는 에리우제나가 죄와 구원의 과정을 철저히 긍정적이고 회복 지향적인 관점에서 이해하고 있음을 보여주는 역설적인 사례다. 죄는 곧바로 "해결책은 신적 일치의 형상 안에서 우리의 본래 단순성으로 회복되는 것에 있다"는 회상적 구조와 연결된다(Expo I, 438-40). 그러나 이러한 회귀의 목표가 기억 속의 과거로 회귀하는 것인지, 아니면 완성을 향한 미래적 지향인지는 여전히 명확하게 규정되지 않는다. 이 시간성과 방향성의 불분명함은 에리우제나 신학의 해석학적 개방성, 곧 신비적 종말론과 존재론적 회복에 대한 열린 구조로 이해될 여지를 남긴다.

1.3. 직접성과 매개성

인간의 고귀한 존엄성과 원죄 사이의 관계는 단순한 인간론의 문제가 아니다. 이는 인간과 그리스도 사이의 적절한 역할 분담 문제, 그리고 자연과 은총 사이의 관계라는 보다 근본적인 신학적 물음과 연결되어 있다. 나아가 이는 에리우제나의 사상에서 발현에서 회귀로 넘어가는 전환점에 해당한다. 에리우제나는 이 복잡한 문제를 '직접성'과 '매개성'이라는 개념으로 탐구하며, 궁극적으로 그리스도를 '콘숨마티오'(consummatio, 완성)라고 부르게 만든다. 그는 하나님께서 성인들과 피조물들에게 직접 자신을 드러내는가, 아니면 간접적으로 매개를 통해 드러내는가라는 질문을 이 논의의 출발점으로 삼는다. 이는 곧 하나님께로의 접근이 외적 도움 없이 즉각적으로 가능한 것인지, 아니면 어떤 형태로든 매개를 통해서만 가능한 것인지에 대한 보다 포괄적인 질문으로 확장된다. 이러한 직접성과 매개성의 문제는 에리우제나가 초기 교부들의 상이한 전통, 특히 아우구스티누스의 은총론과 디오니시우스의 신비주의적 계시론을 어떻게 화해시키고 통합하려 했는지를 보여주는 상징적인 지점이다.

하나님의 자기 계시와 관련하여, 신현의 매개적 기능에 대한 신학적 질문이 종종 제기된다. 아우구스티누스는 『참된 종교에 관하여』(De vera religione)에서 "어떠한 피조물도 우리의 마음과 아버지, 즉 진리와 우리를 연결하는 내적인 빛 사이에 끼어들 수 없다"고 주장한다(LV.113). 이는 인간이 하나님을 인식함에 있어 어떠한 매개도 없이 직접 내적인 빛을 통해 하나님과 접촉할 수 있다는 견해다. 반면, 디오니시우스 아레오파기타는 하나님이 천상의 위계나 교회의 위계적 존재들을 통해 인간에게 자신을 계시하신다고 본다. 디오니시우스에 따르면 하나님의 신현은 반드시 질서 있는 매개 구조를 통해 이루어진다. 이처럼 아우구스티누스와 디오니시우스는 각각 직접성과 매개성에 기반해 신현에 대한 이해를 전개하며, 이 둘의 관점은 상반되는 것처럼 보인다. 그러나 문제는 더 복잡해진다. 아우구스티누스의 『삼위일체론』(De Trinitate)에는 앞서 말한 직접적 계시의 전달 입장과는 다른 매개 구조를 암시하는 구절도 등장하기 때문이다. 에리우제나는 이러한 복합적인 전통을 비판적으로 수용하면서, 직접성과 매개성 사이의 긴장 관계를 심화시킨다.

"암브로시우스와 아우구스티누스는 복음서의 구절, 곧 '아무도 하나님을 본 자가 없으되'(요 1:18)에 대한 해석에서 일치된 태도를 보인다. 이어지는 표현인 '아버지의 품속에 계신 독생자께서 그를 나타내셨느니라'라는 말씀 또한 이 해석과 모순되지 않는다. 두 사람은 독생자가 하나님을 계시한 방식이 그의 신성 자체를 통해 직접 드러낸 것이라기보다는, '그에게 종속된 피조물'을 매개로 하여 이루어진 것으로 이해한다. 이러한 해석은 아우구스티누스가 자신의 주요 저서인 『삼위일체론』에서 여러 논증을 통해 체계적으로 제시한 관점과도 일치한다"(Expo IV, 397-404).

심지어 성육신 사건이라는 가장 결정적인 신현에서도, 아우구스티누스는 하나님이 자신의 신성을 통해 직접 자신을 계시하신 것이 아니라 여전히 "그에게 종속된 피조물"을 통해 나타나셨다고 본다. 물론 이 논의에 포함된 모든 세부 사항을 다루는 것이 이 글의 목적은 아니다. 이 연구에서는 발현과 회귀의 관점에서 이 논제와 관련된 몇 가지 핵심적인 논점을 선별해 살펴보고자 한다.

디오니시우스의 진술, 즉 "하나님의 감추임은 아무도 본 적이 없으며, 앞으로도 볼 수 없다"는 주장을 충실히 따르며, 에리우제나는 신현이 피조물에게 "즉각적으로, 곧 어떠한 본성도 개입하거나 중재하지 않은 채" 일어난다는 견해를 부정한다(Expo IV, 382-418). 에리우제나에 따르면, 하나님의 현현은 과거에도, 현재에도, 미래에도 오직 "천사들의 사역"을 매개로 이루어진다. 그러나 그는 이러한 매개 구조를 강조하면서도, 그리스도를 통한 신적 신현을 결코 부정하지 않는다. 오히려 그는 하나님과 그의 신성이 인간에게 인식될 수 있는 방식은 오직 신현을 통해서만 가능하며, 그 가운데서도 가장 숭고하고 명확한 신현은 바로 '하나님의 독생자'라는 점을 강조한다.

흥미로운 점은, 에리우제나가 아우구스티누스의 저작들 사이에서 나타나는 표면적인 불일치, 곧 『참된 종교에 관하여』와 『삼위일체론에 관하여』에서 드러나는 사상적 차이를 조화롭게 해석하려 한다는 점이다. 특히 "어떠한 피조물도 우리의 마음과 하나님 사이에 놓이지 않는다"는 구절과 관련하여 에리우제나는 이것이 신현 그 자체에 대한 논의가 아니라 인간 본성의 신비성과 불가해함을 언급하는 것으로 해석한다. 그는 다음과 같이 설명한다. "비록 인간의 마음이 죄로 인해 창조주로부터 분리될지라도, 본성의 존엄성 때문에 결코 창조주로부터 버림받지 않는다"(Expo IV, 410-2). 이러한 해석은 인간 본성의 숭고한 존엄성을 일관되게 강조하는 에리우제나의 신학적 입장을 잘 보여준다. 그에게 있어서 인간의 본성은 타락 이후에도 근본적으로 손상되지 않았으며, 여전히 하나님께 회귀할 가능성과 근거를 지닌다. 이 존엄성의 지속성은 곧 인간이 하나님께로 되돌아갈 수 있는

긴 여정의 출발점이자 목표를 향한 근본적인 이유이다.

죄는 다시 한번 신현과 순수한 인간 본성 사이의 단절을 초래하는 결정적 계기로 등장한다. 에리우제나에 따르면, 만일 인간이 죄를 범하지 않았다면 인간은 중재자 없이 하나님과 직접 소통할 수 있는 무죄 상태를 유지했을 것이다. 그러나 죄의 심각성과 그 결과로 하나님과의 직접적인 관계는 단절되었고, 인간은 더 이상 하나님의 신현에 즉각적으로 응답할 수 없는 상태에 이르렀다.

그럼에도 에리우제나는 인간이 하나님과 직접적인 관계를 맺는 세 가지 완전한 단계를 강조한다. 첫째는 죄 이전의 원초적 상태, 곧 낙원에서의 무죄한 삶이다. 둘째는 그리스도의 성육신을 통한 신현이며, 셋째는 종말론적 완성의 상태, 즉 인간 본성이 하나님과 다시 온전히 결합하는 궁극적 회귀의 순간이다. 에리우제나는 인간 본성이 창조된 본래 상태에서 결코 하나님께 버림받지 않았으며, 그 본성은 여전히 하나님을 향한 개방성과 존엄성을 간직하고 있다고 본다. 그의 인간 본성 이해는 타락 이전의 순수한 상태의 실재성을 확인해 줄 뿐 아니라 완전함을 향한 미래의 가능성을 열어준다. 곧 그는 종말론적 시야 안에서 인간 본성의 궁극적인 운명을 바라보며, 신현과 회귀 사이에 놓인 인간의 길고도 거룩한 여정을 신학적으로 성찰한다.

에리우제나가 전개한 즉시성과 매개성에 관한 논증은 몇 가지 중요한 신학적 시사점을 제공한다. 그가 제시한 '신학의 두 가지', 즉 긍정신학과 부정신학의 기본 원칙들은 신적 현현의 문제와 밀접하게 연결된다. 에리우제나에 따르면, 신현은 항상 지성적이거나 감각적인 매개를 통해 이루어진다. 다시 말해 하나님은 다양한 방식으로 자신을 계시하시지만, 그 계시는 피조물의 인식 구조에 적합한 중재적 형태를 취한다. 이러한 주장은 긍정신학의 입장에 해당한다. 그러나 동시에 에리우제나는, 하나님의 비밀스러운 본질은 여전히 인간에게 닿을 수 없는 신비로 남아 있으며, 특히 죄로 인해 타락한 인간 본성 앞에서는 그 감추임이 더욱 강하게 작용한다고 본다. 이는 그의 부정신학적 관점의 핵심을 이루며, 에리우제나가 하나님의 계시를 전면적 인식과 결코 동일시하지 않음을 보여준다. 이와 같이 그는 긍정과 부정, 드러남과 감추임, 매개를 통한 계시와 본질의 초월성 사이의 긴장 속에서 신현의 신학적 구조를 정교하게 탐구한다.

이러한 논의는 에리우제나가 교부 전통, 특히 동방의 디오니시우스와 서방의 아우구스티누스라는 두 전통의 위대한 사유 체계 사이에서 매개자 역할을 수행하고 있음을 보여준다. 그럼에도 불구하고 즉시성과 매개성 문제는 단지 인식론적 논의에 머물지 않는다. 에리우제나는 이 문제를 그리스도론적 차원, 즉 그리스도와의 변증법적 관계 안에서만 완전히 이해될 수 있다고 본다. 그리스도는 매개자인 동시에 완성자(consummator)로서, 하나님의 드러남과 감추임이라는 이중 구조를 결정적으로 성취하고 완결하는 존재로 제시되는 것이다.

2. 발현과 회귀 안에서의 그리스도론

자연(datum)과 은총(donum)이 발현과 회귀의 여정 속에서 조화롭게 연결되듯, 인간과 그리스도 역시 발현에서 회귀로 나아가는 과정에서 긴밀한 관계를 형성한다. 어떤 의미에서 이 둘은 창조에서 신화에 이르는 전 우주적 전개를 이끄는 두 주요 행위자이다. 본 절에서는 발현과 회귀 구조 안에서 에리우제나의 그리스도론이 하나님께로의 회귀를 가능케 하는 변증법적 전환점으로서 어떻게 기능하는지를 살펴보겠다.

에리우제나는 『페리퓌세온』에서 '하나님의 말씀'에 대한 독창적인 해석을 통해 자신의 그리스도론을 전개하며, 『엑스포지티오네스』에서는 그리스도를 천상의 다양한 위계에 상징적으로 배치해 설명한다. 이러한 그리스도론이 카롤링거 신학 안에서 갖는 중요성에도 불구하고, 지금까지 대부분의 연구자들은 에리우제나의 그리스도론적 구성에 충분한 주의를 기울이지 않았다. 『페리퓌세온』에 나타난 그리스도론은 대체로 두 종류로 나눌 수 있다. 첫째는 삼위일체 하나님과의 관계에서 파악되는 그리스도고, 둘째는 '하나님의 말씀'으로서의 그리스도다. 전자는 존재론적이고 삼위론적인 맥락에서, 후자는 창조와 구속, 회귀의 여정 전체를 관통하는 신적 원리로서 이해된다. 한편 『엑스포지티오네스』에 나타난 그리스도론은 에리우제나의 상징적 성경 해석을 통해 더욱 시적이고 은유적인 방식으로 전개되며, 디오니시우스의 영향을 매개로 막시무스의 원리를 일부 계승한다. 『페리퓌세온』에서 '하나님의 말씀'은 철학적이고 이론적인 성격이 강하게 드러나며, 존재와 시간의 흐름 안에서 신적 로고스로의 기능을 강조한다. 반면 『엑스포지티오네스』의 그리스도론은 상징적 언어를 통해 "신적인 꿀"(divina mella), 곧 신비적 은총과 계시의 풍요로움을 드러내는 데 초점을 맞춘다. 두 저작 모두에서 그리스도는 발현과 회귀의 패러다임 속에서 상징적으로 표현되며, 이 과정에서 인간과 하나님 사이를 연결하는 중심 매개자로 자리한다.

앞서 살펴본 즉시성과 매개성의 논의는 인간이 하나님을 인식하는 방식과 관련하여 중요한 신학적 문제를 제기하며, 이 장에서 다루는 그리스도론과 긴밀하게 연결된다. 하나님께서 자신을 직접 드러내시는 방식은 세 가지로 구분할 수 있다. 곧 원시적 낙원에서의 신현, 성육신, 그리고 종말론적 완성이다. 이 세 방식 가운데 그리스도의 성육신은 시간과 공간 안에서 실현된 유일하고도 확실한 신현으로, 그 자체로 계시의 정점을 이룬다. 반면 원시적 낙원은 시간과 공간을 초월하는 상태에 속하기 때문에 인간은 이에 대한 직접적인 기억을 가질 수 없다. 창조의 종말, 곧 종말론적 완성 또한 시간과 공간의 경계를 넘어서는 궁극적 사건으로 현세적 인식을 초월하는 차원에 속한다. 이 점에서 오직 성육신한 그리스도만이 시간과 역사 속에서 구체적으로 실현된 신현이며, 따라서 가장 높은 계시적 지위를 지닌다. 그리스도는 성육신을 통해 하나님 자신을 인간 인식의 장 안에서 가장 명확하게 드러내는 분이시다. 곧 그분 안에서 하나님은 인간에게 자신을 직접 나타내시며, 보이지 않는 궁극적 실재의 단순성까지도 계시하신다. 이러한 점에서 성육신한 그리스도는 하나님의 신비를 드러내는 유일한 창으로, 즉시성과 매개성이 교차하는 중심점이 된다.

2.1. 참 사람과 두 번째 아담

『페리퓌세온』은 다양한 형태의 그리스도론을 제시하면서, 특히 삼위일체 내 다른 두 위격과의 관계를 강조한다. 이 책의 앞부분에서 에리우제나는 그리스도를 삼중적 개념을 사용해 배치하고 있으며, 이 과정에서 그리스도와 성부 및 성령 사이의 역동적 관계에 주목한다. 그는 '머묾, 발현, 회귀'라는 삼중 구조 안에서 그리스도를 논의하고, 이를 이론적 틀로 삼아 자신의 그리스도론을 전개한다. 에리우제나는 철학적 탐구와 성서 주석을 결합함으로써 그리스도를 창조로부터 성육신과 신화에 이르는 전체 구원 역사 속에서 중심축으로 삼는다. 이러한 논의 안에서 그리스도는 단지 역사 속 인물이 아니라 우주론적, 존재론적 질서의 핵심으로 등장한다. 그리하여 그는 '하나님의 말씀'이라는 개념을 통해 그리스도의 본질과 사역을 설명하며, 이를 바탕으로 삼위일체의 심층적 구조와 신학적 상호작용을 더욱 풍부하게 해석한다.

에리우제나는 『페리퓌세온』에서 창세기 1-3장에 대한 깊이 있는 주석을 전개하며, 그리스도를 '참 사람'과 '두 번째 아담'으로 묘사한다(Peri II, 536D). 첫 사람 아담의 불순종과 교만은 이미 "하나님의 위대한 계획을 완수할 수 있는 새로운 사람"을 요구한다. 참 사람과 두 번째 아담이라는 개념은 초기 기독교 신학 전통에서 널리 알려졌는데, 에리우제나는 이 용어들을 인간 본성에 대한 긍정적 이해와 긴밀히 연결한다. 에리우제나에게 있어서 참 사람이란 표현은 낙원에서의 인간 본연의 순수하고 참된 상태를 상기시킨다. 동시에 그는 두 번째 아담을 통해 영적인 몸의 자기실현 가능성을 지녔던 첫 번째 아담이 갖고 있던 본래의 잠재력을 강조한다. 즉 에리우제나는 두 번째 아담을 단순한 대체 개념이 아니라 인간 본성이 지닌 긍정적 가능성과 존엄성의 회복이라는 관점에서 해석한다.

이러한 해석은 에리우제나가 낙원의 순수한 상태에서 아담에게 부여된 능동적인 역할을 그리스도의 구속 사역과 직접 연결 짓는 데서도 잘 드러난다. 그는 이렇게 진술한다. "첫 사람 안에서 잃어버리고 일종의 비존재 상태에 빠진 자들을 하나님 아버지는 그들의 믿음을 통해 그리스도 안에서 이미 거듭난 자들로 부르신다"(Peri I, 445C-D, 537A). 에리우제나에게 두 번째 아담 이미지는 "모범"(exemplum)이라는 개념의 두 측면과 밀접히 연결된다(Peri V, 896A). 첫째, 인간 본성 자체가 모든 피조된 본성의 모범이다. 둘째, 성육신한 그리스도는 모든 인간 존재의 참된 모범이다. 인간의 본성을 아무리 높이 평가한다고 하더라도, 역사적이고 시간적인 조건 속에 놓인 인간은 오직 그리스도 안에서만 참된 "모범"을 발견할 수 있다. 이로써 에리우제나는 그리스도를 통해 인간 본성의 존엄성과 목표가 완전히 실현된다는 점을 강조한다.

2.2. 하나님의 말씀

에리우제나는 두 번째 아담으로서의 그리스도 개념을 '하나님의 말씀'이라는 보다 확장된 그리스도론 안에서 전개한다. "하나님의 영적인 덕"이나 "훌륭한 모범" 등 그리스도와 관련된 다양한 용어가 존재하지만, 『페리퓌세온』에서 중심적 위치를 차지하는 것은 단연코 하나님의 말씀이다(Peri V, 923A). 두클로우(Donald Duclow)에 따르면, 에리우제나는 그리스도를 로고스(Logos)로 이해하며, 『페리퓌세온』의 전반부 세 권에서는 이 로고스 개념의 존재론적, 신학적 함의를 탐구하고, 후반부에서는 그리스도를 중심으로 한 회복과 회귀의 구속적 과정에 집중한다. 에리우제나의 하나님의 말씀 개념은 신학적 깊이를 지니며, 그리스도의 '케노시스'(낮아지심)와 성육신(발현)에서 시작하여 회귀와 신화에 이르는 구속의 전체 패턴을 따라 전개된다. 특히 그리스도의 낮아지심과 부활은 인류 구속을 위한 모범적 구조의 핵심을 이루며, 이 패턴은 인간이 구속과 신화에 이르는 여정을 가능케 한다. 성육신을 통해 드러난 그리스도의 신성 안에서 인간은 보이지 않는 하나님을 가시적인 형태로 인식할 수 있게 되며, 이 인식을 통해 구원의 가능성에 참여한다. 또한 그리스도의 수난은 단지 인류의 죄를 대신 짊어진 사건에 그치지 않고, 그가 자신의 인성 안에서 고통을 온전히 감당함으로써 인간의 고통을 치유하고, 그의 죽음이라는 모범 속에서 죽음 자체를 소멸시키는 구속 사역을 완성한다(Peri IV, 745C).

이와 관련하여 『페리퓌세온』 제5권은 하나님의 말씀이라는 개념을 중심으로 발현 전체의 과정을 설명하는 중요한 본문을 보여준다. 이 과정은 케노시스에서 시작하여 성육신과 수난을 거쳐 부활로 회귀하고, 궁극적으로는 신화 안에서의 특별 회귀에 이른다. 이러한 여정은 단순한 순환이 아니라 신성과 인성의 교차 지점에서 실현되는 구속의 구조이며, 발현과 회귀의 신학적 역동성을 상징적으로 드러낸다. 다음 인용문은 이 구조를 집약적으로 보여준다.

"그러나 (은총이) 우리에게 더해진 것은 우리의 구속자가 스스로 감당하셨기 때문이다. 그분은 자신을 비우시고 종의 형체를 취하셨다. 이는 영으로 변화될 것이며, 하나님께서 태초에 창조하신 동일한 본질로 변화될 것이다. '죽음이 승리 속에 삼켜질 때', 온전한 인간(totus homo), 즉 외적 존재와 내적 존재, 감각적 존재와 지성적 존재가 통합되어 하나가 될 것이다"(Peri V, 884D-885A).

'하나님의 말씀'이 참으로 인간이 되셨으며, 인류를 비참한 상태로부터 해방시키고 인간을 다시 신적인 복된 상태로 이끌기 위해 세상에 오셨다. 그리스도께서 인성을 취하신 사건은 그분의 사역 전체를 이해하는 데 있어 중심 요소이며, 구속사의 흐름 속에서 결정적인 전환점을 형성한다. 그리스도는 아담 안에서 시작된 첫 번째 치명적 죽음을 극복하심으로써 인간 본성을 회복시키셨고, 존재의 여정을 마지막 회귀, 곧 신화를 향한 방향으로 전환시키는 유일한 길이 되신다(Peri IV, 848A). 성육신은 단순한 강림이나 형식적 현현이 아니라 하나님께서 인간의 상황 속으로 진입하시어 구속을 실현하신 매우 중대한 사건이다. 그리스도는 성육신을 통해 보이지 않는 하나님을 드러내셨다. 에리우제나는 "그분의 비밀스러운 자리에서 놀랍고 형언할 수 없으며 무한히 다양한 신현을 통해 천사들의 본성과 인간 본성의 지식으로 내려오셨다"(Peri V, 912D, 913A-B)라고 설명한다.

그렇다면 발현과 회귀, 특히 발현에서 회귀로의 전환이 일어나는 중심 지점에서 '하나님의 말씀'이 어떻게 기능할까? 하나님의 말씀은 단지 하나님의 비밀스러운 품을 "신적 본성의 최고의 신현"으로 드러내는 역할에 그치는가? 아니면 인성과 신성이라는 두 본성이 결합된 신비로운 연합을 나타내는 단순한 개념에 불과한가? 만일 후자의 수준에만 머물렀다면, 에리우제나는 단지 기존의 유형론적 그리스도론을 반복하는 데 그쳤을 것이다. 그러나 그에 따르면, 그리스도 안에서 인성과 신성이 "하나의 실체"로 통합된다는 점에서 하나님의 말씀은 더욱 깊은 신학적 의미를 지닌다. 에리우제나는 이렇게 말한다. "오직 그분 안에서만 인성이 단일한 실체로 신성과 결합한다. 이러한 결합을 통해 인성은 신성으로 변모되어 모든 것을 초월한다"(Peri V,

594, 597). 더 중요한 점은 그리스도께서 단지 두 본성의 통일을 체현하는 분일 뿐 아니라 궁극적 구원, 곧 신화를 위한 모범으로 기능하신다는 사실이다. 모든 피조물은 하나님의 말씀 안에서 "궁극적인 구원"을 발견하며, 그분은 이 재통합의 길을 보여주고 인도하는 기준점이 된다. 하나님의 말씀 안에서 "인성의 완전한 충만"이 회복될 수 있으며, 인간 본성이 가진 소우주적 기능 역시 회복된다. 하나님과 인간 사이의 대우주적 구조와 인간 안의 소우주적 구조 사이에 존재하는 이원적 관계는 하나님의 말씀과 인성의 이중 구조에도 그대로 적용된다. 자신의 성육신 안에서 인성과 신성을 결합시킨 그리스도의 위대한 모범은 인간 본성을 본래의 순수하고 통합된 상태로 되돌리는 결정적인 통로가 된다. 이와 같은 다차원적 회귀의 강력한 신학적 소환은 다음 인용문에서 잘 드러난다.

"하나님 말씀의 성육신은 인간 본성을 본래의 비전으로 되돌리기 위해 이루어진 사건이다. 하나님의 말씀은 타락한 인간 본성을 자신이 짊어지심으로써, 이를 이전의 상태로 회복하고, 죄로 인한 상처를 치유하며, 거짓된 환영의 그림자를 제거하고, 마음의 눈을 열어 이러한 비전을 받을 자격이 있는 이들에게 모든 것 안에서 자신을 드러내기 위함이었다"(Peri III, 684A).

하나님의 말씀은 인간을 회복하고 치유하며, 고통을 제거하고, 인간의 눈을 열어 자기 자신을 계시하기 위해 이 세상으로 내려오셨다. 그리스도는 인간을 계몽하고, 인간이 하나님께로 돌아오기를 원하시며, 구원의 여정을 시작하도록 자극하신다. 그리스도의 지옥 강림은 모든 인류를 함께 되찾아오기 위한 우주적 구속 행위이며, 이를 통해 인간은 새로운 회귀의 여정을 시작할 수 있다(Peri IV, 748A). 베이어발테스(W. Beierwaltes)는 이러한 그리스도의 강림과 부활을 "보편적 회귀의 전제 조건"으로 해석하며 다음과 같이 설명한다.

"신에 의해 허락된 '하나님 말씀'의 강림은 그 부활에 상응하며, 이는 보편적 상승과 회귀의 시작점이자 필수 조건이다. 이러한 과정은 변증법적 순환 운동에 따라 분리되고 흩어진 것들을 본래의 통합으로 재결합시키는 '해결'이며, 전체를 영적으로 변형시키는 운동이다. 이 과정은 '하나님이 모든 것 안에서 모든 것이 되시는 것'을 의미한다."[74]

하나님 말씀의 중심적 역할을 이해하는 데 있어 에리우제나가 제시한 로마서 11장 36절, 즉 "이는 만물이 그분으로부터 나오고, 그분을 통하여 존재하며, 그분 안에 있으며, 그분을 향하여 있다"에 대한 해석은 결정적인 단서를 제공한다. 이 구절은 에리우제나의 발현과 회귀 구조 안에서 전체 그리스도론적 해석학을 가장 간결하면서도 통합적으로 드러낸다. 모든 것은 "말씀으로부터"(ex verbo) 비롯된다. 곧 모든 신현과 창조는 "하나님의 말씀"에서 기원하며, 피조된 존재는 그로부터 발현된다. 인간의 참된 존재와 인식 역시 오직 "말씀을 통하여"(per verbum) 가능하다. "말씀 안에서"(in verbum) 인간은 자신의 본래 상태, 곧 초기의 순수한 인간 조건으로 돌아가야 할 이유와 필수적 계기를 발견한다. 마지막으로 "말씀을 향하여"(ad verbum) 나아가며, 그 여정의 끝에서 최종적이고 완전한 완성을 소망하게 된다. '하나님의 말씀'은 이렇게 그가 즐겨 사용하는 전치사들에 의해 잘 설명되고 있다.

2.3. 『엑스포지티오네스』의 상징적 그리스도론

에리우제나가 『엑스포지티오네스』에서 전개하는 그리스도론은 『페리퓌세온』의 철학적이고 이론적인 그리스도론에 비해 훨씬 더 시적이고 상징적이다. 그는 디오니시우스의 『천상의 위계』에 대한 주석 과정에서 그리스도론을 풍부한 이미지와 은유를 통해 확장시키며, 이를 통해 발현과 회귀 구조를 보다 감각적이고 직관적으로 제시한다. 특히 '벌레 그리스도론'과 '모퉁잇돌로서의 그리스도'라는 개념은 에리우제나의 상징적 사고가 어떻게 성서적이고 신학적인 패러다임을 구성하는지를 잘 보여준다. 벌레라는 이미지는 시편 22편에 기초한, 이후에 전개될 그리스도의 케노시스의 극단적 형상화이며, 모퉁잇돌은 교회와 구속사의 중심 역할을 하는 그리스도를 상징적으로 보여준다. 이 두 상징은 발현(케노시스)과 회귀(영광)의 이중 구조를 한눈에 보여주는 강력한 표지이다.

에리우제나는 『엑스포지티오네스』 전체 15개의 장 가운데, 제1장, 제2장, 제4장, 제7장, 제8장에서 그리스도론을 집중적으로 전개한다. 폴 로렘의 연구는 『엑스포지티오네스』를 기반으로 한 에리우제나의 그리스도론을 분석하는 데 유용한 지침을 제공한다. 로렘은 세 가지 주제, 즉 그리스도의 형상, 그리스도의 교리, 신화를 신중하게 논의하면서 이를 통해 에리우제나가 디오니시우스로부터 영향을 받았음에도 불구하고 독자적인 방식으로 그리스도를 이해하고 해석했음을 시사한다.

여기서는 로렘의 해석과 일차 자료에 대한 분석을 바탕으로 『엑스포지티오네스』에서 에리우제나가 발현과 회귀의 신학적 형식을 어떻게 논의했는지를 보다 심층적으로 탐구하고자 한다. 에리우제나의 그리스도에 대한 상징적 해석은 초기 기독교 전승과 자료들을 능숙하게 활용하는 동시에, 독창적인 해석학적 틀을 적용하고 있다. 그의 상징적 해석의 대부분은 특정한 이론적 체계에 엄격히 구속되지 않으며, 유연하고 시적인 방식으로 전개된다. 그럼에도 불구하고 『엑스포지티오네스』 전체에서 그는 그리스도를 중심에 두고 『천상의 위계』를 재구성하고 있다. 이러한 문제의식을 바탕으로 에리우제나가 발현과 회귀 개념을 그의 "대양"이라는 상징적 개념 속으로 어떻게 통합시키는지를 추적하고자 한다. 이는 그가 형이상학적 구조와 상징 언어를 융합하여 우주론적 그리스도론을 구축하는 방식을 드러내는 중요한 통찰을 보여주기 때문이다.

2.4. 빛의 상징성과 비유사적 상징성

『엑스포지티오네스』 제1장에서 에리우제나는 빛(lux)의 상징적 의미를 중심으로 그리스도론을 전개한다. 그는 디오니시우스와 마찬가지로 "이 아버지로부터 참 빛이 나왔고, 그분의 말씀을 통해 모든 것이 창조되었으며, 모든 것이 그분 안에 존재한다"는 전형적인 성경 구절에 기초해 논의를 시작한다. 이와 같은 빛의 상징은 요한 신학의 전통과 디오니시우스의 빛 개념에 기반하며, 에리우제나는 그리스도를 아버지의 "광채"(claritas)이며 "광선"(radius)으로 묘사하면서 삼위 간 발현 구조를 은유적으로 드러낸다.

디오니시우스의 해석학적 구조를 따라 『엑스포지티오네스』 제2장에서는 빛 상징이 더 복잡한 차원으로 확장되고, 이를 통해 비유사적 상징 개념이 심화된다. 디오니시우스의 『천상의 위계』 제2장은 전체적으로 거룩한 천상의 실재들을 비유사적 상징을 통해 드러낼 가능성을 탐색하는데, 그는 이 장의 제목에서 "거룩한 천상의 사물들이 비유사적 상징들을 통해서도 적절히 드러난다"고 명시한다. 에리우제나는 디오니시우스의 구조를 따르면서도, 더 독창적인 방식으로 성경 본문을 해석하기 시작한다. 특히 그는 이 장에서 가장 강력한 그리스도론을 생성해 낸다. 다양한 상징과 이미지를 동원해 성경 본문 안에 숨겨진 신비들을 창의적이고 숙련된 신학적 방식으로 풀어낸다. 디오니시우스가 천사의 위계를 따르며 성경의 상징이 갖는 비일관성, 즉 문자적 불일치를 논의할 때, 에리우제나는 "거룩한 형상의 삼중적 방식"을 제시한다(Expo II, 929-1005). 이 중에서 첫 번째이자 가장 고양된 상징은 태양, 별, 빛 등 천상의 요소와 관련되는데, 이들은 신성의 찬란함을 나타낸다. 두 번째, 중간 단계의 상징은 불과 물과 같은 자연 물질을 포함하는데, 이들은 지상 세계의 구성 요소를 상징한다. 세 번째이자 가장 낮은 단계의 상징은 연고, 모퉁잇돌, 동물, 벌레 등에 관한 것인데, 이들은 물질세계 중에서도 가장 낮은 영역을 지시한다. 에리우제나는 향기로운 연고(향유), 모퉁잇돌, 사자, 표범, 호랑이, 격노한 곰 등 다양한 이미지를 활용해 인간이 마주하는 감각적인 낮은 세계 속에서도 거룩한 하나님의 계시가 이루어질 수 있음을 보여준다(Expo II, 930-1005). 이러한 비유사적 상징은 외형적으로는 신성과 전혀 닮지 않은 것처럼 보이지만, 오히려 그 차이 속에서 신비를 더욱 강렬하게 드러낸다.

에리우제나는 이 세 단계의 상징을 설명한 이후, 비유사적 상징성에 대한 중요 개념을 제시한다. 그는 디오니시우스의 『천상의 위계』를 주해하면서 "지상의 물질"에 대해 다음과 같이 언급한다.

"지상의 물질은 자연 안에서 눈에 보이는 것들 가운데 마지막이거나, 말하자면 가장 낮은 위치를 차지한다. 그러나 신적인 것들을 상징하는 능력에 있어, 그것들은 마지막에 머물지 않으며 오히려 고양되고 이해할 수 없는 차원에 이른다. 이는 하나님의 독생자이자, 우리 주님이며 구세주이신 예수 그리스도의 두 본성을 깊이 상징한다"(Expo II, 1001-5).

여기서 언급된 "지상의 물질"이란 향유와 모퉁잇돌 같은 피조 세계의 마지막 부분에 해당한다. 그것들은 외형상 자연 질서 내에서 가장 낮고 하찮은 것으로 간주되지만, 에리우제나는 이러한 사물들이 오히려 신적 실재를 가장 강력하게 상징할 수 있다고 주장한다. 이러한 해석은 낮음과 높음, 감추어짐과 계시, 물질성과 영성 사이의 역설적 관계를 드러내는 변증법적 원리에 근거하며, 그것이 그리스도론에 어떻게 적용되는지를 잘 보여준다.

에리우제나는 그리스도에 관한 비유사적 상징 해석을 전개하면서 "대조를 통해"(e contraria)와 "상반된 것들의 비교를 통해"(ex contrariorum comparatione)라는 두 가지 해석 원칙을 활용한다(Expo II, 314-5). 이 원칙은 디오니시우스적 해석학, 특히 비유사적 상징성을 해석하는 데 있어 핵심 요소이다. 에리우제나는 이 원칙을 바탕으로 외형상으로는 신성과 전혀 유사하지 않은 이미지들, 특히 사나운 동물을 통해 오히려 신적 본성과 그리스도의 구속 사역을 상징적으로 해석한다. 예를 들어 "그리스도는 신비로운 표범이다"라는 구절을 에리우제나는 대조와 은유라는 두 방식으로 해석한다. 첫째, "대조를 통해" 이해할 경우, "이 짐승의 지나친 사나움은 말로 표현할 수 없는 하나님의 자비와 온유함을 나타낸다. 이는 그가 모든 인간이 구원을 받고 진리를 깨닫기를 원하시기 때문이다"(Expo II, 1047-50). 다시 말해, 극단적인 폭력성과 사나움의 이미지는 하나님의 정반대의 성품인 자비와 포용을 더 부각시킨다. 둘째, "상반된 것들의 비교를 통해" 이해했을 때, "가장 잔인한 짐승을 통해 하나님의 선함이라는 열정이 형상화되며, 이는 우리의 본성에 있는 모든 거칠고 비이성적인 움직임을 삼키고 소비한다"(Expo II, 1050-3). 여기서 표범은 하나님의 불같은 선함이 인간의 타락한 충동을 정화하고 소멸시키는 상징이다. 에리우제나는 동일한 해석학적 원칙을 표범이나 맹렬한 곰과 같은 다른 동물에게도 적용한다.

"하나님의 선에 대한 사랑은 단순히 합리적일 뿐 아니라, 오히려 합리성을 넘어서는(plus quam) 차원에서 작용한다. 이 사랑은 언제나 인간 본성 안에 자리한 비합리적이고 합리성을 뛰어넘는(plus quam) 충동들을 무너뜨리려는 열망으로 나타난다. 그 결과 자유를 지녔으면서도 동시에 온갖 야성적 충동들에 사로잡혀 있던 인간 본성은 말로 다 표현할 수 없는 하나님의 방식 안에서 소멸되고 새롭게 된다"(Expo II, 1054-9).

우리가 앞에서 강조해 온 '플루스 콰'(plus quam)이라는 용어가 여기서도 적절히 사용되는 것을 주목할 필요가 있다.

2.5. 벌레 그리스도론 - 벌레에서 불사조로

변증법적 해석과 비유사적 상징성의 원칙에 기초하여, 에리우제나는 『엑스포지티오네스』 제2장에서 '베르미스'(uermis, 벌레)라는 이미지를 사용해 매우 독창적인 그리스도론을 전개한다. 그는 이러한 해석을 "벌레 그리스도론"(vermicular Christology)이라고 부르며, 이 상징을 발현과 회귀 구조 안에서 신학적으로 재해석한다. 성경에는 벌레에 대한 언급이 다수 등장하는데, 에리우제나는 자신의 저술에서 이들을 풍부하게 인용한다. 아우구스티누스 또한 벌레의 상징적 의미를 논의한 바 있으나 "벌레 그리스도론"을 명확하고 체계적으로 발전시킨 것은 에리우제나가 거의 유일하다고 할 수 있다. 그는 벌레라는 하찮고 혐오스러운 이미지를 단순한 비유적 장치로 취급하지 않고, 그리스도의 발현과 자기 비하를 상징하는 중심 요소로 끌어들인다.

에리우제나가 "벌레 그리스도론"을 언급하는 주요 예는 두 본문에서 확인할 수 있다. 하나는 『페리퓌세온』 제4권이고, 다른 하나는 『엑스포지티오네스』 제2장이다. 전자의 경우, 에리우제나는 에피파니우스(Epiphanius)의 글을 인용하면서 벌레 상징을 소개하는 데 그치지만, 후자에서는 디오니시우스의 가장 낮은 상징들을 대상으로 한 일련의 그리스도론적 재해석을 시도하며 보다 확장된 해석학적 접근을 시도한다.

이 두 본문 사이에는 단순한 인용과 신학적 해석이라는 형식적인 차이가 존재하지만, 더 중요한 것은 발현과 회귀를 서술하는 구조적인 차이점이다. 『페리퓌세온』에서는 불사조에서 벌레로의 전환이 중심을 이루며, 영광에서 낮아짐으로의 이동이 강조된다. 반면, 『엑스포지티오네스』에서는 벌레라는 가장 낮은 이미지에서 출발해 점차 불사조 이미지로 상승하는 서사 구조를 따른다. 이러한 방향의 전환은 단순한 이미지의 배치 차원에 머물지 않고, 에리우제나의 발현과 회귀라는 우주론적 구조 속에서 그리스도의 사역을 상징적으로 재구성하는 신학적 기획의 일환으로 볼 수 있다. 곧 『페리퓌세온』은 단순히 인용의 근거를 제공하는 데 반해, 『엑스포지티오네스』는 그리스도의 자기 비하와 상승을 하나의 상징 체계 안에서 통합하려는 신학적 통찰을 담고 있다.

『엑스포지티오네스』에서 전개된 벌레 그리스도론은 발현과 회귀의 구조 안에서 에리우제나의 독창적인 상징 해석 방식을 잘 보여준다. 이 구절은 두 부분으로 구성되어 있다. 첫 번째는 벌레 자체의 상징적 의미에 대한 해석이고, 두 번째는 벌레에서 불사조로의 변환 과정이다. 에리우제나는 논의를 시작하면서, 디오니시우스가 제시한 두 상징 해석의 전제를 반복해서 환기시킨다. 첫째, 비유사적 상징주의의 원리에 따라 에리우제나는 벌레라는 상징이 겉으로는 "더 모호하고 낮은 것처럼 보이지만" 실상은 "더 크고 명확한 의미"를 전달한다고 주장한다. 이는 디오니시우스의 해석학과 일치하는 것으로, 외적 유사성이 결여된 상징일수록 오히려 거룩한 실재를 더욱 심오하게 나타낼 수 있다는 부정신학에 기반한다. 벌레는 지성적이든 감각적이든 모든 피조물 중 가장 비천하고 부조화한 것으로 정의된다. 둘째, 에리우제나는 많은 신학자들이 시편 22장 6절을 근거로 하여, 그리스도 곧 거룩한 지혜를 "벌레의 모습으로" 묘사해왔다고 언급한다. 해당 구절은 "나는 벌레요, 사람이 아니다"(ego sum uermis et non homo)라는 고백으로 시작하는데, 이는 전통적으로 그리스도의 수난과 자기 비하를 예언하는 말씀으로 받아들여 왔다. 에리우제나는 이 구절을 다음과 같이 해설한다. "이는 분명히 그리스도를 가리키는 것으로, 그리스도는 남성의 씨로부터 태어난 것이 아니라 단순한 흙의 본성에서 나오는 벌레처럼 영원하고 순결한 동정녀의 태에서 육신을 취하셨다"(Expo II, 1059-71).

이러한 에리우제나의 주석은 여러 측면에서 주목할 만하다. 첫째,

그리스도론적 적용이 분명히 드러난다. 벌레의 신비로운 발생 방식을 비추어볼 때, 그는 그리스도의 탄생을 단순성과 오염되지 않은 특징과 연결하며 이를 예수의 어머니인 동정녀의 순결한 태와 결부시킨다. 흙에서 벌레가 발생하는 단순한 현상은 "모든 감각과 지성을 초월하는 하나님의 말씀의 성육신"을 상징하며, 이는 흙의 단순한 본성이 인간의 인식 능력을 초월한다는 점에서 유비적으로 해석된다. 이러한 신비는 "누가 그의 세대를 설명할 수 있겠느냐"는 성경 구절과도 맞닿아 있다. 둘째, 에리우제나는 벌레의 '인간 초월성'과 '침투성'에 주목한다. "사람이 아니라"(non homo)는 구절을, 그가 즐겨 쓰는 '플루스콰'(plus quam)을 사용해 "인간을 초월한"(plus quam homo) 존재로 해석한다. 이와 같은 해석은 요한복음에 반복적으로 등장하는 "나는 … 아니다"(non sum)와 "…를 초월한"(plus quam)이라는 언어 구조와 유의적으로 이어지는데, 이러한 독법은 그의 『요한복음 서문에 관한 설교』에서도 동일하게 나타난다.[75] 이처럼 에리우제나는 벌레를 단순히 인간과 구별되는 존재로 이해하는 데 그치지 않고, 초월적 성격을 지닌 존재로 해석함으로써 그 상징에 신비적 깊이를 부여한다. 특히 주목할 점은 『엑스포지티오네스』에서 전개되는 이러한 모든 주석이 하강 개념을 따른다는 점이다. 이는 곧 그리스도의 성육신과 수난, 그리고 궁극적 회귀를 향한 에리우제나의 발현·회귀 신학 구조와 밀접하게 연결된다.

벌레가 "인간을 초월한 존재"이기에 그것은 인간의 깊이를 관통하고 경계를 넘어선 신비를 인식할 수 있는 상징으로 기능한다. 에리우제나는 이를 즉각적으로 그리스도에게 적용한다. 벌레가 "땅의 깊은 곳"을 통과하듯이, "인간을 초월한 존재"인 그리스도는 모든 본성의 비밀을 관통하신다. 이러한 그리스도의 침투는 시편 139편 15절의 말씀, "내 형체는 땅 깊은 곳에서 지어졌나이다"라는 구절에 근거한다. 그리스도의 "땅 깊은 곳으로의 침투"는 단순한 비유에 그치지 않고 그의 죽음과 지옥으로의 하강까지 확장된다. 에리우제나는 이를 다음과 같이 주석한다. "나의 본질은 그 자체로 지혜이며, 죽음의 깊은 곳, 곧 창조된 자연의 친밀한 골짜기에 존재한다." 이 표현은 그리스도가 지혜 그 자체이며, 그 지혜가 죽음과 창조의 가장 깊은 근원까지 침투하였다는 사실을 강조한다. 오염된 인간 세대로부터 분리되어, 모든 본성의 심연으로 역행하여 침투하는 그리스도의 여정은 에리우제나의 변증법적이고 비유사적 상징주의 해석의 전형적인 사례다. 이 해석 원리에 따라 에리우제나는 그리스도가 스스로 지옥의 깊은 곳으로 내려가 "모든 존재의 근원과 본질"이 되었다고 설명한다(Expo II, 1083). 이 모든 그리스도론적 재해석에서 벌레는 중심적인 상징으로 자리한다. 에리우제나는 벌레를 그리스도 자신과 동일시하면서, "모든 피조물의 숨겨진 것을 꿰뚫는 벌레는 아버지의 지혜이며, 이는 인간이고, 또한 모든 인류를 초월한다"고 설명한다(Expo II, 1071-88). 하나님의 지혜가 곧 그리스도이기 때문에, 따라서 가장 낮은 피조물인 벌레는 가장 높은 신현의 도구가 되며, 삼위일체의 제2 위격, 곧 그리스도와 동일시된다.

에리우제나는 모퉁잇돌에 대한 해석에서 그리스도를 '모퉁이' 자체와 동일시하는 것처럼 벌레를 그리스도와 일관되게 동일시한다. 이는 그가 디오니시우스의 해석에서 빗나가고 있다는 점을 보여준다. 이로써 벌레는 낮고 하찮은 존재가 아니라 성육신과 구속, 회귀의 신비 전체를 통합하는 그리스도의 상징이 되는 것이다.

그리스도와 벌레를 동일시한 에리우제나의 해석은 그의 변증법적이며 비유사적 상징 해석 원리를 잘 보여준다. 한편, 벌레에서 불사조로의 상징적 변환은 그리스도 안에서 이루어지는 결정적 전환점을 강조한다. 『페리퓌세온』에서는 주로 에피파니우스의 인용에 의존해 벌레의 상징을 언급하는 데 그쳤지만, 『엑스포지티오네스』에서는 벌레에서 불사조로 이어지는 상징적 해석이 더욱 풍부하고 독자적으로 전개된다. 에리우제나는 그리스도를 "신비로운 벌레"로 부르며, 고대 불사조 신화를 신학적 맥락에서 재구성한다. 그는 불사조에 대해 다음과 같이 묘사한다. 이 신비로운 존재는 "500년마다 아라비아의 재에서 벌레로 태어나며, 그 자신의 가슴에서 타오른 불길에 의해 소멸된 후 원초적 생명력으로 회복된다." 원래 이 불사조의 현상은 고대 아라비아 신화에 기원을 두고 있다. 하지만, 에리우제나는 이 이미지를 발현과 회귀라는 신학적 구조 안으로 끌어들여 그리스도의 강생, 수난, 부활, 승천의 신비를 설명한다. 이 상징 안에서 에리우제나는 완성과 원초적 생명력의 회복이라는 주제를 강조하는데, 이는 곧 타락 이전의 순수했던 인간 본성의 회복을 떠올리게 한다. 불사조는 단순한 신화적 비유를 넘어 그리스도를 통해 인간 본성이 신화의 과정을 거쳐 새로워지는 구속적 여정을 의미하는 고유한 신학적 상징으로 승화된다. 이와 관련하여 에리우제나는 다음과 같은 인상적인 구절을 제시한다.

"그리스도는 자신의 의지로 받아들이신 수난의 열정으로 스스로를 불태웠던 것처럼, '놀라운 벌레'로서 깊은 곳으로 내려가셨다(descendit). 그러나 사흘 후, 그는 다시 돌아오셨다(reuersus est). 십자가 위에서 그의 불타는 모습을 목격한 사도들은 그리스도께서 영적인 몸으로 부활하시고 덕의 깃털을 타고 아버지께로 올라가시는(ascendentem) 모습을 보며 놀라움과 경외에 휩싸였다"(Expo II, 1092-8).

그리스도는 "놀라운 벌레"다. "자신의 가슴에서 타오르는 불꽃에 의해 완성된다"는 불사조의 이미지는 그리스도께서 "십자가 위에서 불타는 것"과 비견된다. 여기서 "십자가 위에서 불타는 것"은 『엑스포지티오네스』의 제8장에서 말하는 "십자가 위에서의 죽음"을 상징한다(Expo VIII, 409-17). 그리스도는 자발적으로 수난의 열정을 받아들이심으로써 자신을 태우셨으며, 이는 곧 그분의 죽음을 통해 드러난 "수난의 능력"을 다시 상기시킨다. 그리스도는 십자가 위에서 자신을 불태우며 죽으셨으나, 동시에 하나님은 그분을 "영적인 몸"으로 이끄셨다. 이 불꽃은 단순한 파괴의 불이 아니라 "소멸하는 힘"으로 작용하여 인간의 영혼을 변혁시키고 갱신한다. 에리우제나에 따르면, 이 신적 소멸은 인간을 파괴하거나 해치지 않고 "지금까지도 해를 끼치지 않으며" 진행되는 신비로운 작용이다(Expo II, 982-7).

그리스도께서 "영적인 몸"으로 변화하신 사건은 인간의 원래 상태, 즉 부패하거나 오염되지 않은 본래의 정결한 상태를 환기시키며, 동시에 인간 본성의 존엄성을 암시한다. 그리스도께서 자신의 수난을 자발적으로 받아들이신 점은 인간의 "자발적인 불순종"과 뚜렷한 대조를 이룬다. 이 불순종은 『엑스포지티오네스』 제15장에서 '원하지 않으면서'(non volens)라는 일련의 반복적 표현을 통해 강조된다(Expo XV, 366-77). 그리스도의 자발적 하강은 자신을 천사들보다 낮은 존재로 만들었으며, 그는 "자신을 비우고 종의 형체를 취하였으며 인간의 모습으로 태어나 죽기까지, 곧 십자가에 이르기까지 아버지께 순종하셨고 이마에는 '십자가 위의 죽음'이라는 표를 새기셨다"고 표현된다(Expo VIII, 413-6). 여기서 "십자가 위의 죽음"은 단지 고난의 완결이 아니라 인류를 위한 "죽음의 죽음"(mors mortis)을 뜻하며, 이는 역설적으로 회귀가 시작되는 출발점을 상징한다. 인간의 자발적 불순종은 그리스도의 자발적 순종으로 구속되고 회복된다.

특히 주목할 점은 벌레에서 불사조로의 상징적 변형과 그리스도론적 적용이 발현과 회귀의 구조를 따라 전개된다는 것이다. 에리우제나는 벌레 그리스도론의 상징이라는 개별적 비유를 제시하는 것이 아니라 발현과 회귀라는 우주적이고 구속사적인 패러다임 안에서 이를 해석한다. 그는 이 상징을 통해 그리스도의 신비로운 성육신에서부터 침투, 하강, 십자가형, 부활, 그리고 상승에 이르는 일련의 순환 구조를 따라 그리스도의 구속 사역을 설명하며, 이 전체 여정 안에서 상징과 신비의 통일을 이루고자 한다(Expo VIII, 413-6).

2.6. 인류에 대한 사랑과 인간화

『엑스포지티오네스』 제4장과 제7장은 또 다른 중요한 그리스도론을 보여준다. 그것은 곧 '그리스도의 위격적 결합', 곧 성육신하신 그리스도 안에서 신성과 인성이 하나의 위격 안에 결합해 있다는 신비이다. 삼위일체의 한 위격과 인성의 위격적 결합에 관한 논의는 오랫동안 그리스도론의 중요 쟁점 가운데 하나였다. 에리우제나의 신학에서도 이는 하나님의 자기 계시가 정점에 이르는 방식과 긴밀히 연결되어 있다. 그리스도의 성육신은 가장 탁월한 신현이다. 성부로부터 발현한 "이해할 수 없는 빛"이신 그리스도는, 인간이 스스로 도달할 수 없는 "접근할 수 없는 빛"에 이를 수 있도록 결정적인 매개자 역할을 한다. 에리우제나에 따르면 오직 성육신하신 그리스도를 통해서만 인류는 "보이지 않는 아버지", 나아가 그리스도 자신과 그의 아버지, 두 분의 영의 숨겨진 신성에 접근할 수 있다(Expo I, 234-40).

우리가 주목해야 할 점은 단지 그리스도께서 하나님과 인간이라는 두 극단을 이어주는 참된 연결점이라는 사실뿐만 아니라 에리우제나가 그리스도께서 인간이 되신 방식을 언어적으로 어떻게 설명하는가에 있다. 에리우제나는 그리스도의 성육신을 설명하기 위해 '인카르나티오'(incarnatio, 성육신), '인 휴마나티오'(in humanatio, 인간화), '아모르 휴마니타티스'(amor humanitatis, 인류에 대한 사랑) 같은 다양한 용어를 사용한다. 이러한 표현은 『엑스포지티오네스』 뿐만 아니라 요한복음 서론에 대한 그의 주석에서도 빈번하게 등장한다. 『엑스포지티오네스』의 제4장은 특히 그리스도의 '인류에 대한 사랑'과 '인간화'라는 흥미로운 두 가지 표현을 제시한다. 에리우제나의 '인류에 대한 사랑' 개념은 그리스도의 성육신에 대한 그의 신학적 입장을 분명히 드러낸다. 그는 그리스도의 자비를 논하면서 '인류에 대한 사랑'을 성육신 자체와 분명하게 연결한다(Expo VII, 693-4). 곧 그리스도는 '인류에 대한 사랑' 안에서 스스로 성육신하신다.

"그리스도가 인간이 되신 신비"(in humanationis mysteria)는 첫 번째 위계의 천사들에 의해 예언되었다. 그리스도께서 "인류에 대한 사랑"을 위해 행하신 모든 일과 행동은 '인간화'라는 방식 안에서 드러나며, 이는 "성경의 신성한 모든 빛을 능가한다"고 말한다(Expo IV, 630-2). 이 점에서 두클로우의 다음과 같은 구절은 에리우제나의 사상, 특히 발현과 회귀 구조 안에 자리한 변증법적 그리스도론의 한 면을 적절히 설명해 준다. "성육신은 에리우제나의 사상에서 세 가지 전환점을 형성한다. 변증법적으로는 분리에서 분석 또는 환원으로의 전환, 형이상학적으로는 발현에서 회귀로의 전환, 그리스도론에서는 창조적 로고스에서 구원자 주님으로의 전환을 의미한다."[76]

에리우제나에게 있어 인류에 대한 사랑과 인간화는 단순히 그리스도께서 자발적으로 성육신하셨다는 사실만을 의미하지 않는다. 그는 인류에 대한 사랑을 인간의 고귀한 존엄성과 밀접하게 연결시키며, 인간 본성의 존엄성에 대한 숭고한 이해를 통해 시간과 공간 속에서 인간 존재를 새로운 방향으로 이끌고자 한다.

"'그리스도께서 우리의 본성에 따라 변함없이 오셨다'는 말은, 곧 그분의 신성이 변함없이 우리의 본성을 취하기 위해 내려오셨을 때, 그분께서 그 사명을 회피하지 않으셨다는 뜻이다. 다시 말해, 그리스도는 두려워하지도 회피하지도 물러서지도 도망치지도 않으셨다. 그분은 스스로 선택하신 사명을 기꺼이 감당하셨으며, 인간성을 있는 그대로 받아들이셨다"(Expo IV, 637-41).

에리우제나는 같은 논의에서 인간 본성과 존엄성 안에 담긴 신적 형상을 더욱 강조하면서, 그리스도의 성육신이 지닌 인간학적 함의를 다음과 같이 진술한다.

"그가 오신 이유는 단 하나, 우리를 선하게 만들기 위함이었다. 즉 우리를 구원하시기 위해서였다는 사실은 분명하다. 그리고 그분의 오심은 인류를 보편적 창조의 조화 속에서 존엄성과 질서 가운데 드러내기 위한 것이기도 하다. 다시 말해, 인류는 하나님의 형상과 닮음 안에서 창조되었다. 그것보다 더 위대한 것은 없다. 참으로 우리 본성의 존엄성을 밝히기 위해, 그리스도께서 자신의 인격과 본질의 통일성 안에서 인간 본성을 받아들이시고, 인간을 구원하시며, 나아가 신화될 수 있는 자들에게 그들을 신화시키신다는 사실보다 더 분명하고 더 숭고하게 이를 표현할 논증은 없다"(Expo VII, 676-81).

이러한 신학적 맥락에서 에리우제나는 인간화를 "인간적 신화 작업"(virilis operationis)이라 부르는데, 이는 인간 존재의 고귀한 위상을 강조하는 표현이다. 그는 인류의 구원과 고양을 위한 그리스도의 사역이 오직 그분의 신성과 인성의 결합, 즉 위격적 연합에서 비롯된 것임을 분명히 보여준다(Expo IV, 591-3).

비록 『엑스포지티오네스』 제4장이 보다 극적이고 시적인 언어로 구성되어 있지만, 제7장은 그리스도론의 두 가지 핵심을 더 잘 드러낸다. 첫째는 그리스도의 인성이 지니는 결정적 중요성이고, 둘째는 인성에서 신성으로의 전환을 설명하는 과정에서 부정신학을 적용한 예다. 에리우제나의 그리스도의 인성에 대한 이해는 다음 구절에서 살펴볼 수 있다.

"천상의 권능의 주님이자 영광의 왕이신 예수 그리스도께서는 우리로부터, 그리고 우리를 위해 취하신 자신의 인성을 지니신 채 하늘로 승천하셨다. 즉 능력의 주님이자 영광의 왕이신 그리스도의 인성은 부활 이후 그의 신성, 곧 그들이 '하늘'이라 부르는 상태로 높여졌으며, 신성과 인성이라는 두 본성의 속성은 본질의 통일성 안에서 변함없이 유지되었다. 이로써 말씀이 육신이 된 것처럼 육신도 말씀이 되었으며, 그리스도는 전체 본성 안에서 완전한 하나님이 되셨다" (Expo VII, 659-68).

부활 이후 그리스도는 "자신의 인성 안에서" 높여지셨는데, 이는 낙원에서의 순수한 인간 본성을 가리킨다. 모든 창조물의 참된 모범으로서, 그리스도의 인성은 숭고한 인간 존엄성의 거울이 될 수 있다. 그러므로 그리스도의 두 본성인 신성과 인성은 변함없이 유지된다.

그렇다면 그리스도의 두 본성은 어떻게 하나가 되는가? 그리스도의 인성은 어떻게 신성으로 흡수되는가? 그리고 우리는 부활 후의 그리스도처럼 최종 단계에서 어떻게 신화될 수 있는가? 이 지점에서 에리우제나는 다시 부정신학으로 회귀한다. 그는 이러한 승화의 방식이 인간의 이해를 초월하기 때문에 그것을 이해할 수 없다고 말한다. 우리가 아는 것은 오직 이 변화가 초자연적이며 말로 표현할 수 없을 정도로 신비롭게 이루어진다는 사실뿐이다.

에리우제나는 “우리는 그분이 ‘무엇인가’(quid est)는 알 수 없고, 다만 그분이 ‘존재한다’(quia est)는 사실만을 안다”고 말하며, 고전적인 부정신학의 인식론을 다시 한번 확인한다. 이러한 사유를 통해 그는 또 하나의 중요한 점을 제시한다. 에리우제나는 “취하심을 받으셨다”(assumptus est)와 “고양되셨다”(exaltata sit)라는 두 표현에 주목하면서, 이를 인성에서 신성으로의 상승을 설명하는 개념으로 본다. 그리스도는 물질적 존재에서 영적 존재로 나아가는 여정 속에서 인간 변화의 보편적 모델을 보여준다. 그래서 이어지는 핵심 구절, “말씀이 육신이 된 것처럼, 육신도 말씀이 되었다”라는 구절은 반드시 발현과 회귀 구조 안에서 해석되어야 한다. 그리스도는 인성을 취함으로써 세상에 오셨고, 이는 곧 창조의 질서 안에서 피조물들과의 접촉점을 찾으셨다는 것을 의미한다. 그분은 “육화되셨고” 동시에 “육신도 말씀이 되었다.” 이것은 곧 그리스도를 따르는 모든 피조물이 마땅히 따라야 할 유일한 구속적·형이상학적 모델이다.

이제 『엑스포지티오네스』 제7장에 등장하는 또 다른 구절을 간략히 살펴본 후 ‘자연’(natura)의 다섯 가지 분리와 통합이라는 마지막 주제로 나아가고자 한다. 에리우제나에 따르면, 그리스도의 성육신은 가장 탁월한 신현이며, 피조물들이 회귀해야 할 전형적인 모범이다. 그는 정의와 심판이라는 이미지를 통해 그리스도의 구속적 역할을 설명하며, 그리스도께서 자신의 피조물들에게 구원, 평화, 속량이 되신다고 말한다. 이러한 정의와 심판 기능은 창조된 자연의 회복과 해방이라는 보다 근원적인 신학적 구조와 긴밀히 연결된다. 에리우제나는 다음과 같이 묻는다.

"창조자가 자신의 형상으로 창조한 피조물을 그 피조물이 범한 잘못으로부터 다시 불러들이고(reuocet), 자신과 유사하게 회복시키는 것(restituat)보다 더 큰 정의가 어디 있겠는가? 또한 창조주가 피조물 안에서 자신이 창조하지 않은 것을 벌하시기 위해 자신이 창조한 것을 해방시키시는 것보다 더 큰 심판이 어디 있겠는가?"(Expo VII, 699-703)

에리우제나에 따르면, 그리스도의 가장 큰 정의는 '다시 부르심'과 '회복'에 있으며, 가장 큰 심판은 '해방'이다. 이러한 정의와 심판 개념은 단순한 도덕적 판단을 넘어 거룩한 창조와 회귀 구조 안에서 인류의 구속을 설명하는 형이상학적 명제이다. 이 구절은 또한, 디오니시우스가 주장한 바 있는 '가장 낮은 것이 가장 신비로운 하나님을 암시할 수 있다'는 원리를 에리우제나가 창조적으로 재해석한 중요한 사례다. 비록 디오니시우스는 그의 저서 『천상의 위계』에서 이 주제를 직접 길게 다루지는 않았지만, 에리우제나는 그 사상의 핵심을 수용하여, 가장 낮은 이미지들조차 "숨겨진 신적인 신비"를 드러내는 매개가 될 수 있음을 탁월하게 보여주었다. 특히 인간의 존엄성과 창조주와의 유사성이라는 주제가 에리우제나의 해석에서는 더욱 두드러진다. 그는 이러한 유사성을 통해 인간 존재가 어떻게 다시 하나님의 본질적 빛으로 회귀할 수 있는지를 설명하며 신비신학과 창조론의 통합적 조망을 제시한다.

이러한 맥락에서 에리우제나의 '벌레 그리스도론'은 발현과 회귀라는 상징적이며 극적인 구조 안에서 그 고유한 형식과 함의를 잘 드러낸다고 볼 수 있다(Expo II, 1005-13). 이 그리스도론은 에리우제나의 인간 본성 이해와 성육신 사상을 기반으로 형성되며, 인간과 그리스도 사이의 상호작용을 드러내는 독특한 신학적 모델을 제시한다.

3. 다섯 가지 분리와 통합 속에서 인간과 그리스도

에리우제나의 이른바 벌레 그리스도론은 극적인 상징성을 띠고 전개되며, 특히 '모퉁잇돌'에 대한 그의 주석은 발현과 회귀의 구조적 틀과 그 신학적 의미가 그리스도론 안에서 어떻게 적용되는지를 분명하게 드러낸다. 본성과 은총, 인간과 그리스도, 그리고 이들 사이의 변증법적 관계는 에리우제나가 독창적으로 해석한 '자연'(natura)의 다섯 가지 분리와 재통합의 과정 안에 통합되어 등장한다. 이 다섯 단계의 분리와 통합 구조는 에리우제나의 여러 저작에 반복적으로 등장하지만, 특히 『페리퓌세온』 제2권(529C-542B)과 제5권(893A-897A)에서 가장 체계적인 형태로 전개된다. 이 두 구절은 발현과 회귀의 전체 구조를 요약할 뿐 아니라 에리우제나 사상의 다양한 신학적 목적도 보여준다. 또한 『엑스포지티오네스』의 제2장에서도 이 주제에 대한 상징적 해석이 제시되는데, 에리우제나의 자연 이해와 구속론의 융합을 살펴볼 수 있다.

자연의 다섯 가지 분리와 재통합의 구조는 형식적으로는 비교적 단순하다. 이 구조는 다음과 같다. (1) 창조되지 않은 자연과 창조된 자연, (2) 지성적인 것과 감각적인 것, (3) 하늘과 땅, (4) 낙원과 인간이 거주하는 세계, (5) 남성과 여성. 이러한 분리는 인간 존재 안에서 정점에 이르며, 이후 회귀의 과정에서 신성을 향한 통합의 움직임이 시작된다.

에리우제나가 이 주제를 전개하는 세 가지 서술 방식은 두 가지 점에서 주목할 만하다. 첫째, 자연의 다섯 가지 분리와 통합은 그의 전체 신학 사상의 핵심 원리를 독창적으로 보여준다. 좀 더 강하게 말하면, 이 다섯 쌍의 구조가 에리우제나의 신학의 요체를 보여준다고 할 수 있다. 둘째, 이 세 가지 서술은 동일한 구조를 공유하면서도 해석에 있어 중요한 변화를 보여준다. 이러한 해석의 차이는 에리우제나가 자신의 신학적 뿌리를 초기 교부들, 곧 고백자 막시무스, 디오니시우스, 닛사의 그레고리우스, 나지안주스의 그레고리우스의 전통에 어떻게 연결하고 재해석하는지를 보여주는 중요한 실마리다.

요한 스코투스 에리우제나가 서로 다른 맥락에서 '모퉁이'(angulus)와 '그리스도'라는 주제를 다루는 것은 그가 선행자들의 작업을 번역하고 수용하며 재구성하는 과정에서 자신의 신학적 창의성을 어떻게 유지하고 확장하는지를 보여준다. 이와 관련해 다음에 살펴볼 세 가지 본문은 전환점, 인간 본성, 그리스도를 중심으로 에리우제나의 통합적 신학 구조를 드러낸다. 이 세 해석은 각각 고전적 전통의 계승이자 창의적 재해석의 사례이며, 신학적 구조 안에서의 독창적 통합 시도로 평가될 수 있다. 그리고 무엇보다 여기서 가장 중요한 점은 이 담론들이 예외 없이 발현과 회귀라는 형이상학적 구조 안에서 전개된다는 사실이다.

3.1. 『페리퓌세온』에서의 첫 번째 독법

다섯 쌍의 분리와 통합에 대한 가장 정밀한 논의는 『페리퓌세온』 제2권(529C-542B)에 등장한다. 여기서 에리우제나는 원초적 원인들에 의한 창조를 본격적으로 해석한다. 이 첫 번째 독법은 전체 작품에서 구조와 논리 전개에 있어 가장 체계적이고 정교하다. 에리우제나는 제2권의 시작 부분을 분리와 분석적 논의, 즉 '아나뤼티케'(ἀναλυτική)에 대한 논의로 시작한다. 이 분석은 모든 창조된 존재들이 궁극적으로 하나님 안에서 완성되며 그분께 회귀한다는 점을 전제로 한다. 이어서 에리우제나는 고백자 막시무스의 견해를 소개한다. 특히 그는 『암비규아』의 다양한 구절을 직접 언급하는데, 최소한 일곱 차례에 걸쳐 『암비규아』 제37장의 구문을 인용한다. 그러나 이러한 인용은 단순한 반복이나 수용에 머물지 않는다. 에리우제나는 막시무스의 사상을 자신의 철학적 체계와 신학적 통찰 속에서 주석하고 재구성함으로써 이를 독특한 방식으로 통합한다.

에리우제나가 다섯 쌍의 구조를 해석하고 배열하는 방식은 특히 주목할 만하다. 본 논의에서는 이 중에 세 가지 핵심 측면, 즉 발현과 회귀, 인간 본성의 역할, 그리스도의 역할을 살펴보고자 한다. 에리우제나는 다섯 쌍에 대한 설명 속에서 발현과 회귀의 구조적 원리를 분명히 제시한다(530A-B). 여기에는 다음과 같은 신학적 개념들이 포함되는데, 부정신학(535A), 변증법적 구조(532A), 은총과 본성의 관계, 그리스도론과 인간학의 통합, 낙원에 대한 정의, '낮은 것들이 높은 것으로 들어간다'고 밝힌 참여의 원칙(534A) 등이다. 이러한 개념들은 모두 에리우제나의 신학 안에서 발현과 회귀라는 통합적 구조를 형성하며 상호 연관되어 작동한다. 전체 구조는 분리와 증식에 기반한 발현의 흐름과, 재결합과 하나님께로의 귀환이라는 회귀의 방향성 안에서 구성된다. 이 과정에서 은총과 본성, 인간과 그리스도, 인간학과 그리스도론 사이의 병렬적 긴장이 드러난다. 다시 말해, 존재의 다층적 분화와 그 통합을 향한 하나님의 이끄심이 동시에 전개된다. 따라서 이 첫 번째 독법은 에리우제나 신학의 핵심, 즉 차이와 일치, 분리와 통합의 사유를 통해 모든 존재가 하나님께로 인도된다는 형이상학적 구조를 가장 정연하게 구현하고 있다고 평가할 수 있다.

둘째, 이 독법은 인간 본성에 대한 에리우제나의 낙관적 관점을 뚜렷하게 드러낸다. 다른 두 독법과 비교할 때 인간 본성의 역할에 대한 논의가 특히 두드러지며, 전체 서술의 절반 이상(530A-536C)을 차지할 정도로 강조된다. 에리우제나는 인간 본성과 관련해 두 가지 문제에 주목한다. 하나는 모든 창조물을 서로 연결하는 데 있어 인간이 수행하는 본질적 역할이고, 다른 하나는 타락 이후 발생한 성적 분열의 문제다. 그는 인간이 원초적 상태에서 탁월하게 고양된 존재였다고 보며, 긍정적이고 활동적인 본질은 타락 이후에도 전적으로 손상된 것이 아니라 어느 정도 보존되어 있다고 판단한다. 에리우제나는 이를 다음과 같이 표현한다. 인간은 "원초적 원인들 가운데 창조되었으며 … 모든 사물의 연속성을 지속적으로 연결하는 가장 연속적인 작업장"이다.

에리우제나에 따르면 모든 피조물은 인간의 본성 안에 포함되어 있으며, 인간은 발현에서 회귀로 이행하는 전환점이자 자연적 매개체로 기능한다. 다시 말해, 모든 분리와 구분은 인간 안에서 교차하며, 몸과 지성, 지각 가능한 것과 지성적인 것 사이의 분리 역시 인간이라는 존재 안에서 연결되고 통합된다. 에리우제나는 이러한 인간의 기능을 설명하며, 인간을 대우주를 축소시킨 소우주로 묘사한 것이다. 인간은 단지 창조물의 요약이 아니라 그리스도의 다양한 역할, 특히 통합의 역할을 반영하는 '작은 모범들'이다. 그리스도가 참된 모범이면 인간은 그를 닮은 작은 반영들인 것이다.

에리우제나는 인간 본성이 수행하는 통합적 역할과 구세주 그리스도의 은총을 병치시키며, 참된 통합은 오직 은총을 통해서만 가능하다고 본다. 그는 분리의 종결과 통합의 시작이 인간에게서 비롯된다고 말하지만, 인간 본성이 회귀의 여정을 독립적이고 자율적으로 완수할 수 있다고는 명시하지 않는다. 즉 인간은 상징적으로 통합의 매개가 될 수 있지만, 하나님께로의 회귀는 본질적으로 구세주의 은총에 의존한다는 것이다. 그렇다고 해서 그리스도만이 하나님께 회귀하는 유일한 길이라고 단정하는 것은 아니다. 사실 그는 이 문제에 대해 분명한 결론을 내리지 않고, 인간의 참여와 그리스도의 은총 사이의 긴장과 상호작용 속에서 회귀의 신비를 열어둔 채 논의를 진행한다.

그리스도는 모든 피조물을 자신에게로 소환하는 '새로운 인간'(novus homo)이다. 그리스도 안에는 남성과 여성의 구분, 곧 성적 분열이 더는 존재하지 않는다(533A). 그리스도는 피조물 전체를 다시 하나로 통합하는 "위대한 계획"(magnum consilium, 537A)이자 동시에 발현과 회귀라는 전체 신학적 구조를 위한 "모범"(533A)이기도 하다. 이러한 인간과 그리스도의 이원적 구조 속에서 인간의 소우주적 기능과 그리스도의 대우주적 역할은 서로 병렬적으로 배치된다. 그 결과 두 존재는 존재론적이며 동시에 신학적인 통합의 긴장을 함께 드러낸다. 다시 말해, 인간은 만물의 중개자로서의 상징적 지위를 갖고, 그리스도는 만물의 회귀를 이끄는 구속적 실체로서 이 구조를 완성한다.

3.2. 『페리퓌세온』에서의 두 번째 독법

『페리퓌세온』 제5권(893A-897A)에 나타나는 두 번째 독법은 첫 번째 독법보다 간결하며, 고백자 막시무스의 인용도 소수에 그친다. 이 독법 역시 『암비규아』 제37장을 중심으로 전개되지만, 에리우제나는 막시무스의 다른 저작들까지 참조하면서 해석의 범위를 확장한다.

두 번째 독법은 다섯 쌍의 결합 구조에 대한 간략한 요약과 함께 역대하 26장 9-10절에 나오는 웃시야 왕의 건축 활동을 상징적으로 해석한다. 이 독법은 "시초가 없는 분"(ἀναρχος)에 관한 에리우제나의 진술로 시작되는데, 이는 세계의 시작과 끝이 모두 하나님의 말씀 안에 있음을 드러낸다(893A). 이어지는 논의에서 에리우제나는 자신의 핵심 개념인 네 개의 전치사(ex, per, in, ad)를 간결하게 활용한다.

비록 이 본문에서는 두 개만 명시적으로 언급되지만, 이 전치사들은 발현과 회귀의 전체 구조를 요약적으로 포괄하는 장치다. 그는 이렇게 말한다. "모든 것은 그로부터 나왔고(ex), 모든 것은 그에게로 돌아간다(ad)"(893B).

이 구절은 에리우제나가 신학 전반을 관통하는 형이상학적 운동의 패턴을 언어적으로 압축해 표현한 것인데, 그의 우주론과 그리스도론을 이해하는 데 중요하다. 에리우제나는 이어서 다섯 쌍의 구분이 사도들로부터 기원한다고 간략히 언급한 후 이를 요약한다. 그리고 다시금 인간을 "모든 것의 작업장"으로 묘사하며, 중재자이자 통합자로서의 인간 본성이 차지하는 중심적 위치를 강조한다. 다섯 쌍의 통합을 간략히 재서술한 에리우제나는 이어서 그리스도론을 설명한다. 그는 통합의 완성자이자 모범으로서의 그리스도를 제시하며, 최종적으로 낙원에 대한 신학적 해석을 덧붙인다. 여기에서 낙원은 단순히 시간적, 공간적 장소가 아니라 분리의 종결과 회귀의 완성을 상징하는 존재론적 상태를 뜻한다.

두 번째 독법에서 에리우제나는 세 가지 핵심 주제, 즉 인간 본성, 그리스도의 통합적 역할, 낙원과 인간 본성 간의 관계를 제시한다. 이 세 주제는 모두 첫 번째 독법과 마찬가지로 발현과 회귀의 신학적 구조 안에서 설명된다. 에리우제나에 따르면, 인간은 모든 창조물 가운데 가장 고귀한 위치를 차지하며, 인간 안에서 "모든 창조된 본성의 완성"(893C)을 볼 수 있다. 이 표현은 인간이 창조 질서의 중심이자 완성이라는 에리우제나의 인간론적 관점을 압축적으로 보여준다. 특히 주목할 점은 에리우제나가 일반적인 구분과 통합 구조에서 그리스도의 중심성으로 자신의 강조점을 이동시키고 있다는 사실이다. 첫 번째 독법에서 인간 본성 자체의 통합적 역할을 보다 강조했다면, 두 번째 독법에서는 회귀 과정에서의 인간 본성에 대한 설명이 간결해지고 대신 "참되고 온전한 인간"으로서의 그리스도가 통합과 중재 역할을 하는 주체로 부각된다.

그리스도의 통합적 역할은 낙원의 의미를 재정의하는 것과 긴밀히 연결된다. 에리우제나는 낙원의 지리적, 역사적 개념을 거부하며, 낙원을 "그리스도 안에서 인간 본성이 회복된 곳"(894D)으로 정의한다. 이 정의는 물리적 경계를 초월하며, 낙원 속의 그리스도는 인간 본성의 온전한 회복과 회귀의 완성을 상징하는 존재로 제시된다(894D-895A).

에리우제나는 이러한 논의를 역대하 26장 9-10절에 기록된 웃시야 왕의 건축으로 확장한다. 그는 이 건축을 남성과 여성의 통합에서 출발하여 모든 피조물이 하나님 안에서 신화로 나아가는 회귀 단계로 해석한다. 특히 주목할 점은, 에리우제나가 고백자 막시무스의 『암비귀아』뿐만 아니라 『스콜리아』(Scholia)까지 참조하여 낙원의 구조와 통합에 대한 보다 넓은 교부들의 전통과 연계를 시도한다는 점이다. 그는 특히 『퀘스티오네스』 제48장에서 웃시야가 예루살렘에 세운 탑들에 대해 신비적 해석을 제공한다고 언급하며(Peri V, 895D-896A), 이 해석을 통해 다섯 가지 통합의 주제를 교부 전통과 성경적 상징 해석 사이의 상호 참조를 바탕으로 심화시킨다. 논의의 마지막에서 에리우제나는 다섯 가지 통합의 전형적 구조를 다시 반복하며 다음과 같이 제시한다. 첫째, 남성과 여성, 둘째, 낙원과 그 외의 땅, 셋째, 땅과 하늘, 넷째, 감각적인 것과 지성적인 것, 다섯째, 창조물과 창조주.

에리우제나가 다섯 쌍의 구조에서 웃시야 왕의 건축으로 논의를 전환하는 방식은 세 가지 면에서 주목할 만하다. 첫째, 이 전환은 다섯 쌍의 주제들과 웃시야 왕의 건축에 관한 서술을 해석학적으로 연결하려는 시도를 보여준다. 에리우제나는 '아나케팔라이오시스'(ἀνακεφαλαίωσις, 요약 혹은 반복)를 사용한 것에 약간 쑥스러운 듯 사과를 덧붙이면서도, 곧바로 "그러나 이제 이 예비적 논의는 모두 상세히 다뤄져야 한다"고 대담하게 선언하며(895C), 웃시야 왕의 건축 계획을 본격적으로 해석한다. 이 건축 계획은 분리와 통합 구조에 대한 보충적 설명을 제공하며, 동시에 그리스도의 중심성을 은유적으로 강화시킨다.

둘째, 에리우제나는 다섯 쌍이라는 일반적인 패러다임에서 나아가 그리스도의 중심적 역할인 '라피스 앙굴라리스'(lapis angularis, 모퉁잇돌) 개념을 중심으로 설명한다. 이러한 논리적 전환은 『페리퓌세온』 전체의 구조적 흐름과도 긴밀하게 일치한다. 즉, 제1권부터 제3권까지는 발현에 관한 철학적이고 개념적 분석이 주를 이루며, 제4권과 제5권에서는 회귀에 관한 성서적이고 주석적인 설명이 두드러진다. 이러한 형이상학에서 주석학으로의 이동은 에리우제나가 철학적 해석과 신비적 성경 주석을 통합하려 한다는 점을 보여준다. 이는 단순히 해석 방식의 변화가 아니라 발현과 회귀라는 존재론적 구조가 신학적 실재를 이해하는 두 차원의 통합을 요구한다는 점을 시사한다.

셋째, 에리우제나는 그리스도의 중심적인 역할을 '모퉁잇돌'의 중재적 기능과 연관 짓는다. 이 모퉁잇돌은 발현과 회귀라는 존재론적 극단을 서로 연결하는 상징적 중심축으로 작용한다. 에리우제나는 이 비유를 통해 그리스도의 중재자적 정체성을 설득력 있게 강조하지만, 주목할 점은 그가 『페리퓌세온』의 해당 본문에서 그리스도 자체를 모퉁잇돌과 명시적으로 동일시하지는 않는다는 사실이다(Peri V, 895D). 이는 에리우제나가 그리스도의 역할을 보다 유비적이고 상징적인 방식으로 고찰하고 있음을 보여주는 대목이다. 다시 말해, 그리스도는 존재론적 대립을 통합하는 중심이지만, 에리우제나는 이를 직접적인 동일화보다는 상징과 유비를 통해 신학적으로 제시하고자 한 것이다.

3.3. 『엑스포지티오네스』에서의 상징적 독법

두 번째 독법에서 에리우제나는 다섯 가지 결합 구조와 웃시야 왕의 건축에 등장하는 모퉁잇돌 개념을 연결하며, 이를 후기 저작인 『엑스포지티오네스』 제2장에서도 다룬다. 『엑스포지티오네스』는 에리우제나의 마지막 저술로 그의 독창적인 상징주의와 알레고리적 성경 해석이 정점에 달한 작품이다. 모퉁잇돌과 다섯 가지 결합에 대한 언급은 『엑스포지티오네스』 제2장에서 구체적으로 나타난다. 에리우제나는 이 장에서 디오니시우스 아레오파기타의 『천상의 위계』 제2장을 주석하면서 "신적이고 천상적인 것들이 비유사적 상징을 통해서도 적절히 드러날 수 있다"는 주장을 전개한다.

에리우제나는 그리스도의 형상을 설명하기 위해 세 단계의 상징적 모습과 과정을 서술한 뒤, 모퉁잇돌의 형상에 대해 두 가지 신학적 해석을 시작한다. 이는 모퉁잇돌이라는 상징을 통해 그리스도의 신학적 기능과 교회론적인 통합 개념을 어떻게 재해석하는지를 보여주는 중요한 논의이다.

에리우제나는 『엑스포지티오네스』 제2장에서 그리스도의 모퉁잇돌됨(angulositas)에 관한 첫 번째 해석을 다음과 같이 제시한다. "그리스도는 모퉁잇돌로서 배신한 유대인들에 의해 거부되었지만, 우리를 위해 새로운 기초로 세워지셨다. 그 안에서 교회는 참으로 하나로 연합되며, 이스라엘 백성과 이방인을 교회로 불러 모은다. 또한 그 안에서 이성적이고 지성적인 것, 곧 천사적 본성과 인간 본성이 하나로 결합된다. 그리스도는 참으로 '우리의 평화이시며, 둘을 하나로 만드신 분'(엡 2:14)이시다. 그 안에서 신성과 인성, 말씀과 육체는 하나의 위격으로 결합된다. 그러므로 그리스도의 모퉁잇돌됨을 적절히 설명할 자가 누구이겠는가?"

에리우제나는 이 상징을 더욱 확장하여 다음과 같은 다섯 가지 방식의 통합을 제시한다. 곧 첫째로 할례받은 자와 받지 않은 자의 통합, 둘째로 하늘의 것과 땅의 것의 통합, 셋째로 지성적이고 이성적인 창조물의 통합, 넷째로 이 모든 것이 하나의 거룩하고 가장 높은 차원에서 이루어지는 통합, 다섯째로 신성과 인성의 합일이다. 그는 이러한 모퉁잇돌의 다섯 가지 통합 방식이 "거룩한 교부들에 의해 전승되었다"고 밝히며, 자신의 해석이 교부 전통에 뿌리를 두고 있음을 강조한다(Expo II, 1014-26).

두 번째 해석은 다음과 같다. "그리스도께서 자신 안에서 남성과 여성을 하나로 결합하신 것은 그분이 참된 인간이 되었기 때문이며, 이 통합은 신적 형상의 단순성 안에서 이루어졌다. 사도 바울의 말처럼 '그리스도 안에는 남자도 여자도 없다'(갈 3:28). 그 안에서 땅과 낙원의 영역은 그분의 부활의 은혜에 의해 하나의 낙원으로 통합된다. 그 안에서 땅과 하늘은 인간과 천사의 삶의 유사성을 통해 하나의 하늘로 결합된다. 그 안에서 육체적 존재와 영적 존재는 실체의 통일을 통해 하나의 영적 존재로 변화된다. 모든 곳에서 열등한 것은 우월한 것으로 전환된다. 그 안에서 모든 창조물은 희망 안에서 창조주와 하나가 될 것이며, 결국 실재 자체 안에서 창조물은 하나님과 얼굴을 맞대고 통합되는 상태에 이르게 될 것이다."

여기서 에리우제나는 그리스도의 모퉁잇돌됨에 대한 다섯 가지 방식의 통합을 제시하며, 그와 관련된 보다 세부적인 논의는 『페리퓌세온』에서 더 자세히 다루었다고 덧붙인다(Expo II, 1026-39).

첫 번째 독법은 전체적으로 일정한 체계가 결여되어 있으며, 제시된 다양한 결합 사이의 구분 역시 뚜렷하지 않다. 에리우제나는 자신이 언급하는 다섯 가지 전형적 결합 가운데 오직 두 가지, 곧 "이성적이고 지적인 것"과 "신성과 인성"만을 명시적으로 제시하고 있으며, 여기에 유대인(할례자)과 이방인(비할례자)의 결합이라는 쌍을 간헐적으로 덧붙이는 데 그친다. 그럼에도 불구하고 이 첫 번째 독법에서 그가 모퉁잇돌과 그리스도를 명시적으로 동일시하고, 그리스도의 중심적 역할을 강하게 강조한다는 점은 주목할 만하다. 에리우제나는 다섯 가지 방식의 통합을 일관되게 반복하기보다는, 이후의 두 번째 독법에서 그리스도의 통합적 역할을 중심으로 삼으면서 신학적 초점을 더욱 명확히 한다.

이처럼 두 개의 독립적 독법이 각각 나름의 유용성과 강조점을 지닌다고 하더라도, 본문 전체는 다음의 두 가지 주제를 중심으로 통합하여 이해할 필요가 있다. 첫째는 그리스도와 모퉁잇돌의 동일성, 둘째는 그리스도의 통합적 역할이다. 에리우제나는 본문에서 총 다섯 차례에 걸쳐 '그리스도의 모퉁잇돌됨'을 언급한다. 첫째, 그는 그리스도를 모퉁잇돌이라고 명시하는데, 이는 유대인과 이방인을 결합하는 중심적 위치에 서 있다는 점을 의미한다. 둘째, 그리스도는 "우리에게 모퉁잇돌이 되었다"고 선언하는데, 이는 교회와 구속사에서 수행하는 기능적 역할을 강조한다. 셋째, 에리우제나는 "누가 그리스도의 모퉁잇돌됨을 올바르게 설명할 자격이 있겠는가?"라고 반문하며, 그 개념의 신비성과 신학적 깊이를 부각시킨다(Expo II, 1020-1). 넷째, 그는 "이 모퉁잇돌됨의 다섯 가지 방식이 거룩한 교부들에 의해 전승되었다"고 말하며, 이 개념이 전통적인 신학에서 정당성을 가진 교리적 해석임을 시사한다. 다섯째, 에리우제나는 다섯 가지 통합 방식을 요약하면서 다음과 같이 덧붙인다. "그리스도의 모퉁잇돌에 대한 다섯 가지 방식을 여러분도 볼 수 있다. 이에 대한 구체적인 내용은 『페리퓌세온』에서 더 자세히 다루었다."

이처럼 에리우제나는 그리스도를 단순히 상징적 기능을 수행하는 존재로 제시하는데 그치지 않고, 그리스도 자신이 바로 모퉁잇돌이라는 점을 분명하게 주장한다. 이는 상징의 유비를 넘어 존재론적 동일성을 강조하는 신학적 진술로 이해할 수 있다.

이 구절은 매우 강한 그리스도 중심적 해석을 담고 있다. 특히 에리우제나가 디오니시우스의 구절을 해석할 때 일관되게 드러나는 그리스도 중심적 흐름을 고려할 때, 이 해석은 더욱 설득력이 있다. 『천상의 위계』의 주제들은 에리우제나에 있어서 단순한 하나님의 상징론에 머무는 것이 아니라 그리스도의 중심적 역할을 강조하는 방향으로 재구성된다(Peri V, 899C-901D). 이러한 자연스러운 신학적 귀결로 에리우제나는 '모퉁잇돌'을 그리스도로 해석하는 것이다. 본문의 그리스도 중심성은 에리우제나가 반복적으로 사용하는 '그 안에서'(in eo)라는 표현을 통해 일관성 있게 부각된다. 이 짧은 단락 안에서 이 표현은 아홉 차례나 등장하며, 그리스도가 모든 통합과 중재의 중심 역할을 한다는 점을 부각시킨다. 에리우제나에게 있어 그리스도의 통합적 역할은 단지 인간학적 차원에 국한되지 않으며, 우주론적 차원까지 포괄하는 보편적 의미를 지닌다. 곧 그리스도는 모든 차이와 분리를 극복하는 장소이자, 발현과 회귀의 경계선상에서 존재론적 결합을 실현하는 자이다.

앞서 분석한 세 가지 독법은 에리우제나가 다섯 가지 쌍, '모퉁이', 그리고 그리스도 사이의 관계를 어떻게 전개해 나가는지를 보여준다. 『페리퓌세온』에서의 첫 번째 독법은 전체 통합의 패러다임을 형이상학적·철학적 원리를 바탕으로 설명하며, 발현과 회귀의 구조 속에서 다섯 쌍을 개념적으로 해석한다. 두 번째 독법은 막시무스의 『암비규아』 제37장을 중심으로 전개되지만, 동시에 막시무스의 다른 저작들까지 포괄함으로써 에리우제나가 이를 창의적으로 재해석하고 있음을 유추하게 한다. 이 해석은 형이상학에서 주석학으로의 전환, 즉 철학적 분석에서 성경적 상징 해석으로의 이동을 나타낸다. 『엑스포지티오네스』에서의 독법은 그리스도와 모퉁잇돌을 명시적으로 동일시하면서, 모든 논의를 다시 『페리퓌세온』으로 수렴시킨다. 특히 『엑스포지티오네스』 제2장에서 드러나는 에리우제나의 해석은 그의 독창성과 상징적 해석의 능숙함을 잘 보여준다. 여기서 그리스도의 모퉁잇돌됨은 자연의 다섯 가지 통합과 조화롭게 연결되며, 상징적 성서 해석학 안에서 전환점으로서의 그리스도의 역할을 잘 보여준다.

특히 발현과 회귀의 변증법적 전환점과 관련하여 주목할 만한 점은, 에리우제나의 모든 논증이 일관되게 고백자 막시무스의 신학을 상기시킨다는 사실이다. 이 책의 제2장에서 살펴보았듯이, 막시무스와 에리우제나 사이에는 구조적이고 신학적인 유사성이 다수 존재한다. 이러한 유사성은 특히 변증법적 전환점에 대한 이해에서 더욱 분명하게 드러난다. 자연의 다섯 가지 분리와 통합과 그리스도와 모퉁잇돌 사이의 관계를 중심으로 한 논의는, 막시무스에서 에리우제나로 이어지는 영향의 연속성과 창조적 수용을 가장 잘 보여주는 사례라 할 수 있다.

3.4. 변증법적 전환점에서의 모퉁잇돌됨 - 막시무스에서 에리우제나까지

에리우제나가 전개한 자연의 다섯 가지 분리와 통합에 대한 해석은, 그가 고백자 막시무스에게 얼마나 깊이 의존했는지를 분명하게 보여준다. 특히 모퉁잇돌과 그리스도 사이의 관계를 설명하는 대목에서 에리우제나는 막시무스의 두 자료, 『암비규아』 제37장과 『퀘스티오네스』 제48장을 구체적으로 참조한다. 『암비규아』 제37장은 인간과 그리스도 사이의 관계, 그리고 다섯 가지 결합 구조에 관한 우주론적이고 신학적인 논의로 구성되어 있으며, 막시무스의 사상 안에서 핵심적 위치를 차지한다. 에리우제나는 이 구조를 자신의 발현과 회귀 구조 속에 창의적으로 통합하면서, 인간과 그리스도의 역할을 존재론적 전환점으로 설정한다. 막시무스가 강조한 그리스도의 통합적 역할은 그의 신학 및 철학 사상 전반에 걸쳐 일관되게 전개된다. 그리스도는 단지 구속의 주체로 머무르지 않고, 대우주적이면서 동시에 소우주적인 존재로서, 존재의 모든 단계를 연결하고 조화시키는 중심축이다. 이러한 그리스도의 우주론적이고 인간학적 매개성은 에리우제나의 사유에 결정적인 영향을 끼쳤고, 이는 그의 모퉁잇돌됨에 대한 해석과 자연의 분리 및 통합에 관한 전체 구조 안에서 뚜렷하게 드러난다.

주목할 점은 고백자 막시무스가 『암비규아』 제37장에서는 모퉁이와 그리스도, 혹은 그리스도의 모퉁잇돌됨에 대해 직접 언급하지 않는다는 사실이다. 모퉁이 이미지에 대한 그의 상징적 해석은 오히려 『퀘스티오네스』 제48장에서 나타난다. 따라서 본 논의는 막시무스가 『퀘스티오네스』에서 모퉁이라는 이미지를 어떻게 사용하고 해석하는지를 살펴보겠다. 이는 발현에서 회귀로 이행하는 변증법적 전환점, 특히 그리스도의 통합적 역할을 상징적으로 드러내는 방식에 대한 이해를 심화시킬 것이다.

『퀘스티오네스』 제48장은 역대하 26장 9-10절에 기록된 웃시야 왕의 건축을 상징적이고 신비적인 방식으로 해석한 구절이다. 해당 성경 본문은 다음과 같다. "웃시야는 예루살렘에 모퉁이 문, 골짜기 문, 그리고 모퉁이에 망대를 세우고, 그것들을 견고히 하였다"(CCSG 7, 6) 막시무스는 이 구절을 단순한 역사적 서술로 읽지 않고, 철저히 상징적이며 신비적인 의미를 담아 해석한다. 에리우제나가 『페리퓌세온』(895D)에서 제안한 해석과 유사하게, 그는 웃시야라는 이름은 물론, 문, 모퉁이의 문, 골짜기, 모퉁이라는 요소들을 상징적으로 해석하며 이렇게 질문한다. "문이란 무엇이며, 모퉁이의 문이란 무엇인가? 골짜기는 누구이며, 그 모퉁이는 무엇인가?"(CCSG 7, XL VIII 8-10). 이러한 질문은 상징적 의미를 탐색하는 그의 해석학적 접근을 드러낸다. 막시무스의 관심은 문자적 혹은 도덕적 의미에 있지 않다. 그의 해석은 비유적이고 신비적인 차원에서 전개되며 『퀘스티오네스』를 보완하는 『스콜리아』 역시 이러한 해석의 틀 안에서 작동한다. 이는 막시무스가 전체 신학적 구조 속에서 통합과 회귀, 중재의 신비를 일관되게 상징적으로 해석하고 있다는 점을 보여주는 중요한 단서다.

그리스도의 의미를 설명하는 데 있어 상징적 해석은 주도적인 위치를 차지한다. 하나님의 말씀으로서의 그리스도는 "의복의 밀도"(velaminis crassitudinem)를 지니며, 그 존재는 전체 우주론의 모범으로 제시된다(XL VII, 14-5). 여기서 의복의 밀도란 참된 실재를 감싸고 있는 베일의 두터움을 뜻한다. 이는 그리스도께서 인간 안에서 계시되었지만, 여전히 완전히 드러나지 않는 신비를 감싸고 있음을 시사하며, 상징과 신비의 차원에서 신학적 해석을 가능케 한다. 막시무스에 따르면, 웃시야 왕이 그러하듯 그리스도 역시 왕이며 승리자의 이미지로 등장한다. 특히 그리스도의 승리는 천상의 상징들, 예를 들어 노래, 기쁨, 잔치 등을 통해 표현되며, 이는 하나님의 나라를 가리키는 상징적 언어다. 이러한 이미지는 종말론적 승리를 암시하는데 그치지 않고, 그리스도께서 창조 전체를 빛으로 비추시며 창조주와의 통합을 실현하시는 방식을 상징적으로 드러낸다(XL VII, 19-23).

그렇다면 그리스도와 모퉁이 사이의 관계는 무엇인가? 그리스도의 상징적이며 신비적인 이미지가 어떻게 모퉁이 개념과 연결되는가? 이 질문에 대해 가장 먼저 주목할 점은, 막시무스가 제시하는 건축가로서의 그리스도의 이미지다. 그리스도는 문들을 세우는 왕으로 등장하며, 그 건축 행위는 단순한 공간 구성 이상으로, 신적 교훈의 연결과 결합을 구현하는 행위로 해석된다. 이 관계는 다음 진술에서 더욱 명확히 드러난다. "그분(웃시야 왕과 동일시된 그리스도)은 문들을 하나씩 세우셨으며(통합), 이는 곧 모퉁이로서 신성한 교훈의 연결과 결합을 수호하는 것이다"(XL VII, 62-4) 이러한 왕의 형상 안에서 그리스도는 예루살렘의 문들을 세우는 건축가로 묘사되며, 그 전체 과정은 평화와 통합의 신적 비전 안에서 진행된다(XL VII, 36-7).

웃시야는 세상을 세우고 비추며 잃어버린 자를 구원하는 그리스도를 상징하는 인물로 등장한다. 막시무스는 웃시야를 또 다른 형태의 그리스도로 해석하며, 그를 솔로몬과 나란히 비교하기도 한다. "솔로몬이 하나님의 또 다른 형태의 그리스도를 나타냈던 것처럼, 웃시야는 구원의 또 다른 형태였다"(XL VII, 28-9). 웃시야는 아버지 하나님의 권능과 그리스도의 주권을 상징하며, 이는 일반적으로 통치자에게 요구되는 속성으로 간주된다. 그러나 여기서 주목할 점은, 막시무스가 그리스도를 모퉁이 그 자체와 동일시하지 않는다는 사실이다. 그는 모퉁이를 모든 창조를 통합하는 단일한 기초로 설명하면서 그리스도의 역할을 건축가로 규정한다. 다시 말해, 그리스도는 통합의 상징인 모퉁이를 세우는 자이지, 모퉁이 자체로 제시되지 않는다. 그러나 또 다른 곳에서 "(예수께서) 친히 모퉁잇돌의 머리가 되신다"는 성경 구절을 인용하면서 그리스도가 통합의 기초와 직접 동일시되기도 한다(XL VII, 32-3).

그러나 막시무스는 모퉁잇돌로서의 그리스도의 머리되심이라는 이미지를 적극적으로 발전시키기보다는, 이를 곧바로 교회에 대한 이미지와 결합시킨다. 그의 사상에서는 특히 교회의 통합적 역할과 성육신의 독특한 의미가 두드러진다. 그리스도는 자신의 성육신을 통해 교회를 보존하고 통합하기 위해 '문'을 세우는 건축가로 묘사되며, 이 과정에서 '모퉁이'는 핵심적인 상징으로 등장한다.

앞서 확인한 바와 같이 막시무스는 '모퉁잇돌'을 그리스도와 명확히 동일시하지 않는다. 그렇다면 그는 '모퉁이'를 어떤 방식으로 해석하는가? 비록 모퉁이와 그리스도 사이에 직접적 동일시를 뒷받침하는 명확한 증거는 없지만, 모퉁이가 수행하는 통합적 기능은 막시무스의 신학 안에서 중심적인 위치를 차지한다. 그는 모퉁이를 다양한 차이와 분열 사이에서 모든 종류의 통합과 연결이 이루어지는 장소로 묘사하며, 이러한 통합 기능은 교회의 사명과 더불어, 창조 전체를 아우르는 다섯 가지 통합 구조 내에서 중심성을 상징한다.

우선 막시무스는 모퉁이를 그 기능과 역할 면에서 교회 자체와 밀접하게 연결시킨다. 다시 말해, 모퉁이는 그 기능적 측면에서 교회 자체와 동일시된다. 이러한 관계 설정 안에서 그는 유대인과 이방인이라는 양 극단의 통합을 모퉁이인 교회라는 이미지 안에서 설명한다(XL VII, 33-7). 모퉁이는 그리스도께서 자신의 백성을 이끄시는 교회를 상징하며, 이는 신약성경 전반에 나타나는 그리스도와 교회의 관계와 상응한다. 이 지점에서 모퉁이를 교회로 동일시하는 막시무스의 해석 구조와 『엑스포지티오네스』에서 에리우제나가 모퉁이를 그리스도와 동일시하며 단순 적용하는 방식 사이의 해석학적 유사성을 찾을 수 있다. 그러나 막시무스는 유대인과 이방인 간의 통합을 단순한 이원적, 정치적 문제로 보지 않고, 교회와 모퉁이라는 신학적 구조 안에서 재구성한다는 점에서 보다 복합적이고 통합적인 접근을 취한다.

이러한 막시무스의 해석에 기반하여 그가 여섯 가지 결합 구조를 암시적으로 제안하고 있다고 말할 수 있을까? 다시 말해, 전통적으로 제시된 다섯 쌍의 통합 구조에 유대인과 이방인의 통합을 추가함으로써 여섯 가지 통합 구조가 형성된다는 가설이 가능하다. 이러한 해석은 『퀘스티오네스』 제48장에서 드러나는, 유대인과 이방인 간의 교회적 통합과 우주론적 통합이 서로 충돌하지 않고 상호 보완적으로 기능한다는 분석에 기초한다.

웃시야와 모퉁이의 왕 이미지를 논한 후, 막시무스는 한 설교에서 다음과 같이 진술한다. "아마도 모퉁이가 그리스도를 통해 모든 피조물의 차이와 분리를 하나로 만들었을 것이다"(XL VII, 51-3). 이 진술은 "웃시야가 모퉁이에 탑을 세웠다"는 구절에 대한 해석으로 이어진다. 마치 웃시야 왕이 모퉁이에 탑을 세운 것처럼, 그리스도는 모퉁이에서 모든 창조물을 통합하는 자로 제시된다. 이때 그리스도는 건축가로, 모퉁이는 통합의 기초로서 각각 기능한다. 막시무스가 제시하는 이 다섯 가지 통합 구조는 에리우제나의 『페리퓌세온』에 나타나는 통합 개념과 매우 유사하게 보일 수 있다. 그러나 보다 면밀히 살펴보면, 건축가이자 통합자이신 그리스도와 통합의 기초로 작용하는 모퉁이 사이에는 명확한 기능적 분리가 있음을 알 수 있다.

막시무스는 모퉁이의 통합적 기반 위에서 다섯 가지 결합 항목을 제시한다. 그 목록은 첫째, 남성과 여성, 둘째, 낙원과 지구 궤도, 셋째, 땅과 하늘, 넷째, 감각적인 것과 지성적인 것, 다섯째, 창조하는 자와 창조된 자이다. 이 절은 다음과 같은 문장으로 마무리된다. "그는 탑을 하나씩(통합에 의한 통합으로) 세우며, 이는 모퉁이로서 신성한 교훈의 연결과 결합을 수호하는 것이다"(XL VII, 61-4) 이처럼 모퉁이의 연결과 결합의 기능은 본 장의 후반부에서도 반복적으로 강조된다.

이것을 종합하면 그리스도와 모퉁이의 정의와 역할은 분명하게 구별된다. 두 개념이 통합과 중재라는 공통된 기능을 수행하는 것은 사실이지만, 이 둘은 서로 동일시되지 않는다. 그리스도는 왕권적 이미지, 잔치의 주인, 그리고 건축가로서 주체적 역할을 수행하며, 의도적이고 역동적인 중재자로 나타난다. 반면, 모퉁이는 통합과 연결의 장소로 기능할 뿐 그 자체로 의인화되거나 주체로 등장하지는 않는다. 『퀘스티오네스』 제48장에 대한 후대의 주석 중 하나는 이 구조적 차이를 다음과 같이 설득력 있게 요약한다. "관조적 영혼은 모든 것의 바른 지식을 바탕으로, 모퉁이에 세워진 지적 탑에서 통합과 연결의 지도를 따라가며 지혜롭게 올바른 평가를 내린다"(XL VII, 151-5).

이 진술은 에리우제나가 막시무스와 디오니시우스 같은 선배 신학자들로부터 어떻게 영향을 받았는지를 잘 보여준다. 위에서 살펴본 다양한 논의는 디오니시우스가 사용한 용어인 "앙굴루스"(angulus, 모퉁이)에 그 기원을 둔다. 디오니시우스는 이 이미지를 하나님에 대한 인식을 암시하는 가장 낮고 부정적인 방식 중 하나로 사용하면서, 신에 대한 인식은 비유사적 접근을 통해서만 가능하다는 점을 강조한다. 그러나 『천상의 위계』 제2장에서 모퉁이에 대한 그리스도론적 해석, 그리스도와 모퉁잇돌의 통합적 역할, 혹은 그리스도의 모퉁잇돌됨에 대한 명시적인 논의는 발견되지 않는다. 디오니시우스 자신은 이 장을 하나님에 대한 지식을 추구하는 경로에 대한 신학적 성찰로 간주했을 가능성이 크다. 따라서 이 장은 막시무스나 에리우제나가 후대에 발전시킨 모퉁잇돌됨의 상징적 의미, 혹은 자연의 오중 분할과 통합 구조와 같은 주제를 탐색할 수 있는 직접적인 자료로 보기에는 한계가 있다.

이에 반해 『퀘스티오네스』 제48장에서 막시무스는 모퉁이와 그리스도에 대한 상징적이며 신비적인 해석을 더욱 깊게 탐구한다. 그의 독법을 통해 디오니시우스의 모퉁이 이미지는 교회와 그리스도의 통합적 기능과 연관되어 재구성된다. 막시무스는 웃시야 왕을 그리스도와 동일시하는 동시에, 모퉁잇돌에 대한 보다 긍정적이고 신학적으로 생산적인 해석을 제시하며, 이러한 이해는 이후 에리우제나가 『페리퓌세온』과 『엑스포지티오네스』에서 계승하는 핵심 개념으로 자리 잡는다.

에리우제나는 막시무스의 해석학, 특히 그가 디오니시우스를 재적용한 방식에 깊이 의존한다. 그러나 『페리퓌세온』과 『엑스포지티오네스』에서 에리우제나는 선배들에 대한 단순한 수용을 넘어 그들의 사상을 보다 창의적으로 해석하고 재구성하려고 시도했다. 그는 그리스도를 모퉁잇돌과 동일시하면서, 돌과 그리스도 사이의 외적이고 상징적인 동일성을 강조한다. 이 과정에서 에리우제나는 발현의 신학적 패턴 안에서 모퉁이가 수행하는 통합 기능을 집중적으로 부각시킨다. 이는 디오니시우스에 대한 그의 해석 가운데 가장 특징적인 부분이다. 에리우제나는 '그리스도의 모퉁잇돌됨'이라는 개념을 자연과 세계의 다섯 가지 결합 구조 속에 명확히 배치함으로써, 이를 존재의 통합성과 회귀를 드러내는 중심 개념으로 사용한다.

4. 요약

이 장에서는 인간 본성과 그리스도라는 두 중심 주제가 발현과 회귀의 구조 안에서 수행하는 변증법적 기능과 상호 관계를 분석했다. 발현과 회귀는 에리우제나 신학의 중심 구조로서, 우주론적이고 신학적인 여정을 위한 골격을 제공하며, 인간과 그리스도는 그 여정 속에서 출현하고 이를 이끄는 능동적 주체들로 기능한다. 이 장의 목적은 이러한 구조 안에서 반복적으로 드러나는 발현과 회귀 패턴을 추적하고, 그 속에서 전개되는 핵심 개념들을 조명하는 데 있었다.

에리우제나의 인간 본성과 그리스도론은 그의 독특한 자연(natura) 개념에서 출발한다. 자연은 존재와 비존재를 동시에 포괄하는 범주로서, 발현과 회귀라는 광범위한 구조 속에서 하나님과 피조물 사이를 잠재적으로 연결한다. 그의 신학에서 자연(datum)과 은총(donum) 사이의 긴밀한 관계는 존재론적 전개 전반을 가능케 하는 신학적 긴장 구조를 형성한다.

닛사의 그레고리우스와 막시무스의 영향을 받은 에리우제나는 인간을 소우주이자 존재의 작업장으로 보았다. 소우주로서의 인간은 하나님의 형상을 반영하며, 모든 피조 세계를 내포하는 통합적 존재로 자리한다. 이러한 관점은 에리우제나가 인간의 존엄성 문제를 해석학적으로 설명하는 중요한 출발점이다. 이 장에서는 특히 인간의 존엄성을 하나님의 형상 개념에 근거해 세 가지 측면에서 고찰했다. 첫째, 인간 본성과 낙원의 관계는 인간의 원형적 성질과 하나님과의 친밀한 연관을 조명한다. 둘째, 인간 본성과 그리스도의 성육신은 창조된 인간 본성이 성육신 안에서 어떻게 신성과 연결되는지를 보여준다. 셋째, 자유 의지와 죄의 가능성은 인간 존재의 능동성과 도덕적 책임을 구성하는 신학적 틀이다. 이 세 측면은 모두 에리우제나의 회귀 이론,

곧 인간의 자발적 회귀를 강조하는 사상 안에서 중요한 구성 요소가 된다.

특히 에리우제나의 그리스도론 안에서 발현과 회귀에 대한 상징적 해석이 어떻게 전개되는가를 조명하였다. 에리우제나의 그리스도론은 상대적으로 덜 주목받아 왔지만, 성경의 상징적 구조를 통해 발현과 회귀를 해석하는 강력한 신학적 장치로 기능한다. 『페리퓌세온』에서는 '하나님의 말씀'에 대한 개념적 논의가 중심을 이루지만, 『엑스포지티오네스』에서는 상징적·영적 해석 중심의 신학이 두드러진다. 이 장에서는 에리우제나의 빛 상징주의와 비유사적 상징적 언어에 주목하여, 그의 그리스도론을 발현과 회귀의 구조 안에서 해석하고자 했다. 특히 벌레 그리스도론이라는 상징은 그리스도의 자기비하와 신화의 종말론적 방향성을 드러내는 독특한 해석이다. 에리우제나의 그리스도론은 그리스도의 인성과 신성의 이중 구조를 통해, 발현과 회귀의 틀 속에서 그리스도가 수행하는 중심 역할을 명확히 보여준다.

이 장의 마지막 절인 자연의 다섯 가지 분리와 통합에 대한 논의는 지금까지의 분석을 종합하는 결론으로서 역할을 한다. 이 부분은 긍정신학과 부정신학, 인간과 그리스도의 역할, 존재의 증대와 신적 통합 등의 신학적 원리를 통해, 발현과 회귀 구조를 결정적으로 해석할 수 있는 신학적 틀을 제공한다. 이때 그리스도와 인간 본성은 존재의 양 극단을 연결하며, 변증법적 긴장 속에서 발현에서 회귀로 향하는 여정의 궤도를 재구성하는 주체로 등장한다. 또한 여기서는 '모퉁이'라는 개념에 대한 계보학적 고찰을 통해, 에리우제나가 교부들의 사상, 특히 디오니시우스와 막시무스를 어떻게 수용하고 창조적으로 재해석하였는지를 살펴보았다. 이 개념은 발현과 회귀의 전환점에서 그리스도의 통합적 기능을 상징적으로 드러내는 핵심 기호로 작용하며, 다음 장에서 살펴볼 에리우제나의 '수행적 성경 주석'과 맞물려 존재의 신화화라는 궁극적인 목적을 향해 나아간다.

제5장

에리우제나의 회귀 개념

1. 서론 - 회귀의 방식과 신학적 언어

사도 바울의 고전적 선언, "만물이 주에게서 나오고 주로 말미암고 주에게로 돌아가나니"(롬 11:36)는 에리우제나의 회귀 신학을 가장 간결하게 요약한다. 에리우제나는 발현과 회귀라는 구조를 새롭게 창안한 것은 아니지만, 이를 심화하고 조직화하여 자신의 신학 체계의 핵심으로 삼는다. 그의 초기 저작에서 나타나는 자연의 다섯 가지 구분 방식은 발현과 회귀가 서로 밀접하게 얽혀 있음을 보여준다. 무엇보다 창조의 첫 단계로서의 발현은 곧바로 하나님께로의 최종 회귀를 향한 지향성을 내포한다.

아담의 원죄와 그 결과는 『페리퓌세온』에서 회귀의 종말론적 완성, 곧 만물의 회복과 즉각적으로 연결된다. 에리우제나는 자연의 사중 분할을 반복적으로 요약하면서, 발현과 회귀의 역동적 패턴을 일관되게 강화한다. 회귀는 단순한 종말론적 귀환이 아니라 존재 전체가 신적 단일성으로 수렴되는 총체적 통합 운동을 전제한다.

이 장은 세 부분으로 구성된다. 첫 번째 부분에서는 회귀의 기본 구조와 언어적 표현 양식을 분석하고, 회귀의 근본 원리를 형성하는 두 가지 원칙을 검토한다. 두 번째 부분에서는 에리우제나가 제시한 이중 회귀, 곧 일반 회귀와 특별 회귀의 구분과 그 신화적 함의를 중심으로, 그의 회귀 개념이 지닌 신학적 깊이를 고찰한다. 마지막 세 번째 부분에서는 성경 주석가로서의 에리우제나를 조명하며, 그가 그리스도의 중심적 역할을 부각시키기 위해 성경 본문을 어떻게 극적으로 재해석하는지를 살펴본다.

이 과정에서 상징, 상징론, 징표, 전이, 신비와 같은 주요 용어들에 대한 일차 분석을 통해, 에리우제나의 성경에 대한 비유적 해석의 틀을 살펴볼 것이다. 예컨대, 창세기에 나타나는 낙원의 묘사나 마태복음의 열 처녀 비유는 그가 독창적으로 구성한 이중 회귀의 신학적 내러티브를 극적으로 재현하는 대표적 사례다.

1.1. 일반적 회귀 방식

에리우제나가 제시하는 회귀의 다양한 양상은 형이상학적, 우주론적, 인류학적 방식의 세 범주로 분류된다. 먼저, 형이상학적 방식의 회귀는 지성적 사유 활동의 원리에 기반한다. 예를 들어, 자유학예(artes liberales) 가운데 변증법은 '종에서 속으로'의 회귀를 묘사하며, 이는 반대로 '속에서 종으로'의 발현과 긴밀하게 마주한다(Peri I, 455B-456C). 원인과 결과, 실체와 현상, 시간과 장소, 전체와 부분 등은 『페리퓌세온』 제1권에서 하나의 쌍으로 등장하며, 이러한 변증적 구조는 제5권에서 전개되는 회귀 개념에서도 반복된다(Peri V, 887A-B). 둘째, 우주론적 방식은 자연 세계의 다양한 요소를 통해 회귀를 설명한다. 태양과 달, 별과 행성, 빛과 공기, 물과 불이라는 사원소(四元素), 그리고 대양, 동식물, 새와 나무, 나아가 벌레와 불사조에 이르기까지 자연적 존재들은 모두 우주적 회귀의 원형적 리듬과 구조를 반영한다. 이러한 분석을 통해 도출된 다양한 예들은 회귀 패턴을 입증하며, 회귀와 통합의 운동 속에서 중심적인 역할을 수행한다. 이러한 주기성과 질서 있는 움직임은 발현과 회귀가 단지 철학적 명제에 그치지 않고, 자연 자체에 내재한 질서임을 보여준다. 셋째, 인류학적 방식은 인간 본성을 중심으로 한다. 에리우제나는 인간을 '모든 것의 작업장'이라 부르며, 만물이 인간 안에 포함되어 있다고 보았다 (Peri V, 871B). 이때 인간은 발현과 회귀의 통합적 지점으로 기능하며, 자연의 더 넓은 스펙트럼에서와 마찬가지로, 인간 본성 또한 본래의 기원으로 돌아가도록 인도된다.

비록 『페리퓌세온』만큼 명시적이지는 않지만, 『엑스포지티오네스』에도 회귀를 상징적이고 비유적으로 해석할 수 있는 다채로운 예들이 있다. 이 책의 제4장에서 논의한 바와 같이, 벌레와 불사조의 상징은 발현과 회귀의 내러티브를 상징적으로 재현하는 강력한 예다. 또한 『엑스포지티오네스』 제2장에서 에리우제나가 회귀와 관련된 신학적 과제를 정의하면서, 이를 "일종의 시와 같다"(ueluti quedam poetria)고 표현한다. 이는 신학과 '시적 예술'(ars poetica) 사이의 수사학적 평행 관계를 암시한다.

에리우제나는 다음과 같이 설명한다. "마치 시가 허구적 우화와 비유적 유사성을 통해 인간의 영혼을 훈련하고, 도덕적이거나 자연적인 가르침을 제시하듯, 신학 또한 시와 유사한 방식으로 성경을 구성한다. … 이러한 관점에서 성경은 인간 영혼이 외적 감각의 지배로부터 벗어나 내면의 성숙한 단계에 이르도록 인도하는 상상적 교사로서의 기능을 수행한다. 유년기의 불완전한 상태를 지나, 성경은 인간을 지성적 실재에 대한 완전한 인식으로 나아가도록 이끈다. 그러나 이 여정은 다양한 상징과 교훈 속에 진리를 은폐한 방식으로 구성되어 있으며, 이는 인간의 이성적 본성이 성찰을 통해 진리의 관조에서 멀어진 상태를 극복하고, 다시 순수한 진리의 관조로 회귀하도록 이끈다"

(Expo II, 142-58).

에리우제나는 "신학은 일종의 시이다"(theologia quedam poetria)라는 표현을 통해, 신학이 영혼의 회귀를 촉진하기 위해 성경을 활용한다고 주장한다. 그는 회귀 여정을 "외적인 물질적 감각들에서 지성적 실재에 대한 완전한 인식으로의 상승"으로 묘사하며, 동시에 "불완전한 유년기에서 내적 인간의 성숙한 성인기로의 성장"으로 비유한다(Expo VII, 543-6). 이러한 상승 과정에서 성경은 영혼을 하나님께로 인도하는 기능, "손을 잡고 이끄는 행위"(manuductio)를 수행한다. 성경은 타락한 인류를 "순수한 관조의 본연의 높이"로 이끌어, 최종적으로 신화에 이르도록 설계되었다. 이 구절은 이 장 후반부에서 논의될 '이중 회귀'(duplex reditus)의 세부 구조를 직접 제시하지는 않지만, 신학이 회귀의 여정 속에서 수행하는 중심 역할을 상징적으로 함축하고 있다.

1.2. 언어

에리우제나의 언어적 다양성은 회귀에 대한 다층적 이해를 확장하는 데 중요하다. 『엑스포지티오네스』 제1장에서 발현의 언어적 측면을 설명한 직후, 그는 디오니시우스의 개념을 재해석하며 회귀의 실재를 묘사하기 시작한다. 그는 회귀를 다음과 같은 언어로 표현한다.

"다시 말해, 그것은 조화롭게 통합하고 회복시키는 능력으로서 우리를 은혜로 채우고, 아버지께로 전환시킨다. 아버지는 자신에게서 발현한 자들을 다시 자신에게로 모으고, 다양한 것들을 자신 안에서 통합하며, 자신과 일치하는 자들을 신화시키며, 마치 무한한 증식으로 확장된 것들을 다시 단순화하듯 그렇게 단순화한다"(Expo I, 157-62).

이 구절은 회귀를 '회복', '회상', '채움', '전환', '모음', '통합', '신화', '단순화'라는 일련의 역동적 언어를 담고 있다. 이는 발현을 서술할 때 사용된 분석적이며 계층적인 언어와의 대조 속에서 회귀의 언어적 성격을 더욱 부각시킨다. 이후 『엑스포지티오네스』 제7장에서는 창조주의 은총에 의해 이루어지는 회귀 여정을 '막힘', '구원', '도움받음', '다시 불림' 같은 수동적 표현들로 설명한다(Expo VII, 592-8). 이 표현들은 자연이 점진적인 회상 과정을 거쳐 궁극적인 신화의 단계에 이르는 회귀 운동의 전개 방식을 드러낸다. 이때의 회귀는 죄와 분열의 상태에서 통합으로의 복귀를 전제하며, 창조주와의 일치로 나아가는 구조를 드러낸다.

이러한 언어 구조는 일반 회귀와 특별 회귀의 이중 패턴을 반영한다. 일반 회귀는 분석과 통합의 순환 속에서 이루어지며, 특별 회귀는 성화와 일치라는 초월적 회복을 지향한다. 에리우제나의 시에서도 이와 유사한 회귀의 상징적 이미지를 확인할 수 있는데, 이는 언어의 시적 기능이 그의 신학 체계 안에서 중요한 위치를 차지하고 있음을 보여준다. "그는 세상의 생명을 위해 내어준 동일한 생명을 다시 취한다. 주어진 것은 다시 취해지며 넘겨진 것은 온전히 남아 있다. 세상을 위해 지불된 큰 대가는, 놀랍게도 완전히 보존되고 되갚아지며 돌려받게 된다"(Carmina 6, 27-30).

이 시 구절은 주고, 잃고, 다시 얻는 회귀의 변증법을 시적 언어로 응축한 표현으로, 에리우제나의 신학적 상상력이 어떻게 언어를 통한 회귀의 내러티브로 형상화되는지를 보여준다. 주어진 것(datum)과 돌려받는 것(reditum) 사이의 역동적 순환은 회귀의 언어가 단순한 개념적 설명을 넘어 수행적이며 신비적 기능을 지니는 언어 행위임을 보여준다.

1.3. 아나뤼티케와 조화

이 책의 제1장에서 살펴보았듯, 에리우제나가 사용하는 여러 원칙과 용어는 회귀의 다양한 의미를 드러낸다. 본 장에서는 『페리퓌세온』과 『엑스포지티오네스』 전반에 걸쳐 나타나는 회귀의 구조를 설명하기 위해, '아나뤼티케'(ἀναλυτική)와 '조화'(harmonia)라는 두 개념을 중심으로 고찰하고자 한다(Peri II, 554C; Expo XIII, 298).

아나뤼티케는 본래 '재결합' 혹은 '회상'을 의미하며, 이는 곧 "개체들을 그 종으로, 종들을 그 속으로, 속들을 본질로 다시 모으는 것"을 뜻한다(Peri I, 472B). 이 개념은 분할과 회상의 변증법적 구조 안에서 핵심적인 작용을 수행한다. 에리우제나는 『페리퓌세온』의 제2권 서두에서 자연의 사중 구조를 요약하면서 아나뤼티케에 대한 논의를 본격적으로 시작한다. 이는 다음과 같은 그의 가설에서 시작한다. "사중 구조라는 분할은 자족적인 체계가 아니며, 이전에 다원성으로 분열되었던 동일한 단계를 통해서는 처음으로 되돌아갈 수 없다. 이는 본래의 분할이 생겨나온 그 자체 안에서 불가분의 상태로 남아 있는 그 하나에 도달할 때까지 계속된다"(Peri II, 526A).

발현과 회귀 구조 속에서 아나뤼티케의 의미는 언어적 해석을 통해 더 명확해진다.

"'아나뤼티케'라는 용어는 동사 '풀다, 되돌아가다'(ἀναλύω)에서 유래하며, 여기서 '아나'(ἀνα)는 '다시'를, '루오'(λύω)는 '풀다'를 의미한다. 이로부터 파생된 명사형 '아나뤼시스'(ἀνάλυσις)는 해결, 분석, 회귀를 뜻한다. 그러나 일반적으로 아나뤼시스는 철학적 담론에서 문제 해결이나 논리적 해체를 의미하는 데 반해, 아나뤼티케는 형식의 분할이 그 기원으로 되돌아가는 존재론적 회귀와 관련되어 사용된다"(Peri II, 526B).

에리우제나가 '아나뤼티케'를 자연의 사중 구조에 적용한 것은, 발현과 회귀의 틀 안에서 그 개념이 명확히 정리된 결과이다. 이 용어는 『페리퓌세온』 전체에서 발현 개념과 긴밀하게 연결되어 반복적으로 등장한다. 한편 '조화'는 에리우제나 신학의 또 다른 중요 원리로서, 자연의 마지막 단계를 설명하는 데 효과적으로 활용된다. 조화는 회귀 원리가 작동하는 더 넓은 맥락을 제공하며, 동시에 부정신학과 긍정신학의 메커니즘을 구조적으로 보여준다. 발현과 회귀 과정에서 조화는 다양한 주제들과 긴밀하게 연결되며, 모든 종류의 복합성과 대립을 통합하고 해결하는 기능을 수행한다.

하나님께서 창조물 안의 모든 한계와 대립을 초월하시듯, 우주 전체의 아름다움도 "유사한 것들과 비유사한 것들이 이루는 놀라운 조화"로 구성되어 있다(Peri III, 459A). 모든 대립을 해소하려는 이러한 신학적 해석은, 신적 의지에 따라 설계된 모든 것은 선하고 아름답다는 확신에 기반한다. 결과적으로 우주의 조화로운 회상은 창조의 완전한 아름다움과 통일성을 회복하는 것을 뜻한다. 이러한 맥락에서 하나님은 "아름답고 형언할 수 없는 조화로 모든 피조물을 하나의 합일로 모으고 이끄신다"(Peri I, 517C).

조화와 회귀는 음악적 화음 개념과 그 철학적 응용을 통해서도 설명된다. 에리우제나의 음악에 대한 기여를 어떻게 평가할 것인지에 대해서는 여전히 논쟁의 여지가 있다. 에리우제나가 말한 '오르가니쿰 멜로스'(organicum melos, 유기적인 노래)는 정말 새로운 종류의 다성 음악을 뜻하는 걸까? 아니면 단지 고전 철학에서 쓰이던 '오르가니쿰 인스트루멘툼'(organicum instrumentum, 유기적인 악기)라는 개념을 신학적으로 풀어낸 것에 불과한 걸까? 이와 관련하여 다수의 학자들은 에리우제나의 음악적 조화 개념이 기술적인 접근이라기보다는 철학적이고 신학적인 개념에 가깝다고 평가한다. 그의 의도는 음악적 조화를 우주적이고 형이상학적인 조화의 상징으로 비유하는 데 있으며, 여기서 다양성 속의 통일이라는 고전적 개념의 신학적 재해석을 읽어낼 수 있다. 에리우제나에 따르면 다양한 화음의 조화는 '세상의 조화'(harmonia mundi)를 상징적으로 반영하며, 이는 다시 천문학적 차원으로까지 확장된다(Peri III, 637D-638C). 그는 별들의 움직임 속에서 "모든 것이 우주적 조화로 들어간다"(intrans armoniam rerum)고 설명한다. 『카르미나』에 수록된 에리우제나의 여러 시는 그가 천문학적 언어를 사용해 조화와 회귀의 구조를 시적으로 형상화하는 방식을 잘 보여준다(Carmina 3, 17-8).

특히 고대 우주론에 기반한 전통에 따라, 천문학에서 행성의 위치는 음정과 상응한다고 여겨졌다. 에리우제나의 형이상학적 시 '아우라에 시데레아에'(Aulae Sidereae, 별들의 궁전)는 이러한 사상을 대표적으로 보여주는 작품이다. 이 시에서 달, 계절, 태양은 조화롭게 순환하며 끊임없이 본래의 위치로 회귀한다. 그에게 있어서 '옥타브'(octave)라는 음악 용어는 완전한 조화의 상징으로 사용되며, 이는 그리스도의 생애와 우주의 여정을 은유적으로 표현하는 데 활용된다. 에리우제나는 옥타브를 의미하는 숫자 '8'에 내포된 상징성과 조화의 의미를 통해, 그리스도의 생애와 우주적 회귀 사이의 관계를 신학적으로 형상화한다. 그는 다음과 같이 말한다. "숫자 8은 신성한 행위를 조화롭게 만든다. 주님께서는 시간 전체에 의해 형성되셨으며, 옥타브 안에서 잉태되고, 태어나셨으며, 죽음에서 부활하셨다. 옥타브 안에서 그분은 고대 율법의 인장으로 내려오셨다. 옥타브 안에서 세상은 모두에게 단일한 결말을 가져올 것이다"(Carmina 25, 33-7).

2. 일반 회귀, 특별 회귀, 신화

디오니시우스와 막시무스는 '테오시스'(theosis)와 '신성화'(divinization)

개념을 기독교 신학의 맥락에서 체계화한 인물이다. 이에 비해 에리우제나는 이러한 전통을 한층 더 정교하게 발전시켰다. 그는 회귀 구조를 독자적으로 세분화하고, 그 신학적 의미를 더 깊이 있게 탐구했다. 이러한 회귀 구조는 다음의 세 가지 주요 사례를 통해 뚜렷하게 나타난다. 첫째, 『페리퓌세온』 제5권 초반부(875C-876B), 둘째, 에리우제나가 명시적으로 정의한 두 가지 회귀, 곧 '일반 회귀'(reditus generalis, 1001A-1010B)와 '특별 회귀'(reditus specialis, 1011A-1018D), 셋째, 제5권의 후반부(1020A-1021B)이다.

에리우제나는 『페리퓌세온』 제5권의 마지막 부분에서 회귀를 세 가지로 분류한다. 그러나 이중적 혹은 삼중적 회귀라는 분류의 모호성에도 불구하고, 그는 일반적으로 일반 회귀와 특별 회귀라는 두 가지 방식으로 회귀를 구분한다. 이러한 회귀의 이중적 구조는 에리우제나의 해석학에서 신플라톤주의의 철학적 요소와 성서 주해가 통합되는 방식을 잘 보여준다.

에리우제나의 일반 회귀와 특별 회귀 사이의 명확한 구분을 다음과 같이 제시한다. "일반 회귀란 모든 사물이 그 창조 원리로 되돌아가는 것이며, 특별 회귀란 단지 본성의 근원적 원인들로 회복되는 것을 넘어 자연의 위계의 모든 단계를 초월하여 모든 것의 원인이신 하나님 안으로 완전한 회귀를 성취하는 것이다"(Peri V, 1001B).

이러한 회귀의 이중적 방식은 모든 피조물을 대상으로 하는 일반 회귀와 선택된 인간을 위한 특별 회귀로 구분된다. 일반 회귀는 "존재하는 것과 존재하지 않는" 자연 전체에 공통으로 적용되며, 에리우제나의 자연 개념 전체에 그 범위가 미친다. 반면 특별 회귀는 본질적 원인으로의 회복이라는 보편적 회귀 내용을 포함하면서도, 그 이상으로 하나님 안에서 이루어지는 최종적 완성, 곧 신화 개념까지 아우른다.

그러나 에리우제나의 회귀 설명에는 일정한 복잡성과 중첩이 존재한다. 예컨대, 일반 회귀는 다시 두 가지 방식으로 구분될 수 있는데,

하나는 일반적인 자연 전체를 위한 것이고, 다른 하나는 인간을 소우주로 간주하여 적용하는 부분이다. 또한 에리우제나의 특별 회귀는 일반 회귀와 일정 부분에서 겹치지만, 양자 간의 경계가 항상 분명한 것은 아니다. 이러한 점에서 볼 때, 이중적 또는 삼중적 회귀는 서로 완전히 독립되거나 명확히 분리되는 구조라기보다는 서로 다른 관점에서 전개된 유사한 아이디어들이 복합적으로 얽혀 있는 구조라고 할 수 있다.

2.1. 일반 회귀

일반 회귀는 존재하는 모든 것과 존재하지 않는 모든 것을 포함하는 자연(natura) 전체에 적용된다. 에리우제나는 『페리퓌세온』 제5권(1001A-1010B)에서 이러한 일반 회귀 구조를 본격적으로 논의한다(Peri II, 529C-542B). 앞서 살핀 바와 같이, 일반 회귀에는 두 가지 형태가 있다. 하나는 전체 자연을 위한 것이고, 다른 하나는 인간을 위한 것이다. 먼저 자연을 위한 일반 회귀는 우주적 차원에서 세계 내의 감각적 존재물 전체의 전환을 포함한다. 이는 지각 가능한 존재물뿐만 아니라 지각 불가능한 존재물까지 포괄한다. 에리우제나는 이를 다음과 같이 표현한다. "물질적 자연에 포함된 그 어떤 것도 … 생명 과정의 중재를 통해 숨겨진 원인으로 되돌아가지 않을 수 없다." 이러한 설명은 제4장에서 논의한 세계와 자연의 다섯 가지 통합과 연결된다. 이 다섯 통합의 구조는 첫째, 남성과 여성의 통합, 둘째, 낙원과 거주 가능한 땅의 통합, 셋째, 하늘과 땅의 통합, 넷째, 지성적인 것과 감각적인 것의 통합, 다섯째, 창조되지 않은 것과 창조된 것의 통합이다(Peri V, 875D-876C). 이러한 구조 안에서 일반 회귀는 세계 전체의 본질적 근원으로의 귀환을 신학적으로 체계화하는 틀을 의미한다.

일반 회귀의 두 번째 측면은 인류의 보편적 회귀를 가리킨다. 이는 인간이 창조된 낙원의 본래 순수한 상태로 되돌아가는 과정을 의미하며, 동시에 신적 형상의 존엄성으로 복귀하는 과정을 뜻한다. 이 개념은 에리우제나의 낙원 해석에서 가장 뚜렷하게 나타난다. 처음에는 자연의 일반 회귀와 인간의 회귀를 명확히 구별하기 어려울 수 있다. 하지만 인간이 소우주로서 모든 피조물을 내포하고 있다는 점에서, 이 두 가지 회귀 형태는 서로 밀접히 연결되어 있다. 인간의 일반 회귀는 그리스도 안에서 인간 본성 전체가 회복되는 것으로 완성되며, 이 지점에서 그리스도의 구속 사역과 인류의 회귀가 깊이 결합해 있음을 확인할 수 있다(Peri II, 904A-905B).

에리우제나는 인간의 일반 회귀를 『페리퓌세온』 제5권에서 다섯 단계로 서술한다. 첫 번째 단계는 "육체의 죽음"(mors carnis)으로, 이는 공기, 물, 흙, 불의 네 가지 원소로 분해되는 상태를 의미한다(Peri V, 875C). 에리우제나는 육체의 해체를 "죽음의 죽음"(mors mortis)이라고 명명하며, 이를 회귀의 시작점으로 삼는다(897B-898C). 두 번째는 부활 시점에서 각각의 존재가 영적인 몸을 갖게 된다. 세 번째 단계는 이러한 영적인 몸이 "영혼"(anima, 곧 순수한 영)으로 변형되는 과정이다. 네 번째 단계에서는 영혼이 "근원적 원인들"로 회귀한다. 마지막 다섯 번째 단계에서 근원적 원인들은 "하나님 안으로 흡수된다."

에리우제나는 세계와 자연의 일반 회귀 과정의 다섯 단계 가운데 주로 첫 네 단계에 초점을 맞춘다. 그는 이 다섯 단계 중 첫 두 단계만이 논란의 여지 없이 보편적으로 수용 가능하다고 명시한다. 이에 따라 지각할 수 있는 육체에서 지각 불가능한 영혼으로의 변화 가능성에 대한 광범위한 논증이 이어지는데, 이는 아이러니하게도 보이지 않는 영혼이 보이는 물질로 변형될 수 있다는 그의 초기 논리와 상반되는 것처럼 보인다. 특히 그의 일반 회귀의 다섯 번째 단계는 신학적 논란을 불러일으키기도 한다. 이 단계가 단순히 일반 회귀의 확장으로 간주되어야 하는지, 아니면 특별 회귀의 범주, 곧 신화로의 회귀로 해석되어야 하는지 명확하지 않기 때문이다. 에리우제나는 이와 같은 난제를 다루는 과정에서 여러 교부들의 견해를 비판적으로 검토하거나 긍정적으로 수용하지만, 결국에는 막시무스와 암브로시우스의 입장을 주요 근거로 삼는다.

이에 더하여 에리우제나는 성경 본문을 들어 회귀의 예시들을 풍부하게 제시한다. 대표적으로 출애굽 이야기(1001B-1002C), 이사야의 예언(1002C-1003D), 에스겔과 세 도시(1003D-1004C), 희년의 해(1004C), 탕자의 비유(1004C-1005C, 1008A-1010A), 드라크마의 비유(1005D), 백 마리 양의 비유(1006A) 등이 있다. 이러한 성경적 인용들은 모두 인류가 그리스도 안에서 구속을 받아 결국 천상의 예루살렘, 곧 본래의 낙원으로 회귀하게 된다는 사실을 입증하는 데 사용된다.

에리우제나에게 있어 낙원으로의 회복과 회귀는 단지 장소적 이동이 아니라 본래의 인간 본성으로의 회귀를 의미한다. 일반 회귀 개념에서 에리우제나는 특히 원초적 인간 본성으로의 보편적 회귀를 강조한다. 순수한 인간 본성은 일반 회귀의 궁극적 목적지이며, 인간은 소우주로서 첫 창조 안에 포함되었던 모든 존재들을 상징적으로 내포하고 있기 때문에 이 회귀의 여정에 모든 피조물도 함께 포함된다.

2.2. 특별 회귀

일반 회귀가 모든 존재에게 열려 있다면, 특별 회귀(Reditus specialis)는 "모든 자연의 법칙과 경계를 초월하여 초본질적으로 하나님 자신 안으로 들어가는 자들"에게만 허락된다(Peri V, 1022C). 에리우제나는 특별 회귀를 설명하면서 개념적, 논리적 논증과 성경적 참조를 함께 활용한다.

『페리퓌세온』 제5권 끝에서 그는 특별 회귀에 이르는 일곱 단계를 제시한다. 이 일곱 단계는 두 개의 하위 집단으로 나뉜다. 첫 번째 집단은 일반 회귀와 공통되는 네 가지 단계, 두 번째 집단은 다섯 번째부터 일곱 번째에 해당하는 세 가지 고유한 특별 회귀 단계이다(Peri V, 978C-983A). 우선 모든 존재는 일반 회귀의 첫 네 단계를 거치는데 각 단계의 상태는 다음과 같다. 첫째, "지상의 몸"(terreni corpus)이 "생명의 운동"(motum uitalem)으로 전환되고, 둘째, "생명의 운동"은 "감각"(in sensum)으로 발전하며, 셋째, "감각"은 "이성"(in rationem)으로 이행하고, 넷째, "이성"은 "지성"(in animum)으로 전이된다. 이는 곧 이성적 존재로서 인간 본성의 완성을 의미한다. 이 과정은 자연으로부터의 일반 회귀처럼, 인간 존재의 구조 내에서 이루어지는 다섯 가지 통합(신체, 운동, 감각, 이성, 지성)과 동일한 양상을 지닌다. 두클로우는 이 회귀의 첫 네 단계를 "외적 인간의 회복"으로 이해하며, 이는 막시무스가 제시한 인간 존재의 다섯 구분의 재통합과 탁월하게 병행된다고 평가한다.[77] 이러한 차원에서 세계와 자연, 인간의 일반 회귀와 특별 회귀 사이에는 뚜렷한 경계를 설정하기 어려운 측면이 존재한다(Peri II, 571A).

다섯 번째에서 일곱 번째 단계로 이루어진 두 번째 회귀는 특별 회귀에 해당하며, 그 전개 과정에서 신비적인 성격이 뚜렷이 드러난다. 에리우제나에 따르면, 다섯 번째 단계는 "하나님 다음에 오는 모든 것의 지식"으로 나아가는 마음에서 시작되며, 여섯 번째 단계는 "그러한 지식에서 진리의 가장 내밀한 관조"로 이행하는 '지혜'의 단계이다. 일곱 번째 단계는 "완전히 정화된 영혼이 하나님 그 자체와 초자연적으로 합일되는" 상태로 초월적인 통합을 의미한다(Peri V, 1020D-1021B). 이 세 가지 특별 회귀 단계는 각각 지식(scientia, 제5단계), 관조적 지혜(sapientia, 제6단계), 하나님과의 초자연적 합일 또는 "낙하"(occasus, 제7단계)로 요약될 수 있다. 첫 네 단계가 일반적으로 자연의 경계 내에서 이루어지는 반면, 이후의 세 단계는 자연과 존재의 경계를 초월하여 하나님의 본질 자체로 나아가며, 이는 곧 신화를 의미한다(Peri V, 1021A-B).

이처럼 특별 회귀의 도덕적, 관조적, 종말론적 순간들은 정화, 조명, 완성이라는 삼중 구조를 따른다. 이는 디오니시우스의 위계적 신비신학의 패턴을 환기시키며, 에리우제나가 신화를 이해하는 방식에도 중요한 통찰력을 제공한다. 이 삼중 구조는 특별 회귀 해석에 있어 핵심적 범주로 작동하며, 에리우제나의 변증법적 신학 구조를 반영한다.

그렇다면 특별 회귀를 '특별하게' 만드는 것은 도대체 무엇인가? 특별 회귀는 일반 회귀와 구별되는 고유한 특징을 지닌다. 가장 눈에 띄는 점은 특별 회귀가 오직 선택된 이들에게만 열려 있다는 점이다. 에리우제나에 따르면, 특별 회귀란 "하나님 자신에게로 상승하는 이들의 축복과 신화"를 의미한다(Peri V, 978D-979A). 신화는 보편적 대상이 아니라 선택된 자들만을 위한 것이며, 이는 "진주를 돼지 앞에 던지지 말라"(마 7:6)는 말씀에 비추어 해석된다(Peri V, 972D). 둘째, 그리스도의 은총이 갖는 독점적이며 중재적인 역할은 일반 회귀와 특별 회귀 사이에 분명한 경계를 형성한다.

일반 회귀는 인간 본성에 내재된 질서와 은총의 개입이 변증법적으로 결합하여 가능하다. 일반 회귀는 단순히 하나님의 형상으로의 복원에 머무르지 않고, 하나님 안으로 통합되는 근원적 귀환을 지향한다. 반면에 하나님 자체로의 특별 회귀는 전적으로 은총에 의해 가능하다. 이 점을 에리우제나는 다음과 같이 명확히 진술한다. "어떠한 피조물의 본성에도 그 자체의 한계를 초월하여 하나님 자체에 직접 도달할 수 있는 능력이 처음부터 존재하지 않는다. 이는 자연의 능력이 아니라 오직 은총에 의한 것이다"(Peri V, 1020C).

특별 회귀는 "풍성한 신적 은총을 통해서만", 오직 그리스도를 통해서, 그리고 그리스도 안에서만 가능하다. 이 회귀는 모든 자연의 한계와 규칙을 초월하여, 그것들을 모든 조화의 근원인 하나님 자신 안으로 이끈다. 그리고 마침내 인간은 궁극적으로 하나님 안에 있으며 동시에 하나님과 함께 있게 된다. 이는 에리우제나가 반복해서 사용하는 삼중적 또는 사중적 전치사 구조(ex, per, in, ad)의 긴 여정을 통해 완성된다.

자연과 은총 문제와 관련하여 에리우제나는 특별 회귀가 은총을 통해 주어지는 신화의 선물임을 명확히 선언한다. 특별 회귀는 일반 회귀와 완전히 분리되지 않으며, 언제나 일반 회귀의 구조를 기반으로 설명된다. 에리우제나는 특별 회귀를 보다 포괄적이고 신비적인 조망 안에서 접근하며, 이는 창조 자체와의 밀접한 연관성을 반영한다. 예컨대, 특별 회귀는 하나님 자신으로부터의 창조와 연결되며, 이로 인해 창조와 특별 회귀의 긴밀한 관계는 신화와 또 다른 차원의 연계를 정당화한다. 이는 결국 발현과 회귀의 전체 과정을 하나의 통합된 구조로 결합시키는 것이다. 이러한 특별 회귀의 일곱 단계에 대한 개념적 논의는 성경 인용에 대한 에리우제나의 주석에서 보다 다채롭고 시적인 방식으로 표현된다. 이어지는 논의는 인간의 특별 회귀를 설명하는 데 있어, 에리우제나의 신화 개념이 어떻게 기능하는지를 보여주는 흥미로운 해석을 보여준다.

2.3. 기독교 역사에서의 신화

신화는 특별 회귀를 설명하는 데 있어 중요 개념 중 하나다. 신화는 피조물이 하나님 안에서 완전한 단계에 도달하는 상태를 가리키는데, 이는 인간 안에 내재된 신적 형상과 그리스도 안에서의 "양자됨"을 통해 실현된다. 기독교 신학에서 신화는 '신성화'(divinization), '테오시스'(theosis), '신화'(deificatio) 등의 용어로 표현되는데, 신화라는 개념은 발현과 회귀의 긴 여정 속에서 통일성의 원리를 상징적으로 드러낸다. 이 책에서 다루는 디오니시우스, 막시무스, 에리우제나는 신화 개념을 각기 다른 방식으로 해석하며, 그들은 신화의 중심적 의미를 풍부하게 확장시킨다.

신화는 기독교 신학 전통에서 오랜 역사와 논의를 통해 전개된 사상이다. 그 초기 사례는 아타나시우스의 저작에서 명확히 드러난다. 그는 신화를 그리스도의 성육신과 연결하며 다음과 같이 말한다. "로고스(Logos, 말씀)가 사람이 되신 것은 우리가 신화되기 위함이다."[78] 아타나시우스는 '신적 양자됨'을 성육신의 본래 목적으로 이해했으며, 이러한 주장은 후대의 신화 개념의 논쟁에서 의심할 여지 없는 토대와 기준이 되었다.

닛사의 그레고리우스는 하나님의 불변성과 인간의 변화 가능성을 철저히 구분하면서, 신화를 로고스와 인간의 연합으로 규정하였다. 나지안주스의 그레고리우스 역시 그의 『신학적 연설들』에서 신화 개념을 반복적으로 언급하며, 이를 신적 은총의 극치로 이해하였다(Oratio XXV, 16). 유사한 예가 알렉산드리아의 키릴의 저술에서도 발견된다.[79]

디오니시우스는 그의 다양한 저작들에서 신화를 일관되게 언급한다. 그에게 있어 신화는 창조의 궁극적 목표이며, 이는 "하나님과의 닮음과 연합 안에서" 실현된다(EH 1.3). 신화는 단지 창조의 결말이 아니라 창조의 발현과 연속적으로 연결되는 회귀의 완성으로 이해된다. 또한 디오니시우스는 신화를 전례적 맥락에서 해석하며, 이를 세례와 성찬에 의해 실현되는 신적 은총의 순수한 선물로 규정한다. 그는 이러한 전례적 참여를 인간이 신화에 이르는 길로 보며, 하나님과의 점진적 일치를 위한 준비 과정으로 이해한다. 마지막으로 디오니시우스는 신화를 '위계'를 통해 인간이 '거룩한 덕'에 도달하는 '위계의 목적'으로 서술한다. 이처럼 신화는 위계적 회귀의 목표로 강조되며, 위계가 하나님께로의 상승을 지향하듯, 신화 역시 동일한 방향성과 목적을 지닌다.

고백자 막시무스의 신학에서 신화는 전반적인 인간학의 총괄이라 할 만큼 중심적 개념이다. 그의 사상에서 신화는 창조와 신현과의 밀접한 관계 속에서 이해된다. 신현은 성육신과 나아가 신화와 연결되기에, 막시무스는 성육신을 신현의 결정적 사건으로 묘사한다. 결과적으로 신화는 성육신의 또 다른 측면이자 신현의 궁극적 완성이 된다.

막시무스는 '속성의 교환'(commutatio idiomatum)을 통해 신성이 인간 안으로 스며들 수 있다고 주장하며, 이는 위격적 연합을 통해 실현된다고 본다.[80] 이러한 사상은 그의 '상호성의 신학'에서 분명하게 드러난다. 그리스도의 성육신은 단지 하나님이 인간이 되시는 사건일 뿐 아니라 인간이 하나님 안으로 들어가는 회귀와 일치를 보여주는 전형적인 본보기다. 막시무스에게 있어 신화는 단순히 초월의 결과가 아니라 창조 자체의 목적이며, 인간은 "신적 본성의 참여자"로 창조되었다는 그의 인간학에서 자연스럽게 도출된다. 테오파니아, 즉 신적 발현과 인간의 신화는 동일한 운동 안에서 동시에 성취된다. 막시무스는 하나님은 인간이 신화에 도달하는 만큼 성육신하신다고 주장한다. 이러한 신화 개념은 디오니시우스와 마찬가지로 전례적 맥락, 나아가 그의 서신과 성찰적 저술 속에서도 확인할 수 있다. 이처럼 신화는 인간이 하나님을 향해 나아가는 회귀의 최종 목적이자, 성육신의 신비에 응답하면서 실현되는 것이다.

2.4. 에리우제나의 신화

에리우제나의 주요 저작은 신화에 대한 깊은 통찰을 잘 보여준다. 그의 형이상학적 시 중 하나인 '아우라에 시데레아에'는 신화를 이렇게 상징적으로 보여준다. "감각에 닿는 것(발현, processio)은 초보자를 위한 것이고, 더 고차원적인 개념(reditus)은 그것들을 이해할 수 있는 자들을 향해 있으며, 그들의 마음을 그리스도께로 끌어올린다(anagogia)."[81] 여기서 신화는 하나님에 대한 비전을 의미하며, 이는 "각자의 고유한 유비에 따라" 개별화된 형태로 나타난다. 부르크하르트(Burkhart)가 적절히 지적했듯이, 에리우제나의 신화 개념은 오리게네스, 디오니시우스, 막시무스를 포함한 교부들의 전통을 비교적 충실하게 계승하고 있다.[82] 그는 특히 그리스어 '테오시스'라는 용어를 선호하며, 교부들의 사상을 신학적으로 정교하게 재해석한다.

에리우제나는 회귀를 설명하는 데 있어 '테오시스'와 이의 라틴어 번역어인 '데이피카티오'(deificatio)를 병용한다. 그의 특별 회귀 개념에서 보듯, 테오시스는 선택된 자들에게만 약속된 은혜로운 신적 변화의 상태를 뜻한다. 에리우제나에게 있어 신화는 단순한 비유적 표현이 아니라 "선택받은 자들의 특별한 변형"으로 간주된다. 이 변화는 낙원에서 "생명나무의 열매를 누리는 상태"와 밀접하게 연관된다. 다음의 인용은 테오시스에 대한 에리우제나의 이해를 더욱 구체적으로 드러낸다. "그리스인들이 흔히 사용하는 용어는 성도들이 정신적으로나 육체적으로 하나님 안에서, 하나님과 하나가 되는 변화를 의미한다. 이 변화는 그들 안에서 동물적이고 세속적이며 유한한 본성이 완전히 사라진 상태를 지향한다"(Peri V, 1015C).

『엑스포지티오네스』 제1장에서 그는 성경에 나타나는 거룩한 상징들, 특히 상향적이며 신비적인 상징들이 "우리 본성의 선천적인 신화" 때문임을 분명히 밝힌다(Expo I, 622-3). 에리우제나에 따르면, 신화는 인간의 본성에 비례하며 심지어 천사의 본성과 동등하다고 간주될 수 있다. 이러한 신화 개념은 이 세계와 저 세계를 연결하는 형이상학적인 논리를 제공한다. 다음 인용은 에리우제나가 신화를 회귀의 최종 단계로 이해하며, 이를 삼위일체와 어떻게 연결시키는지를 잘 보여준다. "그러므로 삼위일체 자체가 우리의 테오시스이다. 삼위일체는 우리의 본성을 신화시키며, 감각적 상징을 통해 천사의 본성이 지닌 고귀함으로 이끈 후 회귀하게 한다. 그리고 모든 것을 초월하여 하나님 그 자체로 들어가는 자들 안에서 그 본성을 신화한다" (Expo I, 639-42).

신화로서의 삼위일체는 인간을 하나님께로 되돌아가도록 이끈다. 이는 인간 존재를 신화시켜, 하나님을 "초월해 건너가게 하는 것"으로 이해될 수 있다. 비록 테오시스 그 자체에 대한 명시적 정의는 제시되지 않지만, 이 문맥에서 신화란 모든 것을 초월하여 하나님 안으로 들어가는 과정을 내포한다고 이해할 수 있다. 이러한 정의는 에리우제나가 전개한 아나뤼티케의 신학적인 함의와도 밀접히 관련된다. 그는 "아나뤼티케의 목적은 신화에 있다"고 주장하며 다음과 같이 서술한다. "분명히 우리의 영혼은 이 학문인 아나뤼티케에 의해 계몽되고, 여러 신성한 상징을 통해 신화의 가장 높은 경지로 이끌린다" (Expo VII, 575-8).

에리우제나는 신화를 회귀의 최종 단계로 간주한다. 이는 일반 회귀의 다섯 번째 단계이자, 특별 회귀의 다섯 번째에서 일곱 번째 단계에 해당한다. 그는 『엑스포지티오네스』 제9장에서 천사들의 역할을 다음과 같이 기술한다. "그들은 우리를 오류와 무지로부터 만물의 유일한 근원과 원인에 대한 지식으로 이끈다. 이는 곧 우리의 구원이며, 정화, 계몽, 완전함, 최고의 복락과 신화이다." 여기서 말하는 "만물의 유일한 근원과 원인"은 하나님을 의미하므로, 회귀의 최종 목적지로서의 신화는 하나님 본체 안에서 완전히 실현된다. 이러한 구조는 디오니시우스의 『천상의 위계』와 마찬가지로, 천사들이 신화를 향한 여정에서 중심적 역할을 담당한다는 점에서 더욱 분명하게 드러난다.

이 논의를 통해 에리우제나의 신화 개념이 발현과 회귀, 본성과 은총, 그리고 궁극적으로 "하나님의 인간 되심"과 "인간의 신화"라는 다양한 관점에서 통합적으로 설명되고 있다는 점을 확인할 수 있다. 에리우제나는 신화가 구원의 절정이며, 일반 회귀와 특별 회귀 모두에서 그 최종 단계에 해당한다고 명시적으로 주장한다. 에리우제나는 이렇게 디오니시우스와 신화 개념을 공유하며, 그 실현 가능성을 적극적으로 드러낸다.

『엑스포지티오네스』는 디오니시우스의 『천상의 위계』에 대한 에리우제나의 주석서로서, 이 저작에서 제시된 신화 개념은 디오니시우스의 신화 개념과 밀접한 유사성을 가진다. 양자 모두 신화로의 상승은 감각적 상징의 영적 해석을 통해서만 이루어질 수 있으며, 이는 회귀의 본질적인 조건이라고 공통적으로 말한다. 이렇게 감각적이고 지각 가능한 것들로부터 출발하여 신화의 단계로 상승하는 경로가 열린다. 이러한 구조는 디오니시우스와 에리우제나 모두에게서 정화, 조명, 완성이라는 삼중적 형식과 연결되며, 이는 곧 성육신과 신화의 패턴 속으로 확장되어 발현과 회귀 구조를 형성한다. 이와 같은 삼중적 형식은 『엑스포지티오네스』 제9장에서 회귀와 관련된 방식으로 제시된다. 특히 이 장에서는 정화, 조명, 완성이라는 삼단 구조가 어떻게 신화 과정에서 작동하는지 보여준다. 디오니시우스는 "우리의 이성적 본성은 가르침에 의해 교육되고, 행위를 통해 정화되며, 지식에 의해 계몽된다. 그리고 신화의 능력에 의해 완성된다"고 말한다(Expo IX, 46).

이 말은 신화가 단순히 신비적 환희의 결과가 아니라 지성과 실천, 하나님의 은총의 상승적 결합을 통해 도달하는 존재론적 변화임을 시사한다. 결국, 신화는 인간 본성의 목적지이며, 에리우제나에게 있어 그것은 발현과 회귀의 정점이자 구원사의 완성인 것이다.

위계 구조에서 신화를 이해하는 에리우제나의 관점은 디오니시우스의 입장과 일정한 유사성을 보인다. 『엑스포지티오네스』 제7장에서 에리우제나는 더 넓은 위계적 스펙트럼 안에서 신성으로의 궁극적 회귀를 설명하며, 디오니시우스와 마찬가지로 회귀와 그 최종 단계인 신화가 모든 위계의 궁극적 목표임을 명확히 밝혔다. 그는 디오니시우스에 관해 다음과 같이 언급한다.

"그는 모든 위계, 즉 일반 위계의 목적이 하나님을 모방하는 신적 형상임을 분명히 정의하며, 이를 변함없이 의존적이고, 위로부터 매달려 있으며, 위에 있는 신적 아름다움과의 유사성에서 기원을 이끌어 내는 것이라 서술한다. 또한 그는 모든 위계적 행위, 혹은 더 명확히 번역하자면 위계적 활동은 모든 원리의 위계 안에서의 신성한 참여로 나뉜다고 결론짓는다"(Expo VII, 310-20).

에리우제나는 신화를 기독교 신학의 중심 주제들, 곧 그리스도론, 구원론, 종말론과 자유롭게 연결하며, 하나님께서 인간이 신적 존재로 변화될 수 있도록 친히 인간이 되셨다고 강조한다. 그리스도의 자기 비하와 인간의 승화는 본질적으로 긴밀하게 연결되어 있다. 에리우제나는 다음과 같이 말한다. "그리스도는 인간이 자신의 공로 없이도 신이 될 수 있도록 하는 은혜의 최고이자 근원적인 본보기다"(Homélie XXIII, 9-11). 두클로우는 이러한 관점에서 에리우제나의 신화 개념이 "우주론적, 그리스도론적, 묵상적, 윤리적, 종말론적 차원을 동시에 지닌다"고 평가한다. 그리고 "그리스도는 우리 본성의 궁극적 완성이자 종결"이라고 단언한다.[83] 결국 신화는 '호모 에피키투르 데우스'(homo efficitur Deus, 인간이 신이 된다)라는 진술 안에 요약되며, 이는 본성과 은총의 관계 속에서 더욱 심화되고 확장된다.

3. 성경 주석에서의 회귀

3.1. 비유적 전환, 신비, 영적 해석에서의 상징

에리우제나의 발현과 회귀의 해석학은 그의 이중 회귀와 신화 논의를 넘어서 그의 성경 주석에서 가장 탁월하게 드러난다. 예컨대 창세기의 첫 세 장은 『페리퓌세온』 제1권부터 제4권까지의 핵심적 출처로 기능하며, 이는 그의 전체 저술에 성경 참조와 인용이 얼마나 깊이 배어 있는지를 대표적으로 보여준다. 에리우제나 신학에서 성경의 중심적 위치는, 특히 특별 회귀에 대한 해석을 시작하기 직전에 삽입된 한 기도문을 통해 분명히 드러난다. 그는 다음과 같이 고백한다.

"주 예수여, 제가 당신께 구하는 보상도, 복락도, 기쁨도 오직 이것 하나뿐입니다. 성령의 영감을 받아 기록된 당신의 말씀을 온전히 이해하게 하시고, 그릇된 묵상에 빠지지 않게 하소서. 이것이야말로 제 행복의 왕관이며, 완전한 묵상의 완성입니다. 이성적이고 정결해진 마음은 그 이상을 찾지 않습니다. 왜냐하면 그것을 넘는 것은 존재하지 않기 때문입니다"(Peri V, 1010B-C).

오텐(W. Otten)은 이 구절에 대해 주석하며 다음과 같이 주장한다. "에리우제나의 모든 저작 가운데, 성경의 순수한 이해가 낙원으로의 신비적 회귀와 실제로 동일할 수 있음을 이보다 더 설득력 있게 암시한 부분은 없다."[84] 이러한 통찰은 에리우제나의 성경 해석학 전반을 관통하는 핵심이다. 그의 저작들은 성경을 해석하는 방식이 회귀와 신화의 다양한 단계들과 어떻게 맞물리는지를 보여주는 풍부한 사례들로 구성되어 있다. 특히 『페리퓌세온』 제5권, 그중에서도 1001B 이후의 회귀에 관한 서술은 성경의 다양한 인용과 참조로 가득 차 있으며, 에리우제나의 회귀 신학이 성경의 기초 위에 서 있음을 분명히 보여준다.

회귀, 특히 특별 회귀와 관련된 신화에 담긴 많은 상징성과 신학적 복잡성은, 상징적이고 비유적인 성경 해석을 통해 구체화되고 명확해진다. 에리우제나는 성경을 인간의 타락으로 인해 하나님께서 허락하신 은총의 선물로 이해하며, 따라서 성경의 본래 목적은 인간의 회복에 있다고 본다. 이러한 이유에 따르면, 에리우제나의 성경 주석은 단순한 해설이나 지식 전달을 넘어 회귀라는 포괄적인 구조 안에서 신화에 이르는 여정의 핵심적인 신학적 도구가 된다. 나아가 그의 해석은 성경 본문의 독창적 이해를 통해, 발현과 회귀의 패러다임을 보다 생동감 있게 전개한다.

따라서 이제부터 구체적인 성경 구절을 중심으로, 에리우제나가 발현과 회귀의 패러다임 속에서 성경 본문을 어떻게 해석했는지, 그 해석이 인간론, 구원론, 종말론과 어떻게 연결되는지를 단계별로 검토해 보고자 한다.

3.2. '데 리테라 아드 테오로기암'(De littera ad theologiam, 문자에서 신학으로)

『요한복음 서문에 관한 설교』 제14장에서 에리우제나는 성경을 이해하기 위한 네 가지 해석의 단계를 제시한다. 이는 역사적(historica), 도덕적(moralis), 자연적 혹은 물리적(naturalis sive physica), 신학적(theologica) 단계인데, 이 서로 다른 네 가지 독법은 에리우제나의 성경 해석학의 구조를 형성한다(Homélie XIV, 5-25). 가장 첫 번째는 역사적 읽기로 시작된다. 에리우제나의 해석학에서 성경 본문의 문법적 의미와 구체적 역사성은 단순한 해석의 출발점이 아니라 신학적 논의의 필수 기반이다. 그는 문자적 의미의 중요성을 강조하는데, 이는 '히스토리아'(historia), 즉 '성경이 기술하는 거룩한 사실'이 구속사의 구조를 이해하는 데 필수적인 요소이기 때문이다(Peri IV, 818A). 이와 함께 그는 복음의 역사적 의미에 지나치게 얽매여 '폭력적인 해석'을 시도하는 자들을 비판하며, 문자적 해석은 어디까지나 더 깊은 의미로 나아가기 위한 기초에 불과함을 분명히 한다(Peri V, 996B). 문자적 수준에서의 '히스토리아'는 버나드 맥긴이 "올바른 이성(recta ratio)의 긍정적 의미"라고 부른 개념과 맞닿아 있으며, 실제로 이는 『페리퓌세온』 전반에 걸쳐 반복적으로 나타난다.[85] 두 번째 단계인 도덕적 방법은 에리우제나의 성경 해석에서 크게 부각되지 않는다. 이 네 단계 가운데 "자연적 해석"(naturalis scientia)에 해당하는 세 번째 방식은 특히 창조의 첫 세 날(창 1:1-13)을 다룰 때 중심적 역할을 한다. 이는 『페리퓌세온』 제2권과 제3권에서 창조의 첫 다섯 날(창 1:1-23)에 대한 철학적·물리적 해석으로 발전한다. 이 단계에서 성경은 단지 과거의 사건에 대한 서술이 아니라 존재의 기원과 구조를 설명하는 우주론적 서사로 읽히게 된다.

그러나 역사적, 자연적 독법만으로는 성경의 궁극적 의도와 깊이를 온전히 파악할 수 없다. 따라서 에리우제나는 해석의 목표로서 신학적 독법, 즉 영적이고 비유적인 해석을 시도한다. 이러한 신학적 읽기는 성경이 내포한 궁극적 진리에 도달하게 하는 방법이며, 성경의 다층적 의미를 드러내기 위한 최종적인 독법이다. 이런 의미에서 신학적 해석은 단지 해석의 마지막 단계가 아니라 성경 전체를 신적 계시로 인식하게 하는 통합적인 틀이라고 할 수 있다.

에리우제나는 성경 해석에서 '파라볼라룸 트란지투스'(parabolarum transitus, 비유적 전환)이라는 독창적인 해석학적 개념을 활용한다(Peri V, 1008B-C). 이 용어는 그가 성경 본문의 다양한 의미의 차원을 강조할 때 자주 등장하며, 특히 돌아온 탕자의 이야기를 해석하면서 회귀 개념을 설명하는 데 중요한 도구로 사용한다. 그는 다음과 같이 묘사한다. "공작의 깃털 하나에서 아름답고 다채로운 색을 볼 수 있다"(Peri IV, 749C). 이는 성경 구절 역시 은유적이고 영적인 해석 안에서 다양한 방식으로 조명되어야 한다는 것을 의미한다. 말씀에 대한 궁극적 관조는 다층적이며, 단일한 문자적 의미에 머물지 않는다. 이러한 해석학적 접근은 단지 의미를 '읽는 것'을 넘어 해석 행위 자체가 신학적으로 수행되어야 한다는 것을 암시한다. 이 때문에 오텐은 에리우제나의 해석 방식을 "초은유적"(hyper-allegorical) 또는 "수행적"(performative) 주석이라고 명명한다. 이 같은 다양한 언어적 층위를 통해 하나의 궁극적인 의미, 곧 신적 진리를 지향할 수 있다. "비유적 전환"은 단순히 상징의 교환이 아니라 독자를 대상의 참된 이해에 도달하게 하는 변증적 여정으로 이끈다. 마치 하나님의 존재를 긍정과 부정이라는 두 가지 개념을 통해 파악하려는 에리우제나의 변증법처럼, 이 비유적 전환도 발현과 회귀의 순환적 패턴 안에서 작동하며, 궁극적으로는 신화로 향하는 여정을 구성한다.

이러한 방식을 따라 해석된 성경의 신학적이고 영적인 의미는 에리우제나의 또 다른 수사학적 장치인 '디비눔 넥타르'(diuinum nectar, 신성한 넥타)라는 비유로도 표현된다(Peri V, 1010A). 이 신성한 넥타는 신화의 천상적 위상을 드러내며, 동시에 은유적이며 영적인 해석을 통해서만 접근 가능한 진리를 지시한다. 이 대목에서 에리우제나의 일관된 해석학적 전략이 드러나는데, 그것은 바로 긍정신학과 부정신학 사이의 변증법적 종합이라는 원칙이다.

성경의 다층적 의미를 설명하는 데 있어 상징적 기능 외에도, '트란지투스'(transitus, 전환)라는 개념이 발현과 회귀의 구조 안에서 에리우제나에 의해 창의적으로 활용된다. 그의 '아우리부스 아에브라이키스'(Auribus Aebraicis, 일명 파스카에 대한 시)에서 이 개념은 부활절 사건이 발현과 회귀의 구조 안에서 어떻게 작동하는지를 상징적으로 제시한다(Carmina 3, 1-66). 여기서 트란지투스는 세 가지 형태의 '파스카에'(paschae, 건너감)로 구분되어 해석된다. 첫 번째 파스카는 "무로부터 존재로의 전환," 즉 무로부터 고유한 종으로의 전환을 의미한다. 이는 궁극적으로 "행성들의 무리가 조화롭게 움직이며, 저절로 감미로운 음조를 내는 상태"로 귀결된다(Carmina 3, 17-8). 두 번째 파스카는 모세의 유월절 사건을 가리키며, 이때는 "주님께서 피로 표시된 문설주를 넘어가셨다"고 표현된다. 세 번째이자 마지막 파스카는 그리스도의 수난과 부활 사건을 가리킨다. 에리우제나는 "죽음을 짓밟고 먼저 하늘로 올라가셨다"고 묘사하며, 잃어버린 인간 본성을 회복하기 위해 그리스도께서 자신을 자발적으로 내어주셨음을 강조한다. 이러한 문맥 속에서 베이어발테스(W. Beierwaltes)는 다음과 같이 평가한다. "'트란지투스'는 하나님 안에서의 존재의 발현뿐만 아니라 피조물이 그 기원으로 회귀하는 과정에도 적용된다."[86]

에리우제나의 독특한 '미스테리아'(Mysteria, 신비)와 '심볼라'(symbola, 상징) 개념, 특히 『엑스포지티오네스』 제6장의 예는 그의 성경 주석에서 중요한 사례 가운데 하나다(Commentaire VI, v, 27-36). 성경 해석을 위한 신비와 상징 개념은 가경자 비드(Venerable Bede)에서 아우구스티누스, 유스티누스(Justinus), 오리게네스에 이르는 기독교 신학의 오랜 전통을 따른다. 베릴 스몰리(Beryl Smalley)는 에리우제나의 『요한복음 서문에 관한 설교』에서 신비와 상징의 차이를 관찰하였는데, 에리우제나는 여기서 이 두 개념을 명확히 구분한다.[87] 그에게 신비는 "말과 사건의 은유"(allegoria dicti et facti)를 통해 전해지는 실제 성경적 사건을 의미한다(Commentaire VI, ii, 37). 반면 상징은 "말의 은유지만 실제 사건이 아닌 것"(allegoria dicti sed non facti)을 가리킨다. 이 점에서 상징은 신비의 대칭적이거나 반대되는 요소로 간주될 수 있고, 동시에 구속사에 대한 올바른 해석을 보완하는 기준이 될 수 있다.[88] 여기서 상징은 "초역사적 진리"를 전달하는 도구로 이해된다. 에리우제나의 신비와 상징의 구분은, 보다 근본적으로는 긍정신학과 부정신학이라는 두 신학의 변증법적 구조에 기반하고 있다. 버나드 맥긴은 『엑스포지티오네스』 제6장을 바탕으로 다음과 같이 요약한다. "지각 있는 주석자는 상징, 즉 '말의 은유'(allegoria dicti)에 특히 주의를 기울여야 한다. 이는 영적인 교훈의 담론에서 설정된 것이며, 감각적 행위에서는 나타나지 않는 것이다."[89]

버나드 맥긴은 그러한 해석 원칙에 따라 『페리퓌세온』 제4권을 분석한다. 특히 발현과 회귀라는 주제와 관련하여 그는 창조와 종말이 동시에 일어난다는 점을 반복적으로 강조한 에리우제나의 관점에 주목한다. 맥긴은 다음과 같이 말한다. "끝은 시작을 드러내듯, 시작은 그 자체 안에 끝을 포함한다"(Peri IV, 747C). 여기서 발현을 의미하는 '엑시투스'(exitus)는 '회귀'(reditus)와 본질적으로 밀접하게 연결되어 있는데, 맥긴은 "신적 권위는 미래의 사건을 때로 이미 과거의 일처럼 제시한다"고 설명한다(Peri IV, 809D). 이는 종말론(eschatology)을 통해서만 기원을 제대로 이해할 수 있다는 에리우제나의 입장을 지지하며, 결국 "원론(protology)이 곧 종말론이다"라는 주장으로 이어진다.

에리우제나의 이러한 해석적 통찰은 요한복음 6장 5-14절에 대한 은유적 주석에서 잘 드러난다(Commentaire VI, vi, 1-105). 여기에서 그는 다섯 개의 보리떡과 두 마리의 물고기의 기적을 다음과 같이 해석한다. 다섯 개의 떡은 모세 오경과 인간의 다섯 가지 육체적 감각을 상징한다. 그리고 남은 조각들을 거두는 행위는 성경의 미묘한 의미 혹은 보이지 않는 성례전의 신비한 차원을 뜻한다. 한편 '두 마리 물고기'(duos pisciculos)는 시각과 청각이라는 영적인 감각을 상징한다. 에리우제나는 이 두 마리 물고기가 단순한 상징을 넘어서 구약과 신약, 가시적 상징과 비가시적 상징 사이를 중재하는 역할을 한다고 해석한다. 이것이 곧 상징을 구성하는 방식이다. 이러한 상징과 신비에 대한 해석은 성례전적 신학으로 확장된다. 이후 맥긴은 다음과 같이 요약하며, 에리우제나의 성경 해석이 발현과 회귀의 구조 안에서 어떻게 작동하는지를 안내한다. "에리우제나는 부정의 우선성이라는 해석 원칙에 따라, 시간적 서사를 비시간적 관점에서 읽어야 한다는 요구를 받아들이며, 궁극적으로 철저히 영적인 해석으로 나아갔다."[90]

3.3. 낙원과 생명나무

에리우제나의 이중 회귀에 대한 성경적 해석은 다음 세 가지 사례를 통해 두드러지게 드러난다. 첫째, 낙원 이야기(978D-979C), 둘째, 솔로몬의 성전(981A-982A), 셋째, 열 처녀 비유(1011A-1018D)이다. 이 가운데 낙원은 『페리퓌세온』 전체에서 가장 주목할 만한 주제 중 하나로, 학술적 깊이를 요하는 신학적 논의가 필요하다(Peri V, 978D-979C). 무엇보다도 낙원은 『페리퓌세온』 전체에 걸쳐 지배적인 주제로 기능한다. 제1권에서의 형이상학적 논의를 지나, 제2권에서 본격적으로 등장하여 제5권까지 지속해서 신학적 핵심 역할을 수행한다. 낙원 서사는 '원론'에서 '종말론'에 이르는 에리우제나의 신학적 패러다임 전체를 아우르는 서사 구조를 보여준다. 이는 (1) 문법적 독창성, (2) 독특한 성서 해석학, (3) 이중 회귀의 극적인 구조를 통해 구체화된다. 스톡(B. Stock)은 에리우제나가 창세기의 낙원 서사를 다룰 때, 교부들의 다양한 자료와 성경적 참조를 능숙하게 엮어낸다고 평가한다. 그는 『페리퓌세온』 제5권을 세심하게 분석하면서, 낙원에 대한 에리우제나의 종말론적 해석을 "역사 철학에 기여한 가장 독창적인 공헌"으로 보았다.[91]

에리우제나의 이러한 해석은 아우구스티누스의 문자적이고 역사적인 지상 낙원 이해와는 뚜렷이 구별된다. 에리우제나는 낙원을 영적이고 비유적인 차원에서 해석하는데, 이는 『페리퓌세온』의 전체 구조에서 인간학적 성찰과 신학적 해석의 중심축으로 자리한다. 스톡을 비롯한 여러 학자들은 이러한 비유적 낙원 해석을 에리우제나 해석학의 본질을 보여주는 것으로 간주한다.[92]

에두아르 조노의 분석에 따르면, 에리우제나는 아우구스티누스의 낙원 해석을 일정 부분 수용하면서도, '창조의 조화'를 강조한 닛사의 그레고리우스의 입장을 채택하며 보다 우주론적이고 영적인 방향으로 전환한다. 맥긴 역시 『페리퓌세온』 제4권을 근거로, 낙원에 대한 에리우제나의 해석이 "비유적 표현"(figura locutio)으로서 하나님의 형상대로 창조된 인간 본성을 상징한다"고 강조한다.[93]

장 클로드 푸사르(Jean-Claude Foussard)는 에리우제나의 낙원에 대한 알레고리적 해석이 내적 감각과 외적 감각을 절묘하게 통합한다고 주장한다.[94] 이러한 논의 속에서 에리우제나는 창세기의 낙원 이야기를 역사적 실재가 아닌 상징적 표현으로 간주하며, 낙원은 원래 인간 본성 자체를 상징한다고 본다(Peri IV, 824A). 그러므로 낙원에 대한 해석은 알레고리적이고 영적인 방식을 통해서만 온전히 이해될 수 있다. 역사적으로 보아도 인간이 실제로 낙원에 있었던 적은 없으며, 낙원은 하나님의 의도 속에 존재했던 이상적 상태로 간주된다. 두클로우는 이러한 관점을 다음과 같이 요약한다. "낙원 이야기는 잃어버린 과거의 회상이 아니라 다가올 미래에 대한 섭리적 비전이다. 이는 역사의 시작이 아니라 역사의 종결을 의미한다."[95]

낙원에 대한 보다 포괄적인 분석은 다른 논의에 맡기고, 여기서는 『페리퓌세온』 제5권에 나타난 발현과 회귀의 구조, 그리고 회귀의 다양한 단계와 직접 연결되는 구체적인 사례들을 살펴보고자 한다. 특히 창세기 3장 22절 하반절의 다음과 같은 구절은 주목할 만하다. "이제 그가 손을 내밀어 생명나무의 열매를 따 먹고 영원히 살지 않겠는가?" 이 구절은 『페리퓌세온』 전체에서 발현과 회귀의 여정을 가장 압축적으로 상징하는 대목 중 하나로, 낙원 서사의 끝에 위치하면서 동시에 제5권의 신학적 논의를 여는 서문 같은 기능을 수행한다. 에리우제나는 이 구절을 통해 은유적이고 신비적인 해석의 새로운 장을 펼치며, 인간 본성의 회복과 신화를 향한 여정을 신학적으로 조명한다.

두클로우는 창세기 3장 22절 하반절에 대한 에리우제나의 주석이 그의 문법적 독창성, 변증적 추진력, 종말론적 초점을 잘 드러낸다고 평가한다.[96] 특히 에리우제나가 부정어 '네'(ne)에 대해 독창적인 해석을 시도한 점은 여러 쟁점을 전환시키며, 결국 본문에 대한 전통적인 이해로 회귀하게 만든다.

에리우제나의 해석에 따르면, "네"(ne)의 의미를 고려할 때 본문은 다음과 같이 읽힌다. "이제, 그러므로 그가 손을 내밀어 생명나무의 열매도 따 먹고, 그것을 먹어 영원히 살지 않겠는가?"(Peri V, 859C-D) 에리우제나는 이 구절에 대해 다음과 같이 해설한다.

"'그가 그의 손을 내민다'는 표현은 선행을 향한 열정이 덕의 실천을 통해 확장하는 것을 의미한다. 이는 그가 생명나무의 열매를 취할 수 있도록 준비시키는 것이며, 이 열매는 하나님의 말씀, 영적 선물, 순수한 관상의 양식을 뜻한다. 이러한 덕의 힘에 의해 그는 영원히 살게 되며, 세상의 끝에서 완전히 사라질 세속성으로 되돌아가지 않을 것이다. 그는 온전히 하나님 안으로 들어가 그분과 하나가 될 것이다" (Peri V, 862D-863A).

이는 에리우제나의 영적이며 비유적인 독법을 잘 보여주는 예이다. 에리우제나에게 '네'(ne)는 단순한 금지의 표현일 수 없다. 오히려 그는 이것을 하나님께서 인류의 회귀를 재촉하고자 던진 희망의 질문으로 이해한다. 이는 "죄로 인해 잃어버린 동일한 복락으로 인류의 본성을 회복시키겠다"는 하나님의 가장 명확한 약속을 암시하며, 발현과 회귀의 여정을 전환시키는 신적 주도권의 선언으로 작동한다.

창세기 3장 22절 하반절에 대한 이 전례 없는 주석은 몇 가지 핵심적인 원칙을 보여준다. 에리우제나는 낙원의 역사적 실재를 부정하며, 이는 "인간을 유혹한 뱀 같은 동물들은 낙원에 머무르는데, 더 우월하고 이성적인 피조물이 쫓겨나는 이유는 무엇인가?"라는 질문에서 비롯된 논리적 불합리성을 극복하려는 시도로 설명된다. 이처럼 그는 '정당한 이성'(recta ratio)을 기반으로 창세기의 물질적 독법을 비판하며, 낙원은 역사적인 지상의 장소가 아니며, 생명나무 또한 세속적이고 감각적인 나무가 아니라고 강조한다. 그러므로 에리우제나는 창세기 3장 22절 하반절을 비유적이고 영적인 방법으로 읽으며, 이를 "신비한 글에 접근하는 유일한 방법"이라 간주한다(Peri V, 862A). 이러한 독법은 궁극적으로 종말론적 회귀로 이어진다.

『페리퓌세온』 제5권의 서두는 이처럼 발현에서 회귀로의 전환을 분명하게 보여주는 핵심 지점이다. 특히 978D-979C 구절은 이중 회귀를 극적으로 묘사하며, 회귀의 이중 구조를 강조한다. 이 구절은 낙원 서사의 확장으로서, 에리우제나가 '모든 나무'와 '생명나무'라는 두 종류의 나무를 탐구하는 대목이다. 이 두 나무는 각각 일반 회귀와 특별 회귀를 상징하며, 에리우제나는 이를 이중 회귀의 틀 안에서 설명한다. 다시 말해, 낙원으로의 회귀와 생명나무의 열매를 먹기 위한 회귀로 구분하는 것이다. 에리우제나는 이를 다음과 같이 설명한다.

"낙원으로의 회귀와 생명나무의 열매를 먹는 일은 서로 다른 의미를 가진다. 우리의 전체 본성은 창조의 원초적 존엄성을 회복하기 위해 낙원으로 회귀하겠지만, 오직 신화에 합당한 자들만이 생명나무의 열매에 참여할 수 있다. 더욱이 생명나무의 열매, 곧 그리스도는 복된 생명이며, 진리를 관상하는 가운데 얻는 영원한 평화를 의미하며, 이는 곧 진정한 신화라 불릴 수 있다"(Peri V, 979A-B).

에리우제나는 '낙원으로의 회귀'와 '생명나무의 열매를 먹는 것'을 명확히 구분한다. 그는 인간의 전체 본성, 곧 감각적이든 지성적이든 모든 차원의 본성이 낙원으로 회귀한다고 주장하며, 이는 일반 회귀를 상징한다고 본다. 여기서 전체 본성이란 "창조의 원초적 존엄성"을 나타내며, 죄 이전 상태의 인간 본성을 의미한다. 또한 그는 죄로 인한 상실이란 낙원 그 자체의 상실이 아니라 인간 본성이 지닌 자연적 행복의 상실로 본다. 이러한 입장은 낙원에 대한 비역사적 실재를 강조하는 에리우제나의 해석을 보여준다. 그러나 오직 "신화에 합당하게" 선택된 자들만이 생명나무의 열매를 맛볼 수 있다. 여기서 생명나무는 그리스도를 상징하며(Peri IV, 823A-C), 이 상징은 인간 본성 안에서 확고히 심겨 있는 실재로 제시된다. 생명나무에 대한 접근과 그 열매를 먹는 행위는 그리스도의 은혜를 통해서만 성취될 수 있다.

에리우제나의 낙원으로의 회귀와 '모든 나무'(982A)에 대한 접근은 선천적인 인간의 덕성과 본성의 회복을 의미한다. 반면 "생명나무의 열매를 맛보는 것"은 그 나무에 접근해 신화를 이루는 것을 뜻한다. 이 신화는 종종 "성도들의 신화"라는 표현으로 묘사된다. 생명나무는 은혜와 본성의 차원에서, 인간 본성과 그 기능 및 중심성을 분명히 구별하는 상징적인 장소이다. 이에 대해 에리우제나는 이렇게 말한다. "본성에 따라 모든 이들에게 낙원으로의 일반 회귀가 허락되고, 은혜에 따라 신화된 자들만이 생명나무의 열매를 먹을 수 있다"(Peri V, 980D). 이러한 해석에서 생명나무의 상징은 매우 폭넓게 확장된다. 생명나무는 "영적이면서도 지리적인 차원에서 우주의 축(axis mundi)"이 될 수 있다. 에리우제나의 해석은 명백히 신화로 귀결되는 종말을 향하고 있으며, 이 주장은 낙원 개념을 중심으로 일반 회귀와 특별 회귀 사이의 깊이 얽힌 관계를 보여주는 핵심적인 설명이다.

3.4. 등잔과 기름 - 열 처녀 비유에서의 이중 회귀

에리우제나의 마태복음 25장 1-10절에 나오는 "열 처녀" 비유의 해석은 회귀 개념을 설명하는 또 하나의 흥미로운 사례로, 특히 일반 회귀와 특별 회귀 모두와 관련되어 있다(Peri V, 1011A-1018D). 나아가 이 비유는 『페리퓌세온』에서 '특별 회귀'라는 독립된 장에서 논의되기 때문에 더욱 중요하다. 이 비유가 『페리퓌세온』 내에서 차지하는 구조적 위치는 에리우제나 신학에서의 그 중요성을 잘 보여준다.

이 비유는 『페리퓌세온』의 제5권 마지막 부분, 즉 끝부분의 종합적 결론 직전에 있는 '마지막 비유와 해설'(1018D-1021B)을 포함하고 있어, 에리우제나가 광범위하게 전개한 회귀 개념을 최종적으로 정리하는 역할을 한다. 마태복음 25장의 열 처녀 비유는 예루살렘의 파괴와 종말에 대해 선포한 종말론적 선언에서 유래한 것으로, 에리우제나는 이를 통해 성경적 근거에 기반하여 "인간 본성의 일반적 회복"과 "선택된 자의 신화"를 어떻게 해석할 것인지를 보여준다. 두클로우에 따르면, 이 비유는 또한 성경적 상징과 주석이 결합해 신비신학의 작품을 형성하는 대표적인 사례다.[97]

회귀의 두 가지 측면과 관련해 이 비유는 두 단계로 나뉜다. 첫째 단계는 혼인 잔치의 시작부터 신랑이 도착하고 열 처녀가 깨어나는 순간까지를 포함하며, 이는 일반 회귀를 나타낸다(마 25:1-7, Peri V, 873D-874A). 둘째 단계는 신랑의 도착과 다섯 명의 슬기로운 처녀가 혼인 잔치에 들어가는 장면으로 이어지며, 이는 신화 안에서의 특별 회귀를 의미한다(마 25:8-10).

첫째 단계는 혼인 예식의 준비에서부터 신랑이 도착하여 처녀들을 깨우는 장면까지로, 이 단계는 모든 인간 본성에 적용된다. 이 장면에서 열 처녀라는 숫자 '10'은 "인류 전체"와 "인간 본성 전체의 수"를 상징한다. 또한 '비르기니타스'(uirginitas, 동정)는 "인간 본성의 온전함"을 의미한다. 신랑의 도착이 지연되었을 때, 처녀들은 모두 잠에 빠지는데, 이 짧은 잠은 "인간 의지의 이탈"을 상징하며, 그 결과 인류의 타락을 암시한다. 그러나 신랑이 도착하여 그들을 부르면 열 처녀는 모두 일어난다. 이는 "자연적 욕구"에 의해 인류 전체가 움직이는 현상을 상징적으로 보여준다.

이처럼 모든 처녀는 신랑을 향해 나아가도록 동기를 부여받으며, 신랑은 "모든 인류의 마음속 귀에 끊임없이 외치는 분"으로 묘사된다. 여기서 등은 "영원한 빛을 이해하는 능력"을 의미하며, 동시에 "인간 의지에 근거한 도덕적 차이에 따른 위계적 참여"를 상징한다. 그리고 발현과 회귀 구조 안에서 신랑은 곧 성육신하신 그리스도를 나타낸다. 신랑의 "끊임없는 외침"은 모든 인류 안에 내재된 자연적 욕구를 일깨우기 위한 것이다. 이러한 그리스도론적인 해석은 비유의 마지막 장면에서 다시 등장한다. 신랑이 문을 닫은 뒤 어리석은 처녀들이 문을 두드리며 "주여, 주여, 문을 열어 주소서"라고 외친다. 에리우제나는 이 구절, 특히 '주'라는 이름을 두 번 부르는 데 주목한다.

에리우제나는 "주여, 주여"(Domine, Domine)라는 이 이중적 부름을 "하나의 실체 혹은 인격 안에서 이루어진 인간 본성과 신적 본성의 통일성에 무지한 것"이라고 해석한다. 이 통일성은 인간 본성의 일반 회귀만으로는 결코 도달할 수 없다. 다섯 명의 어리석은 처녀들은 통합의 비밀을 깨닫지 못했다. 이들은 자연적 선의 한계 내에 머물렀으며, 인간의 모든 통합의 원천이자 모범이 되는 그리스도를 알지 못한 자들이다(Peri V, 1018C). 이는 곧 혼인 잔치에 들어가기 위한 필수 조건을 충족하지 못했음을 의미한다.

신랑의 깨우는 소리를 들을 때까지 열 처녀는 일반 회귀의 동일한 경로를 따라간다. 이는 전 인류가 하나님 안에서의 본래 자연 상태로 회귀하는 일반 회귀를 상징적으로 보여준다. 열 처녀는 모두 동일한 그릇인 등잔을 지니고 있으며, 이는 의미와 가치 면에서 동등성을 나타낸다. 이러한 균등함은 일반 회귀의 틀 안에서 인간 본성의 긍정적 역할을 지속적으로 강조하는 에리우제나의 관점을 반영한다.

회귀의 두 번째 단계는 신랑의 갑작스러운 도착으로 시작된다. 신랑이 처녀들을 깨운 후 어리석은 다섯 처녀와 슬기로운 다섯 처녀 사이에 분명한 차이와 분열이 드러나는데, 이는 기름의 준비 여부에 따라 나뉜다. 어리석은 처녀들은 기름이 충분하지 않음을 자각하고 당황한다. 여기서 등은 온 인류에게 내재된 보편적인 이성적 충동을 상징하고, 기름은 "선행과 순수한 지식의 밝음"을 의미한다. 인간은 오직 지식과 선한 행위를 통해서만 하나님의 순수한 지식에 참여할 수 있다. 진리의 명상과 신화의 실현에 있어서도 기름의 구원적 기능은 "선행과 진리의 관상"(meditatio veritatis)을 통해서만 성취된다. 에리우제나가 혼인 잔치의 맥락에서 강조하는 선행, 지식, 관상, 신화는 『페리퓌세온』 제5권(1018C; 910C-911D)에서 드러나는 세 가지 요소와 관련이 있다. 이는 곧 그리스도의 인성과 신성의 연합, 또는 삼위일체적 맥락 안에서 묘사된다. 에리우제나는 다음과 같이 말한다. “나는 나의 신성과 인성의 친밀하고 비밀스러운 혼인 잔치에 대해 너희가 무지한 상태로 있도록 허락하였으나, 세상이 만들어지기 전에 나를 순수하게 이해하는 자들을 위해 이를 준비하였고, 이제 세상이 끝난 지금 그들을 그곳으로 데려왔다”(Peri V, 1018B-C).

이 구절에 따르면, 특별 회귀에 참여하기 위한 핵심 요소는 지식, 관상, 신화이다. 여기서 기름은 인간 본성의 요소가 아니라 은총과 관련된 것으로, 이는 인간의 마음을 일반적인 부활(1014C)의 수준을 넘어 특별 회귀의 차원으로 인도하는 역할을 한다. 모든 처녀가 등을 가지고 있으나, 어리석은 자들은 충분한 기름이 없다. 결국, “덕의 장식”을 갖춘 선택받은 자들만이 신화에 참여하고 영적 혼인 잔치에 들어갈 수 있다.

슬기로운 다섯 처녀는 혼인 잔치에 들어가는 특권을 얻는다. 이들은 “지혜의 빛”과 “신적 사랑”에 대한 열망을 지녔기 때문에 고양되어 영적 혼인의 기쁨을 누린다. 그렇다면 에리우제나가 말하는 이 혼인 잔치는 무엇을 상징하는가? 혼인 잔치는 상징적으로 최고로 행복한 상태, 곧 신화, 그리고 하나님 자체에 대한 몰입을 나타낸다. 오직 다섯 사람만이 모든 자연적 선을 넘어, 인간이 죄를 짓지 않았더라면 은총을 통해 도달할 수 있는 최고의 지점까지 “들려 올려질” 자들이다. 이는 곧 최고의 지혜와 모든 덕에 참여함으로써 신화와 진리의 관상으로 나아가는 것을 의미한다(Peri V, 1014C-D).

이 단계는 자연(natura)이 도달할 수 없는 경계를 의미한다. 오직 이 단계에서만 하나님은 가장 완전한 지성을 지닌 존재들에게 “하나님 자체에 대한 관상”이라는 초자연적 은총을 부여하신다. 반면, 그

외의 이들은 자연적 선의 기쁨 속에 남겨지며, 형언할 수 없는 신화의 최고 경지에서 제외된다(Peri V, 1017C-D). 신화의 영광을 얻은 자들만이 "신성한 광선의 찬란함 속에 잠겨, 올바른 관상의 길을 따라 자신과 하나님을 추구할 수 있다"(Peri IV, 844C). 이 신화의 은총을 통해서만 선택된 자들은 "영원한 축복의 영광 속에서 영원히 빛날 것이다"(Peri V, 961A-C). 신화 안에서 선택된 자들은 "기쁨, 행복, 평화, 축복, 복됨, 영광"을 누리며, 심지어 거룩한 천사들과 동등한 위치에 이를 수 있다(Expo VII, 114). 이 신화의 단계는 시간과 공간의 개념을 모두 초월하며, 진정한 정화, 조명, 관상이 완성되는 곳이다. 이는 하나님 안에서, 하나님과의 연합 속으로 모든 존재를 초대하는 단계이다.

이 비유의 두 번째 부분은 특별 회귀의 두 번째 단계와 관련된다. 이 단계는 곧 하나님이 만유 안에 계시고, 하나님이 인간이 되며, 인간이 하나님이 되는 "신화의 궁극적인 상태"(deificatio ultima)를 의미한다. 『페리퓌세온』의 한 구절은 이 신화의 상태를 다음과 같이 요약한다. "그리고 그는 신화를 통해 하나님과의 교제를 나누고, 하나님의 피조물을 더 이상 인간으로서가 아니라 신으로서 바라보며 이해할 수 있게 된다. 이는 은총을 통해 하나님의 지혜 안에서 신적 사물에 대한 동일한 지식을 갖게 되었고, 정신과 감각이 신화를 통해 변화되었기 때문이다"(Peri IV, 842D-843A).

또한 『엑스포지티오네스』 제15장에서도 혼인 잔치에서의 신화의 상태와 유사한 이미지가 제시된다. 여기서 "천상의 존재들의 형상"은 창조되지 않은 실재의 가장 투명한 표상이며, 그것은 "신발 없이 서 있거나 걷는 벌거벗은 사람의 모습"으로 비유된다(Expo XV, 488-90). 이는 "신성한 영혼들이 자유로워진 상태"(diuini animi dimissi)를 나타내며, 그들은 자신의 의지에 따라 하나님의 현존 안에서 자유롭게 움직인다. 이러한 묘사는 회귀의 마지막 단계, 즉 "신적 단순성”(divina simplicitas)에 도달한 상태를 상징한다(Expo XV, 488-90). 이는 모든 발현의 끝에서 도달하는 가장 순수한 통합의 상태로, 신비적 연합과 진정한 관상이 완성되는 자리다.

열 처녀 비유에서 드러나는 이중 회귀의 구조는 낙원 서사와 동일한 패턴을 따른다. 열 처녀가 깨어나 신랑되신 예수와 만나는 장면은 낙원에서 모든 나무의 열매를 맛보며 원초적 인간 본성을 회복하는 일반 회귀를 상징한다. 그러나 슬기로운 다섯 처녀는 생명나무의 열매를 맛보는 자들, 곧 낙원에서 선택된 자들만이 참여할 수 있는 특별한 은총의 상태를 나타내며, 이는 특별 회귀를 의미한다(Peri V, 1013B-D). 에리우제나는 성경의 두 서사, 즉 창세기의 낙원 이야기와 마태복음의 열 처녀 비유를 통해 회귀의 다양한 단계들을 상징적이고 극적으로 구성한다. 흥미롭게도 그는 혼인 잔치가 구체적으로 무엇인지, 생명나무의 열매를 맛본다는 것이 구체적으로 무엇을 의미하는지는 명시하지 않는다. 이는 ‘그것이 존재한다는 사실(quia est)은 알지만, 그것이 무엇인지(quid est)는 알지 못한다’는 에리우제나의 일관된 신학 원칙, 즉 인식의 한계에 대한 전제를 반영하고 있기 때문이다.

이러한 입장은 긍정신학과 부정신학의 변증법적 조화를 충실히 따르는 것이며, 에리우제나 사상의 핵심적인 해석학적 전략을 보여준다. 발현에서 회귀로 이어지는 우주적 여정의 완성을 결국 알 수 없음 속에서의 신비적 참여라는 형식을 취하며 마무리한다. 따라서 『페리퓌세온』에서 열 처녀의 비유가 특별 회귀를 가장 극적으로 묘사한 부분으로 위치하는 것은 결코 우연이 아니다. 이 비유를 통해 에리우제나는 인간 본성의 분리와 파편화가 영적 혼인 잔치에서의 궁극적 통합으로 귀결됨을 상징적으로 보여주며, 전체 작품의 종말론적 전망을 신비롭고 깊이 있는 방식으로 결론짓고 있다.

4. 결론

이 장에서는 에리우제나의 회귀 개념을 분석하였다. 에리우제나의 신학에서 회귀는 "하나님 안에서, 그리고 하나님과의 신화"로 절정을 이룬다. 에리우제나의 신학은 형이상학적, 우주론적, 인간학적 차원에서 회귀의 구조적 패턴을 분명히 드러내며, 이러한 구조는 마치 '시' 같은 방식으로 발현과 회귀의 광범위한 차원을 묘사한다. 그의 독특한 언어 사용은 회귀의 다양한 차원을 구체적으로 보여준다. 특히 "분석학"과 "조화" 같은 용어로, 그는 우주의 구조와 그 최종적 귀결을 보여주고자 했다.

에리우제나는 회귀를 일반 회귀와 특별 회귀라는 이중 구조로 나눈다. 이 구분은 약간의 모호성을 내포하고 있지만, 일반 회귀는 그의 자연의 다섯 가지 구분에 나타난 것처럼 다섯 단계로 구성된다. 반면, 특별 회귀는 일반 회귀를 넘어서 일곱 단계로 구성되는데, 이중 앞의 네 단계는 전 인류에게 열려 있는 일반 회귀고, 뒤의 세 단계는 선택된 자들에게만 해당하는 특별 회귀 영역에 속한다. 이러한 이중 구조는 단순한 서열이 아니라 교부들의 신학적 전통에 깊이 뿌리를 두고 있으며, 에리우제나가 그들의 신학을 얼마나 창의적으로 수용하고 재구성했는지를 가늠하게 해준다. 무엇보다도 특별 회귀의 궁극적 목표는 신화, 즉 하나님과의 일치다. 신화는 모든 자연이 도달해야 할 최종적 단계로, 하나님 안에서 그리고 하나님과 함께 완성된다. 에리우제나는 위-디오니시우스와 고백자 막시무스의 '테오시스' 개념에 의존하면서, 신화를 발현과 회귀라는 신학적 구조 안에서 정교하게 전개했다.

에리우제나의 주요 저작인 『페리퓌세온』과 『엑스포지티오네스』는 신화의 다양한 차원을 간결하면서도 극적으로 묘사한다. 그가 제시한 이중 회귀의 구조와 신화에 대한 해석은 회귀 개념의 구조적 측면을 명확히 보여주는 동시에, 성경에 대한 독특한 이해를 통해 그가 탁월한 성경 주석가였음을 드러내 준다. 그의 해석학적 작업은 자신의 신학 전체에 깊이 스며들어 있는데, 버나드 맥긴은 『페리퓌세온』을 단순한 철학적 논문이 아니라 일종의 "성경 주석서"로 평가한다. 에리우제나가 사용한 '상징', '기호', '비유적 전환'과 같은 용어들은 그의 알레고리적인 영적 해석의 기반을 형성하며, 신비신학의 언어로 기능한다.

성경에 대한 그의 수많은 해석 가운데, 창세기의 낙원 이야기와 열 처녀의 비유를 중심으로 회귀의 이중 구조를 살펴보았다. 이 두 이야기는 각각 일반 회귀와 특별 회귀의 모델을 구성하며, 에리우제나 신학의 중심 주제를 잘 보여준다. 낙원 이야기는 『페리퓌세온』의 중심부에 위치하며, 지식의 나무인 선악과와 생명나무라는 두 상징적 요소를 통해 구분된다. 에리우제나는 낙원으로의 회귀와 생명나무로의 회귀를 분명하게 구별한다. 전자는 인간 본성 전체가 회복되는 일반 회귀를, 후자는 선택된 자들에게만 허락된 특별 회귀, 곧 신화의 여정을 의미한다. 열 처녀 비유는 이중 회귀에 대한 가장 시적이며 극적인 설명으로 평가된다. 혼인 준비부터 신랑이 도착하는 첫째 부분은 전 인류를 포함하는 일반 회귀를 나타내고, 슬기로운 다섯 처녀의 잔치 참여를 다룬 둘째 부분은 특별 회귀를 상징한다. 이때 등과 기름은 각각 모든 인간에게 공통된 자연적 이성과 선택된 자들에게만 주어지는 은혜의 기름(선행, 지식, 관상)을 나타낸다. 그러나 최종 혼인 잔치의 내면적 실제에 대한 묘사는 『페리퓌세온』에서도 명확히 드러나지 않는다. 이는 에리우제나가 일관되게 따르는 부정신학의 원리와 연결된다. 그는 '그것이 존재한다'(quia est)는 것은 알 수 있으나 '그것이 무엇인지'(quid est)는 알 수 없다고 강조한다. 이러한 인식의 한계는 두 신학 사이의 변증법적 조화를 통해 종합된다.

결국, 혼인 잔치의 신비함과 비밀스러운 모습은 신화라는 개념 자체의 본질과도 맞닿아 있다. 에리우제나는 슬기로운 처녀들과 하나님의 최종적 연합이 인간의 이성을 넘어서는 '숭고한 신비'로 남아 있음을 보여주면서, 회귀 여정과 함께 자신의 신학적 논의를 마무리한다. 『페리퓌세온』은 분리된 본성이 영적 혼인 잔치에서의 궁극적 통합으로 나아가는 여정이며, 이는 시간과 존재를 넘어선 신성한 통일성의 완성을 뜻한 것이다.

제6장

에리우제나의 사상이 중세 기독교에 미친 영향

이 책은 에리우제나의 주요 저작을 중심으로 발현과 회귀의 철학적·신학적 구조를 분석하였다. 창조로부터 종말에 이르기까지 그의 신학 전반에 걸쳐 발현과 회귀는 핵심 개념으로 작동하며, 특히 이중 신학의 틀과 성경 해석의 전략을 통해 다양한 방식으로 서술되고 재구성되었다. 이런 에리우제나의 사상은 이후 중세 유럽에서 어떻게 지속되었을까?

1. 직접적인 영향

적지 않은 사람들은 에리우제나의 사상이 중세에 억압되었으며, 그의 유산이 거의 소멸했다고 믿었다. 하지만 그러한 오랜 통설에도 불구하고, 최근의 학자들은 에리우제나의 사상이 실제로는 상당히 널리 퍼졌고, 지속적인 영향력을 행사했다는 점을 점차 인식하게 되었다.[98]

여기서는 에리우제나 사상이 그의 사후에 어떻게 전개되었는지를 두 시기로 나누어 고찰하면서 이 책을 마무리하고자 한다. 먼저 그가 사망한 9세기 후반부터 10세기 초반까지의 즉각적인 영향을 살펴보고, 다음으로 12세기 이후 그의 사상이 어떻게 수용되고 확산되었는지를 검토하겠다.

에리우제나 작품의 필사본의 존재, 그의 책에 대한 번역과 의역, 후대 학자들에 의한 주석과 설교 인용 등을 통해 9세기 말부터 10세기 초 사이의 직접적인 영향을 추적할 수 있다. 이러한 흔적은 주로 프랑스의 라옹(Laon), 오세르(Auxerre), 코르비(Corbie) 지역에서 집중적으로 발견된다. 존 마렌본(John Marenbon)은 이 지역의 학자들이 에리우제나의 저작, 특히 『페리퓌세온』을 연구하고 교육에 활용했음을 밝혔는데, 그는 다음과 같이 말한다. "『페리퓌세온』은 우아하게 제작된 필사본들로 전해지며, 이는 학자들이 개인적인 탐구나 학교 교육의 교재로 사용했음을 시사한다."[99]

이 시기 에리우제나의 영향력을 구체적으로 보여주는 인물들도 확인할 수 있다. 예를 들어, 부르주(Bourges)의 대주교였던 울파드(Wulfad, 876년 사망)는 마자린(Mazarine) 561로 알려진 31개의 필사본 목록을 작성했는데, 거기에는 『페리퓌세온』과 고대의 여러 신학 작품들이 담겨 있다. 울파드는 흥미롭게도 『페리퓌세온』의 말미에서 에리우제나가 "그리스도 안에서 형제이며 지혜를 추구하는 데 있어서 동역자"로 언급한 인물이다. 그가 작성한 목록에는 에리우제나가 번역한 디오니시우스와 고백자 막시무스의 저작 또한 포함되어 있으며, 당시 에리우제나의 저작이 학자들 사이에서 어떻게 통용되었는지를 보여준다.

오세르(Auxerre)의 에이릭(Heiric)도 또 다른 예인데, 그는 에리우제나의 작품을 설교라는 실천적 장르로 재해석한 인물이다. 그는 크리스마스 미사 복음에 관한 두 번째 설교에서 에리우제나의 내용을 충실히 인용하고 재구성했으며, 이는 에리우제나의 사상을 깊이 있게 이해하고 있었음을 보여준다. 에두아르 조노는 에이릭의 설교문 중 약 350행이 『페리퓌세온』의 694행에서 가져온 것으로 보고 있다. 조노는 에이릭의 작품에 대해 이렇게 평가한다. "에이릭의 설교는 때로 에리우제나의 본래 설교보다 더 에리우제나적이다."[100]

오세르의 레미기우스(Remigius, 840-908)는 에이릭의 제자로, 에리우제나 사상의 전수와 확산에 중요한 연결 고리를 형성했다. 레미기우스는 주로 성경, 라틴 문법학자들, 그리고 시인들의 작품에 대한 주석 작업을 했으며, "9세기 학자들의 작업을 수렴하여 12세기까지 영향을 미칠 수 있는 학문 전통으로 정리하는 데 기여했다"는 평가를 받는다. 이런 점에서 레미기우스는 에리우제나 사상이 부흥하는 데 있어 사전 조건을 마련한 중요한 촉진자로 이해할 수 있다.[101]

에리우제나가 9-10세기에 다른 학자들에게 미친 즉각적인 영향은 보다 직접적이며, 철학적이고 언어학적 차원에서 강하게 드러난다. 특히 변증법적 사상을 독창적인 방법으로 사용한 에리우제나의 철학적 개념은 동시대 학자들에게 지적 자극을 제공했다. 더모트 모란(Dermot Moran)은 이를 다음과 같이 설명한다. "에리우제나의 철학은 『카테고리아에 데켐』(Categoriae Decem, 아리스토텔레스의 『범주론』의 라틴 요약본)의 변증법 개념에 대한 주석과 해석, 분석을 통해 라틴 철학 전통에 영향을 끼쳤다."[102]

에리우제나의 사상은 '글로사리움'(glossarium)이라는 그리스-라틴 용어집을 활용한 폭넓은 언어 연구를 통해, 전문 신학 용어를 해석하고 재정의하는 데 탁월한 통찰을 제공했다. 그의 언어적 민감성과 개념 활용 능력은 많은 신조어를 만들어내는 기반이 되었고, 이는 본질, 범주, 보편성과 같은 주요 신학적 주제를 정교하게 발전시키는 데 기여했다.

그럼에도 불구하고 초기 수용의 역사에서 에리우제나의 사상 중 중요 신학적 측면들, 예컨대 부정신학, 신비신학, 자연의 구분 개념은 상대적으로 간과되었다. 이러한 신학적 논의가 본격적으로 수용되고 조명되기까지는 좀 더 많은 시간이 필요했을지 모른다.[103]

2. 12세기 이후 에리우제나 사상의 부흥

에리우제나 사상, 특히 발현과 회귀라는 주제는 12세기 이후 점차 두드러진 영향력을 발휘했다. 이는 흔히 '12세기 르네상스'로 불리는 지적 활동의 재생과 확장의 시기와 깊은 관련이 있다. 물론 이 시기 에리우제나 사상의 부흥이 어떤 계기로 촉발되었는지는 논쟁의 여지가 있지만, 그의 저작들이 널리 읽히고 해석되었다는 다양한 증거들이 등장하고 있다.

첫째, 에리우제나의 필사본 자료는 그의 사상이 중세 지식 사회에서 지속적으로 확산되었음을 보여준다. 『페리퓌세온』은 다양한 판본으로 복사되어 읽혔다. 카퓌앵의 연구에 따르면 클뤼니(Cluny), 생베르탱(Saint Bertin), 롭(Lobbes) 등의 수도원의 도서 목록에서도 해당 저작의 존재를 어렵지 않게 확인할 수 있다. 『엑스포지티오네스』 또한 지속해서 읽히고 활용되었다.[104] 또한 12세기 파리에서 편집된 『코르푸스 디오니시이』(Corpus Dionysii, 디오니시우스 전집)는 에리우제나 사상이 디오니시우스 신학의 맥락 안에서 재구성되고 전파되도록 힘을 더했다. 디오니시우스의 이 전집은 『콤펠리트 메』(Compellit me, 그가 나를 강권한다)로도 알려져 있으며, 디오니시우스 저작에 대한 번역과 주석, 발췌문들을 모아 구성한 책이다.[105]

둘째, 13세기에 교황 호노리우스 3세(Pope Honorius III)가 『페리퓌세온』을 공식적으로 정죄한 사건이 있었다. 그런데 이 사건은 오히려 에리우제나의 저작이 당시 수도사들과 학생들 사이에서 널리 읽히고 있었다는 반증이었다. 교황은 이 책이 "몇몇 수도원과 여러 장소에서 읽히고, 일부 성직자들과 학자들이 진지하게 연구하고 있다"고 언급하며, 에리우제나의 책을 압수할 것을 명령했다.[106] 물론 이 사건으로 많은 이들이 에리우제나의 이름을 언급하는 것조차 꺼리게 했지만, 역설적으로 그의 사상이 중세 학문 세계에 생각보다 널리 퍼졌다는 사실을 알려주는 역사적인 단서가 된다.

셋째, 에리우제나 부흥의 또 다른 중요한 예는 오노리우스 아우구스토두넨시스(Honorius Augustodunensis)의 저술이다. 그는 1125-1130년경 『페리퓌세온』의 요약본이라 할 수 있는 『클라비스 피지카에』(Clavis physicae, 자연학의 열쇠)를 집필하였고, 이 책에는 『페리퓌세온』 제1권에서 제4권까지의 요약본과 제5권의 직역본이 담겨 있다.[107] 특히 파리 국립도서관 소장 필사본(Ms. Paris, Bibl. Nat. lat. 6734, folio 3v)에 수록된 삽화는 에리우제나의 발현과 회귀 패턴을 상징적이고 위계적으로 시각화한 유명한 도해로 평가받는다. 아우구스토두넨시스의 그림에는 하나님이 모든 자연을 시작과 끝으로서 끌어당기는 형상이 묘사되어 있으며, 다음과 같은 세 단계의 위계적 배열이 등장한다. 첫째, '근원적 원인들'(primordiales causae)로 정의, 덕, 이성, 진리, 선, 본질, 생명, 지혜로 이루어진 인물과 명칭이 연속적으로 담겨 있다. 둘째, 원인의 결과로 이는 시간, 형태 없는 물질, 장소로 구성되어 있다. 셋째, 창조된 자연과 창조되지 않는 것을 다루는데, 이는 인간, 새, 물고기 등을 상징하는 형상으로 구성되어 있다. 그림 하단에는 하나님이 창조물 전체를 두 팔로 끌어당기는 모습이 묘사되어 있다. 비록 아우구스토두넨시스의 요약과 편집 방식이 에리우제나의 본래 의도와 전적으로 일치하는 것은 아니지만, 이 상징적 그림이 발현과 회귀라는 신학 주제를 상징적으로 표현한 것이라는 점에는 논란의 여지가 없다.

이러한 12세기 에리우제나 사상의 부흥은 단순한 복제나 요약을 넘어 그의 발현과 회귀 사상이 중세 신학에 실질적인 영향을 미쳤음을 의미한다. 이 구조는 성 빅토르의 휴, 토마스 아퀴나스, 니콜라스 쿠사누스(Nicolas Cusanus)와 같은 중세의 주요 신학자들에게까지 파급되었다. 여기서 이러한 영향 전체를 다룰 수는 없지만, 성 빅토르의 휴에게서 나타나는 발현과 회귀의 구조를 간단히 살펴보겠다.

3. 성 빅토르의 휴

성 빅토르의 휴(Hugo de Sancto Victore)가 디오니시우스의 『천상의 위계』에 주석을 남겼다는 사실만으로도, 그가 발현과 회귀의 개념을 이해하고 수용했을 가능성이 크다고 추정할 수 있다. 나아가 그의 사상을 에리우제나의 사상과 비교할 수 있는 중요한 단서와 연결 고리를 제공한다(PL 175). 휴의 『천상의 위계』에 대한 주석은 에리우제나를 포함한 디오니시우스 신학의 12세기 부흥 가운데 중요한 사례 중 하나로 평가된다. 『천상의 위계』 전체에 대한 서론(923B-934A)에서, 휴는 '세속 신학'(mundana theologia)과 '신성한 신학'(divina theologia)을 구별하며 몇 가지 원칙을 제시한다. 세속 신학은 논리, 윤리, 수학을 통해 비밀스러운 진리에 접근하려 하지만, 신성한 신학은 인간의 마음을 비추어 결국 하나님께로 이끄는 데 목적이 있다. 휴는 이중 신학의 구조를 다음과 같은 다양한 개념 조합으로 설명한다. 즉 자연과 은총, 상징과 표지, 빛과 조화, 부정신학과 위계, 신현과 교육에 있어서 신학의 역할 등이다. 이로써 그는 발현과 회귀를 단지 형이상학적 개념이 아니라 신학 교육과 신앙 성숙 과정 전체의 중요한 구조로 받아들인다.

휴는 『천상의 위계』의 전체 구조를 비교적 충실하게 따르며 그 안에서 발현과 회귀의 명확한 틀을 제시한다. 서론에 해당하는 제2장에서 그는 위계들의 구조와 그 배치를 다룬다(PL 175, 927C-930B). 모든 위계가 하나님에게 참여하고 교제하는 과정을 설명한 후에, 하나님의 장엄함과 주권이 어떻게 분배되었는지를 설명하기 시작한다.

"하나님의 위엄과 주권은 부분과 구분, 단계와 질서를 통해 분배되는데, 이는 하나님으로부터 '내려오고'(descendens), 다시 하나님께 '돌아가며'(rediens), 결국 모든 것의 기원이자 원인이며 근본 원리이신 하나님 아래로 회복된다. … 진정으로 최고선은 스스로 하나로 남아 있으면서도, 은혜의 참여와 선물의 분배를 통해, 그리고 모든 자유롭게 나눠주는 참여를 통해 분열되며(dividitur), 모든 참여자는 하나로 모여(colliguntur) 그분의 단일한 통일성과 진정한 단순성의 형태를 이룬다"(PL 175, 928C-D).

이 구절은 휴가 디오니시우스적 구조, 나아가 에리우제나의 발현과 회귀의 신학적 원리를 깊이 이해하고, 이를 신학적 조직 원리로 삼고 있었다는 것을 보여준다. 모든 참여자들이 '구분'을 통해 나타나지만, 다시 단일성과 단순성으로 수렴된다는 이 구조는 본성과 은총, 발현과 회귀의 철학적·신학적 통합을 상징한다.

위의 인용 구절에서 '머묾, 발현, 회귀'라는 삼중 구조를 명확히 확인할 수 있다. 휴는 『천상의 위계』 주석의 다른 부분에서도 "하나님께서 자신의 선함을 창조물에 베풀고, 부여하며, 전달하고, 분배한다"(929A)고 거듭 설명한다. 이 모든 과정은 삼위일체로부터 시작해 천사의 위계를 거쳐 인간의 위계에 이르기까지 하나님 자신을 나타내는 방식으로 서술된다. 이러한 발현 과정에서 그리스도는 '지혜'이자 '말씀'으로서, 모든 창조물의 운명을 변화시키는 중심적인 존재로 나타난다. 하나님은 참여자들을 모으고, 채우며, 회복시키고, 새롭게 하며, 통합하고, 하나로 만들며, 변화시키고, 마지막으로 하나님 안으로 다시 환원시킨다. 이 상승 과정은 디오니시우스와 에리우제나가 제시한 상승 개념과 유사하지만, 휴는 약간 다른 해석을 제시한다. 그는 회귀의 여정을 천사의 본성에서 시작하여 인간 본성을 거쳐, 궁극적으로 천상의 삼위일체로 되돌아가는 과정으로 이해한다.

휴는 수학, 물리학, 신학을 인간의 마음이 상승하는 경로를 제공하는 도구로 간주한다(927B-928A). 그리고 발현과 회귀 구조는 그리스도의 본질적 기능을 통해 더욱 분명히 드러난다. 휴는 그리스도와 관련된 여러 요소를 신학적 개념으로 활용하는데, 십자가 처형(925A), 인성(926B-C, 927A), 인성과 신성(940A), 지혜(940B), 하나님의 말씀(943A) 등을 통해 자신의 해석을 강화한다. 로사몬드 루스콤은 디오니시우스가 제시한 위계, 발현, 회귀의 개념이 역사와 시간을 초월하는 것과 달리, 휴는 이들을 역사적이고 그리스도론적인 관점에서 재해석한다고 분석한다. 루스콤은 다음과 같이 자신의 주장을 이어간다. “휴는 창조와 회복, 신성한 역사의 흐름, 구원의 역사라는 관점에서 더 많이 생각한다.”[108] 이러한 해석은 휴가 『천상의 위계』 주석 전체에서 발현과 회귀 구조를 그리스도론적으로 해석하고 있음을 명확히 보여준다.

또한 흥미로운 점은 휴가 발현과 회귀 구조를 탁월함과 완전함, 자연과 은혜, 상징과 신비적 해석, 탁월함과 아름다움, 유사성과 실재와 같은 신학적 개념들과 연결한다는 점이다. 이 같은 개념과 구조는 발현과 회귀의 신학적 의미를 더욱 풍성하게 만들어 주며, 나아가 빅토르 학파의 전통이 보나벤투라와 같은 후기 사상가들에게 지속적인 영향을 끼치게 된 배경을 제공한다.

4. 에리우제나적인 종합 - 체계적 신학으로의 여정

카롤링거 르네상스가 기독교 신학의 역사에서 중요한 전환점을 마련했으며, 그 중심에 기독교 신학의 종합이라는 위대한 시도가 있었다. 이때 서방 기독교 내에서 신학을 수정하고 명료화하며 제도화되던 시기로, 주요 신학적 원리들이 정교하게 정립되고 수용되었다. 이 시기에 성례전, 삼위일체, 성상과 형상, 그리스도의 신성과 인성의 관계 같은 핵심 주제들이 활발한 논쟁과 저술을 통해 정련되었다. 카롤링거 제국의 정치적 안정과 문화적 지원과 성장은 이러한 신학적 정착과 종합을 가능하게 했다.

요한 스코투스 에리우제나는 이러한 종합적 경향을 가장 잘 보여주는 대표적인 신학자다. 샤를 대머리왕의 그에 대한 지속적인 후원은, 에리우제나가 '비전통적 신학자'라는 반복적인 비난을 받았음에도 불구하고, 자신의 신학을 발전시킬 수 있는 안전한 기반을 제공했다. 에리우제나는 아일랜드의 영향과 비잔틴 기독교 전통의 영향을 모두 수용했으며, 이를 통해 디오니시우스와 막시무스의 저작에 접근할 수 있었다. 또한 그는 신플라톤주의와 아리스토텔레스 철학을 창조적으로 활용함으로써 동서양의 사상 전통을 통합하는 신학적 장을 열었다. 카롤링거 세계의 종교적·문화적 분위기는 에리우제나가 종합적인 조직 신학(systematica theologia)을 발전시킬 수 있도록 우호적이고 보호적인 환경을 제공했다.

에리우제나의 신학적 종합은 동서 기독교 전통의 접점에서 비롯되며, 아우구스티누스 신학과 디오니시우스 신비주의를 화해시키려는 시도에서 잘 드러난다. 이러한 작업은 기독교 신학과 그리스 철학의 공존과 통합을 가능하게 했다. 에리우제나는 교부들의 다양한 목소리를 새로운 방식으로 융합하려 했으며, 그의 철학적 기초는 플로티누스와 포르피리오스의 사상이 아우구스티누스를 통해, 프로클루스의 체계가 디오니시우스를 통해 통합된 복합적 구조 위에 세워졌다.

이러한 종합은 '참된 이성'(vera ratio)과 '참된 권위'(vera auctoritas) 사이의 변증법적 통합, 부정신학과 긍정신학의 창조적 융합이라는 형태로 나타난다. 그리하여 에리우제나의 신학 안에서 철학적 사유와 신학적 논증이 결합된 초기 단계의 조직 신학적 구조를 목격할 수 있다. 그의 신학적 종합은 이후 서구 기독교의 발현과 회귀 이해를 위한 이론적 기초를 제공하였고, 궁극적으로 신학적 '숨마'(summa)로서의 기능을 담당하게 되었다. 비록 에리우제나의 작업이 피터 롬바르드(Peter Lombard)와 토마스 아퀴나스의 '숨마'만큼 완결된 체계를 이루지는 않았지만, 그는 카롤링거 세계의 신학적 자원을 총동원하여 웅대한 신학적 통합의 기초를 마련한 것만은 분명하다.

이러한 점에서, 이 책은 발현과 회귀 개념이 역사적·신학적으로 어떻게 발전되었는지, 그 개념과 구조가 하나님의 자기 창조로부터 만물의 신화에 이르는 여정 속에서 어떻게 전개되는지를 분석하였다. 특히 에리우제나는 그리스도론의 상징들, 즉 '모퉁잇돌'과 '벌레'라는 상징적 이미지와 개념을 통해, 그리스도 안에서 일어나는 변증법적 전환점을 강조하며 발현과 회귀의 신학을 입체적으로 전개했다.

결론적으로 에리우제나의 발현과 회귀 신학은 『페리퓌세온』이 중세 시대에 종종 비판의 대상이 되었지만, 중세 조직 신학의 기초를 마련하는 데 기여하였고 이후 신학자들에게 신학과 철학의 유기적 통합 가능성을 제시하는 지표로 기능했다.

주
(Endnotes)

1. Édouard Jeauneau, "The Neoplatonic Themes of 'processio' and 'reditus' in Eriugena," *Dionysius* 15 (1991): 3-29; 폴 로렘은 오리게네스로부터 아퀴나스에 이르는 주요 신학자들을 폭넓게 검토하였다. Paul Rorem, "Procession and Return in Thomas Aquinas and His Predecessors," *The Princeton Seminary Bulletin* 13: 2 (1992): 147-63; *Ibid.*, *Biblical and Liturgical Symbols in Pseudo-Dionysius* (Toronto: Pontifical Institute of Medieval Studies, 1984): 58-65.
2. Inglis Patrick Sheldon-Williams, "The Greek Christian Platonist Tradition from the Cappadocians to Maximus and Eriugena," Arthur H. Armstrong 편집, *The Cambridge History of Later Greek and Early Medieval Philosophy* (London: Cambridge University Press, 1967): 421-533. 위-디오니시우스의 신학과 철학이 고대에서 중세 인문주의자들을 거쳐 어떻게 전승되었는지에 대해서는 Paul Vignaux, *Philosophy of the Middle Ages* (London: E. C. Hall, 1959): 17-33쪽을 참조. 이 책에서는 편의상 앞으로 '가짜', 혹은 '거짓'을 의미하는 '위'자를 제외하고 디오니시우스라 부르도록 하겠다.
3. Eriugena: *Studien zu seinen Quellen*; Goulven Madec, *Jean Scot et ses auteurs: annotations érigéniennes* (Paris: Études Augustiniennes, 1988).
4. Origen, *On First Principles*, G. W. Butterworth 번역 및 서문 (Gloucester, Mass., 1973), liii-liv.
5. 에리우제나의 저작에서는 나지안주스의 그레고리우스의 『신학적 연설들』의 다섯 부분이 직접 인용된다. Édouard Jeauneau, "Jean Scot, Traducteur de Maxime le confesseur," *Sacred Nectar of the Greeks: The Study of Greek in the West in the Early Middle Ages*, Michael W. Herren 편집 (London: King's College Medieval Studies, 1988), 257-76.
6. Gregory of Nyssa, *The Life of Moses*. A. Malherbe 번역 (New York: Paulist Press, 1978), 95.
7. Sheldon-Williams, *op. cit.*, 445.
8. Plotinus, "On Beauty," *Enneads*, Stephen MacKenna 번역 (Cambridge: Harvard University Press, 1966-88), I.6: 231-61.
9. Stephen Gersh, *From Iamblichus to Eriugena: An Investigation of the Prehistory and Evolution of the Pseudo-Dionysian Tradition* (Leiden:

Brill, 1978). Proclus, *The Elements of Theology*, E. R. Dodds 번역과 서문 (Oxford: Clarendon Press, 1963). Proclus, *Elementatio Theologica* (Leuven: Leuven University Press, 1987).

10. Proclus. *Elementatio Theologica*, 명제 21, 25-29, 140, 144-45, 152, 206, 209.

11. 로렘은 '발현과 회귀' 개념의 간략한 역사적 개요를 제시한다. Paul Rorem, *Pseudo-Dionysius: A Commentary on the Texts and an Introduction to Their Influence* (New York: Oxford University Press, 1993): 169-74. 암브로시우스의 경우, 요한복음 16장 28절을 바탕으로 한 대림절 찬송가에서 그 예를 찾을 수 있다: "하나님 아버지는 그의 근원이시고, 하나님께로 다시 돌아가시며, 죽음과 지옥으로 내려가셨다가, 하나님의 높은 보좌로 되돌아오신다." 유사한 구조는 보에티우스의 *Theological Tractates*와 『철학의 위안』(The Consolation of Philosophy)에서도 나타난다. 토마스 아퀴나스는 이후 *Theological Tractates* 전체의 구성 순서가 '발현과 회귀'라는 체계적 구조를 따른다고 주장하였다. 모든 현대 학자들이 이 해석에 동의하지는 않지만, 이 틀이 교부들의 사상을 읽는 중요한 도구로 기능함을 추측할 수 있다.

12. Paul Rorem, "Procession and Return in Thomas Aquinas and His Predecessors," 150.

13. Jean Trouillard, "Proclos et Scot Érigène: Quelques aspects de la théorie de l'âme," *Annuaire*, 1968-69: 76 (1968): 197-202. 신플라톤주의의 종교적 성격과 그리스도교와의 접촉 및 비교와 관련해서는 다음을 참조: Jean Trouillard, "Rencontre du néoplatonisme," *Revue de théologie et de philosophie* 22 (1972): 1-13; James McEvoy, "Neoplatonism and Christianity: Influence, Syncretism or Discernment?," *The Relationship between Neoplatonism and Christianity*, Finan과 Twomey 편집, 155-70.

14. Rorem, *op. cit.*, 148-9.

15. Willemien Otten, "Carolingian Theology," *The Medieval Theologians*, G. R. Evans 편집 (Malden, Mass.: Blackwell Publishers, 2001): 65-81. John J. Contreni, "Carolingian Biblical Culture," *Eriugena: East and West*, 1-23. 이 시기의 주요 신학 주제는 십자가형(Crucifixion), 성찬(Eucharist), 필리오케(filioque), 예정론(predestination), 성상 파괴(iconoclasm)에 대한 것이었다.

16. 에리우제나의 저작에 대한 간략한 연대기적 개요는 다음을 참조: René Roques, "Allocution de M. René Roques," *Jean Scot Érigène et l'histoire de la philosophie*, 15-7. 입문을 위한 개요로는 다음을 참조: Deirdre Carabine, *John Scottus Eriugena*, 5-26; Paul O. Kristeller, "The Historical

Position of Johannes Scottus Eriugena," *Latin Script and Letters AD 400–900*, John J. O'Meara 편집 (Leiden: E. J. Brill, 1976): 156–63; Bernard McGinn, "The Entry of Dialectical Mysticism: John Scottus Eriugena," *The Growth of Mysticism* (New York: Crossroads, 1994): 80–118.

17. 많은 에리우제나 연구들은 마이외르 카퓌앵(Maïeul Cappuyns)의 저서 *Jean Scot Érigène, sa vie, son œuvre, sa pensée* (Bruxelles: Culture et Civilisation, 2nd ed., 1964)에서 출발한다. 광범위한 참고 문헌 목록은 다음을 참조. Sheldon-Williams, "A Bibliography of the Works of the Johannes Scottus Eriugena," *The Journal of Ecclesiastical History* 10 (1960): 198–224; Inglis P. Sheldon-Williams, "A List of the works doubtfully or wrongly attributed to Johannes Scottus Eriugena," *The Journal of Ecclesiastical History* 15 (1964): 76–98; Mary Brennan, "A Bibliography of Publications in the Field of Eriugenian Studies 1800-1975," *Studi Medievali*, 3rd serie 18, no. 1 (1977): 401–47; 같은 저자, *A Guide to Eriugenian Studies: A Survey of Publication 1930 -1987* (Paris: Cerf, 1989); *Johannes Scottus Eriugena: The Bible and Hermeneutics*, 367–400.

18. René Roques, "Remarques sur la signification de Jean Scot Érigène," *Divinitas* 11 (1967): 247–70.

19. Karl Eswein, "Die Wesenheit bei Johannes Scottus Eriugena. Begriff, Bedeutung und Charakter der essentia oder *οὐσία* bei demselben," *Philosophisches Jahrbuch* 43: 2 (1930): 189–206; Werner Beierwaltes, "The Revaluation of John Scottus Eriugena in German Idealism," *The Mind of Eriugena*, 194–6.

20. 이 작품의 개요 및 일반적인 서론은 다음 문헌들을 참조: Inglis P. Sheldon-Williams, "The Title of Eriugena's Periphyseon," *Studia Patristica* 3: 1 (1961): 297–302. Guy-H. Allard, "La structure littéraire de la composition du De divisione naturae," *The Mind of Eriugena*, 147–57.

21. Jeanne Barbet, "Le traitement des *Expositiones in Ierarchiam caelestem* du XIIIe siècle," *Jean Scot Érigène et l'histoire de la philosophie*, 125–34.

22. C. Lossky, "La théologie négative dans la doctrine de Denys l'Aréopagite," *Revue des sciences philosophiques et théologiques* 28 (1939): 204–21. 아서 H. 암스트롱(Arthur H. Armstrong)은 초기 기독교 사상에서의 부정신학과 긍정신학 사이의 긴장을 잘 요약하였다: "Apophatic-Kataphatic Tension in Religious Thought from the Third to the Sixth Century A.D. A Background for Augustine and Eriugena," *From Augus-*

tine to Eriugena, 12–21.

23. Édouard Jeauneau, *Quatre thèmes Érigéniens* (Montreal, 1978).

24. Carabine, "Eriugena's Use of Symbolism of Light, Cloud, and Darkness in the Periphyseon," *Eriugena: East and West*, 145.

25. Bernard J. McGinn, "The Negative Element in the Anthropology of John the Scot," *Jean Scot Érigène et l'histoire de la philosophie*, 315-25; B. McGinn, "Negative Theology in John the Scot," *Studia Patristica* 13 (1975): 232-8.

26. René Roques, "Tératologie et théologie chez Jean Scot Érigène," *Libres sentiers vers l'érigénisme* (Lessico intellettuale europeo, 1975), 13-43; Thomas M. Tomasic, "The Logical Function of Metaphor and Oppositional Coincidence in the Pseudo-Dionysius and Johannes Scottus Eriugena," *The Journal of Religion* (1998): 364–7.

27. Jean Pépin, "Jean Scot, traducteur de Denys, l'exemple de la Lettre IX," *Jean Scot Écrivain*, 129-41.

28. 디오니시우스 전통의 간략한 역사 개요는 야로슬라프 펠리칸(Jaroslav Pelikan), "The Odyssey of Dionysian Spirituality," *Pseudo-Dionysius: The Complete Works*, 11–32. 종교개혁 시대 디오니시우스 저작의 진위 문제에 대한 논의는 칼프리트 프뢰리히(Karlfried Froehlich)의 "Pseudo-Dionysius and the Reformation of the Sixteenth Century," *Pseudo-Dionysius: The Complete Works*, 33–46 참조. 본 책에서는 다음과 같은 약어를 사용하겠다. CH: Celestial Hierarchy (천상의 위계); EH: Ecclesiastical Hierarchy (교회의 위계); DN: Divine Names (신의 이름들); MT: Mystical Theology (신비신학).

29. Paul Rorem, *John of Scythopolis and the Dionysian Corpus* (Clarendon Press, 1998).

30. Rorem, *Commentary*, 52.

31. 토마스 아퀴나스는 *Divine Names* 전체에 대한 주석서를 집필하였다. 아퀴나스는 이 책 전체의 구조를 '발현과 회귀'라는 틀로 파악하였다. Simon Tugwell, *Albert and Thomas: Selected Writings* (New York: Paulist Press, 1988): 250–7.

32. Rorem, *op. cit.*, 139.

33. *Ibid.*, 160.

34. *Ibid.*, 203-204.

35. *Ibid.*, 200.

36. Édouard Jeauneau, "Pseudo-Dionysius, Gregory of Nyssa, and Maximus the Confessor in the Works of John Scottus Eriugena," *Carolingian Essays*, 137-49; Lossky, "La théologie négative dans la doctrine de Denys l'Aréopagite," 204-21; Gabriel Théry, "Scot Érigène traducteur de Denys," *Archivum latinitatis medii aevi* (Bulletin Du Cange) 6 (1931): 185-278.

37. 고백자 막시무스의 주요 저작들은 *PG* (Patrologia Graeca) 제90권과 제91권에 수록되어 있다. 그의 행전(Acta)으로는 *Vita et certamen* (*PG* 90, 68A-109B)과 *Relatio motionis* (*PG* 90, 109C-129D) 등이 있으며, 영문 번역본으로는 아나스타시우스가 쓴 전기를 바탕으로 한 Father Christopher Birchall가 번역한 *Life of our Holy Father, Maximus the Confessor* (Holy Transfiguration Monastery, 1982)가 있다. 막시무스 신학에 대한 개론서로는 다음이 대표적이다: Andrew Louth, *Maximus the Confessor* (London/New York, 1996): 2-77. Lars Thunberg, *Man and the Cosmos* (Crestwood, NY: St. Vladimir's Seminary Press, 1985). Lars Thunberg, *Microcosm and Mediator* (Open Court, 1995). Aidan Nichols, *Byzantine Gospel* (Edinburgh: T&T Clark, 1993): 1-23. 『고백자 막시무스의 사랑에 대한 400가지 교훈』, 김진우 번역 (키아츠, 2023). 막시무스는 로마와 콘스탄티노플 사이의 정경적 긴장, 칸케돈파와 비칼게돈파의 분열, 무슬림 세력의 확산 등 다양한 신학적·역사적 갈등에 직면하였다.

38. Lars Thunberg, *Microcosm and Mediator*, 11-2.

39. "자연들이 새롭게 되고, 하나님이 인간이 되시다"(Novantur naturae et Deus homo fit)라는 구절은 닛사의 그레고리우스의 설교 *Oratio* 39: 13 (In Sancta Lumina) (*PG* 36, 348D)에서 유래한다. 뽕수아(Ponsoye)의 프랑스어 번역본에는 다음 두 가지 『암비규아』가 수록되어 있다: *Ambigua ad Iohannem* (628-630년경 집필, *PG* 91, 1061A-1418C)와 *Ambigua ad Thomam* (약 640년경 집필, *PG* 91, 1031A-1060D).

40. Thunberg, *Microcosm and Mediator*, 34-7.

41. 막시무스의 *Capita de Charitate* (*PG* 90, 1047B-1052A)는 그의 대표적인 영성 신학 저술 중 하나로, 사랑의 신학과 그리스도인의 윤리를 정리한 글이다. 영어 번역은 *Maximus Confessor: Selected Writings*, 75-7쪽에 실려 있으며, 툰베리는 *Microcosm and Mediator*, 368-73쪽에서 이 작품을 심층 분석한다.

42. Thunberg, *Microcosm and Mediator*, 50-64.

43. *Ibid.*, 57.

44. *Liber Asceticus* (*CCSG* 40, 1-7 [5]; *PG* 90, 912A)에서는 악마를 유혹자, 분열자, 죄의 모든 비열한 방법의 공학자로 묘사한다. 막시무스는 악을 "그 자체로 고유한 실재를 결코 갖지 못하는 철저히 부정적인 현상"이라고 정의한다.

45. *Ibid.*, 21-9.

46. *Ibid.*, 34.

47. *Ibid.*, 72-5.

48. *Ibid.*, 427.

49. Sheldon-Williams, *Cambridge History*, 501-5.

50. Thunberg, *op. cit.*, 331-431.

51. Andrew Louth, *Maximus the Confessor*, 69.

52. *Homélie* V, 10-27 (*SC* 151: 224, 226), XIV, 1-15 (*SC* 151: 268, 270, 272), XXI, 295C (*SC* 151: 306).

53. 디오니시우스와 막시무스가 에리우제나에게 끼친 일반적인 영향에 대한 예시는 다음을 참고: Jeauneau, "Pseudo-Dionysius, Gregory of Nyssa, and Maximus the Confessor in the Works of John Scottus Eriugena," *Études Érigéniennes*, 178-87. 에리우제나 저술 전반에 나타난 교부들의 사상 수용에 대해서는 다음을 참고: Goulven Madec, "Jean Scot et ses auteurs," *Jean Scot Écrivain*, 143-186. Madec, "L'augustinisme de Jean Scot dans le 'De praedestinatione'," *Jean Scot Érigène et l'histoire de la philosophie*, 183-90. Madec, *Jean Scot et ses auteurs: annotations érigéniennes* (Paris: Études Augustiniennes, 1988).

54. 조노는 "Pseudo-Dionysius, Gregory of Nyssa, and Maximus the Confessor in the Works of John Scottus Eriugena," *Études Érigéniennes*, 185쪽에서 에리우제나가 막시무스를 얼마나 많이 수용했는지를 통계적으로 분석하였다. 통계 자료는 Madec, *Jean Scot et ses auteurs*, 45-8쪽 참조. 또한 다음 논문들을 통해 에리우제나가 막시무스의 *Ambigua*를 번역하고, 해석학적으로 수용한 점이 분석된다: Jeauneau, "Jean Scot, Traducteur de Maxime le confesseur," 257-76. Jeauneau, "Jean l'Erigène et les Ambigua ad Iohannem de Maxime le Confesseur," *Maximus Confessor: Actes du Symposium* (Fribourg, 1980): 343-64.

55. 에리우제나의 성경 주석서 *Commentaire* I, xxvi (*SC* 180, p. 128, 주석 3)와 Peri II, 587B-C, 589A-D, 596C-598A; IV, 771B-772B 등에서도 막시무스의 영향은 명백하게 드러난다. 에리우제나가 막시무스를 통해 수용한 신플라톤주의 계열 전통은 다음에서 잘 정리된다: Werner Beierwaltes, *Proklos,*

Grundzüge seiner Metaphysik, 82–6. John Meyendorff, "Remarks on Eastern Patristic Thought in John Scottus Eriugena," *Eriugena: East and West*, 51–69.

56. 에리우제나는 한 시에서 막시무스에 대한 이해를 다음과 같이 노래한다: "아빠 막시무스, 뛰어난 사제이자 저명한 저술가는 이 작품을 그리스어로 집필하였고, 위대한 그레고리우스의 난해한 말을 명료하게 하였다." *Carmina* 22, 11–3 (Herren, 112–3).

57. *Epistula ad Karolum Regem*, 27-37, *CCSG*18, 4.

58. Jean Trouillard, "La Trinité selon Érigène: La transfiguration finale selon Érigène," *Annuaire* 1980–81 de l'École, 89 (Paris, 1982): 497–502.

59. Leo Scheffczyk, "Die Grundzüge der Trinitätslehre des Johannes Scotus Eriugena," *Theologie in Geschichte und Gegenwart* (München, 1957): 497–518.

60. Werner Beierwaltes, "Marginalien zu Eriugenas Platonismus," *Platonismus und Christentum* (Münster, Westfalen: Aschendorff, 1983), 69-71.

61. David Luscombe, "The Commentary of Hugh of St. Victor," *Die Dionysius-Rezeption im Mittelalter*, T. Boiadjiev, G. Kapriev와 A. Speer 편집 (Brepols, 2000), 174.

62. Willemien Otten, "The Anthropology of Johannes Scottus Eriugena," *Brill's Studies in Intellectual History* 20 (Leiden: E. J. Brill, 1991): 93. 오튼의 논증은 89–95쪽 참조. Trouillard, "Érigène et la théophanie créatrice," *The Mind of Eriugena*, 98–101.

63. Maïeul Cappuyns, *Jean Scot Érigène*, 276–80.

64. 에리우제나의 이론의 많은 부분은 고백자 막시무스와 나지안주스의 그레고리우스에게서 기원한다. Paul Kletler, *Johannes Scottus Eriugena, eine Untersuchung über die Entstehung der mittelalterlichen Geistigkeit*, (Leipzig und Berlin: B. G. Teubner, 1931): 197. Donald F. Duclow, "Pseudo-Dionysius, John Scotus Eriugena, Nicolas of Cusa. An Approach to the Hermeneutic of the Divine Names," 260–78.

65 .Yves Christe, *Les grands portails romans. Études sur l'iconologie des théophanies romanes* (Genève, 1969).

66. *Commentaire* I, xxv, 65–99 (*SC* 180, 124, 126).

67. 이와 관련된 예시는 많이 존재한다. 막시무스, *Ambigua* 7 (*PG* 91, 1084: C5–14, 1088: C6–13), *Commentaire* I, xxi, 20–28 (*SC* 180, 100), *Homé-*

lie xxi, 18–22 (*SC* 151, 306), *PL* 122, (1206: C1–8, 1208: B4–11) 참조.

68. Jeauneau, "The Neoplatonic Themes of Processio and Reditus in Eriugena," 12-29.

69. 에리우제나의 '자연'(natura) 정의, 즉 "존재하는 것이며 동시에 존재하지 않는 것"(quod est quod non est)이라는 표현은 그의 저작 전반에 반복적으로 등장한다. 예를 들어 *Carmina* 2, 8과 8, 15-16, *Commentaire* I, xxvii, 94-95 (*SC* 180, p.142), III, xi, 7(*SC* 180, p.262), *Homélie* I, 283B-C(*SC* 151, p.204, 206), 그리고 『페리퓌세온』 I, 445C, 515A-B에 나타난다. 오미어라(Dominic J. O'Meara)는 요한의 자연 이해가 디오니시우스의 하나님 개념을 제외하면 보에티우스의 형이상학적 입장을 상당히 변형한 것이라고 주장한다. O'Meara, "The Concept of Natura in John Scottus Eriugena," *Vivarium* 19, no. 2 (1981): 126-45. Fran O'Rourke, "Being and Non-Being in the Pseudo-Dionysius," *The Relationship between Neoplatonism and Christianity*, Finan과 Twomey 편집, 55-78. Gustavo Piemonte, "L'expression 'quae sunt et quae non sunt'," *Jean Scot Écrivain*, 81-113과 "Vita in omnia pervenit," *Patristica et Mediaevalia* 7 (1986): 3-48. Donald F. Duclow, "Nature as Speech and Book in John Scotus Eriugena," *Mediaevalia* 3 (1977): 131-40.

70. Édouard Jeauneau, "Le thème du retour," *Études Érigéniennes*, 371.

71. *Homélie* XIX, 12-16, 21-23 (*SC* 151, pp. 292, 294, 296).

72. Jeauneau, "Pseudo-Dionysius, Gregory of Nyssa, and Maximus the Confessor in the Works of John Scottus Eriugena," 140-9.

73. J. Gross, "Ur- und Erbsünde in der 'Physiologie' des Johannes Scotus Eriugena," *Zeitschrift für Kirchengeschichte* 66, no. 4 (1954-55): 254-71. 또한 죄, 죄책, 은총, 구속의 주제들은 다음 논문들에서 폭넓게 다뤄진다. Marta Cristiani, "La notion de loi dans de 'De Praedestinatione' de Jean Scot," *Jean Scot Érigène et l'histoire de la philosophie*, 277-88.

74. Beierwaltes, "Language and Object: Reflexion [sic] on Eriugena's Valuation of the Function and Capacities of Language," 222.

75. 이와 유사한 이미지는 다음 본문에서도 발견된다. *Commentaire* I, xxvii, 22-24, III, ix, 30-1, III, xi, 8-9, III, xi, 55-60 (*SC* 180, p.132, 252, 262, 266). *Homélie* XV, 17-8 (SC 151, p. 276).

76. Duclow, "Dialectic and Christology in Eriugena's Periphyseon," 224.

77. Paul Dietrich와 Donald F. Duclow, "Virgins in Paradise: Deification

and Exegesis in Periphyseon V," *Jean Scot Écrivain*, 33.

78. Athanasius, *Oratio de incarnatione verbi* 54, *PG* 25, 192B.

79. Walter Burghardt, *The Image of God: According to Cyril of Alexandria* (Washington D.C.: Catholic University of America Press, 1957), 125.

80. Maximus the Confessor, *The Ascetic Life: The Four Centuries on Charity*, 72-81.

81. M. Foussard, "Aulae sidereae. Vers de Jean Scot au roi Charles. Introduction, texte, traduction et notes," *Cahiers Archéologiques* 21 (1971): 79-88.

82. A. Burkhart, *Der Mensch - Gottes Ebenbild und Gleichnis: ein Beitrag zur dogmatischen Anthropologie F. A. Staudenmaiers* (Freiburg: Herder, 1962), 97.

83. Dietrich와 Duclow, "Virgins in Paradise: Deification and Exegesis in Periphyseon V," 44.

84. Willemien Otten, "The Parallelism of Nature and Scripture: Reflections on Eriugena's Incarnational Exegesis," *Iohannes Scottus Eriugena: The Bible and Hermeneutics*, 82.

85. Bernard McGinn, "The Originality of Eriugena's Spiritual Exegesis," 62.

86. Beierwaltes, "Language and Object, Reflexion [sic] on Eriugena's Valuation of the Function and Capacities of Language," 220.

87. Beryl Smalley, *The Study of the Bible in the Middle Ages*, 2d ed. (Oxford, 1952), 25; Pépin, "Mysteria et symbola dans le commentaire de Jean Scot sur l'évangile de Saint Jean," 16-30.

88. Bernard McGinn, *op. cit.*, 66.

89. *Ibid.*, 67.

90. *Ibid.*, 72.

91. Brian Stock, "Intelligo me esse: Eriugena's Cogito," *Jean Scot Érigène et l'histoire de la philosophie*, 328-35. Carlos Steel, "The Tree of the Knowledge of Good and Evil," *Iohannes Scottus Eriugena: The Bible and Hermeneutics*, 239-59.

92. Stock, "The Philosophical Anthropology of Johannes Scottus Eriugena," 12-18. Otten, "The Universe of Nature and the Universe of Man: Difference and Identity," 208-12.

93. McGinn, *op. cit.*, 66

94. Foussard, "Apparence et apparition: la notion de phantasia chez Jean Scot," 342-345.

95. Duclow, "Denial or Promise of the Tree of Life?" 233.

96. *Ibid.*, 234.

97. Dietrich와 Duclow, "Virgins in Paradise: Deification and Exegesis in Periphyseon V," 29-49.

98. Dermot Moran, *The Philosophy of John Scottus Eriugena: A Study of Idealism in the Middle Ages* (New York: Cambridge University Press, 1989), 269-81; O'Meara, "Eriugena's Immediate Influence," *Eriugena*, 198-212; Édouard Jeauneau, "Le renouveau érigénien du XIIe siècle," *Eriugena Redivivus*, 213-51; Willemien Otten, "The Influence of Eriugenian Thought: Report on the International Eriugena Colloquium, Bad Homburg, 26-30 August 1985," *Studi Medievali*, 3rd serie 27, no. 1 (1986): 461-73.

99. John Marenbon, *Early Medieval Philosophy* (London; New York: Routledge, 1988), 104.

100. Édouard Jeauneau, "Influences érigèniennes dans une homelie d' Heric d'Auxerre," *The Mind of Eriugena*, 114-23.

101. Marenbon, *op. cit.*, 79.

102. Moran, *The Philosophy of John Scottus Eriugena*, 271.

103. Giulio d'Onofrio, "Die Überlieferung der dialektischen Lehre Eriugenas in den hochmittelalterlichen Schulen," 75. Moran, *Ibid.*, 272-3.

104. Cappuyns, *op. cit.*, 187, 216-21. Barbet, *Expositiones*, XV-LIV.

105. H.-F. Dondaine, *Le Corpus Dionysien de l'Université de Paris au XIIIe. siècle* (Rome, 1953), 154.

106. Cappuyns, *op. cit.*, 247.

107. Robert D. Crouse, " 'Hie sensibilis mundus.': Calcidius and Eriugena in Honorius Augustodunensis," *From Athens to Chartres*, 285-8.

108. Luscombe, "The Commentary of Hugh of Saint-Victor on the Celestial Hierarchy," 168.

참고문헌

에리우제나 주요 작품

Ambigua

Maximi Confessoris Ambigua ad Iohannem, iuxta Iohannis Scotti Eriugenae latinam interpretationem. Édouard Jeauneau 편집 (*CCSG* 18). Turnhout: Brepols, 1988. (*PG* 91, 1032-1417; Versio latina: *PL* 122, 1195-1222)

Carmina

Carmina. Michael W. Herren 편집 (Scriptores Latini Hiberniae, XII). Dublin: School of Celtic Studies, Dublin Institute for Advanced Studies, 1993; *Carmina.* L. Traube 편집, *Monumenta Germaniae Historica. Poetae Latini Aevi Carolini* III. Berlin, 1896, 518-556.

Commentaire

Commentaire sur l'Évangile de Jean, Introduction, texte critique, traduction et notes et index par Édouard Jeauneau (*SC* 180). Paris: Les Éditions du Cerf, 1972.

Expositiones

Expositiones in Ierarchiam coelestem. Jeanne Barbet 편집 (*CCCM* 31). Turnhout: Brepols, 1975.

Homélie

Homélie sur le Prologue de Jean. Introduction, texte critique, traduction et notes par Édouard Jeauneau (*SC* 151). Paris: Les Éditions du Cerf, 1969.

Opificio

Gregory of Nyssa, De opificio hominis (De imagine). "Le 'De Imagine' de Grégoire de Nysse traduit par Jean Scot Érigène." Maïeul Cappuyns 편집. *Revue de théologie ancienne et médiévale* 32 (1965): 205-262.

Periphyseon

Periphyseon Books I-IV. Édouard Jeauneau 편집. *Turnhout: Brepols. Liber primus, CCCM 161* (1996), *Liber secundus, CCCM* 162 (1997), *Liber tertius*, *CCCM* 163 (1999), *Liber quartus*, *CCCM* 164 (2000). Inglis Patrick Sheldon-Williams, ed. and trans. *Periphyseon* (Scriptores Latini Hiberniae VII; IX; XI). Dublin: Dublin Institute for Advanced Studies 1972-1983; *Periphyseon Books V: Joannis Scoti opera quae supersunt omnia. Accedunt Adriani Papae II Epistolae*. H. J. Floss 편집 (*PL* 122). Paris, 1853, 1865 [reprint Turnhout: Brepols, 1967]. *Periphyseon: The Division of Nature*, Inglis P. Sheldon-Williams 번역, John J. O'Meara 번역과 편집, Harvard University Press, 2025.

Praedestinatione

De divina praedestinatione. Goulven Madec 편집 (*CCCM* 50), Turnhout: Brepols, 1978; *On Predestination*. M. Brennan 번역, Notre Dame, Ind.: University of Notre Dame Press, 1998.

Quaestiones

Maximi Confessoris Quaestiones ad Thalassium una cum Latina interpretatione Scotti Eriugenae iuxta posita. Carlos Steel 편집, 2 vols. (*CCSG* 7 and 22). Turnhout: Brepols, 1980-1990.

Versio Dionysii

Philippe Chevalier, *Dionysiaca. Recueil donnant l'ensemble des traductions latines des ouvrages attribués au Denys de l'Aréopage*, 2 Bde. Paris-Bruges, 1937-1950.

에리우제나 관련 국제 학술대회

The Mind of Eriugena: Papers of a Colloquium, Dublin, 14-18 July, 1970. Ed. by John J. O'Meara and Ludwig Bieler, Dublin: Irish University Press for the Royal Irish Academy: Dublin, 1973.

Jean Scot Érigène et l'histoire de la philosophie: [colloque], Laon, 7-12 juillet 1975. Centre national de la recherche scientifique: Paris, 1977.

Eriugena, Studien zu seinen Quellen: Vorträge des III. Internationalen Eriugena-Colloquiums, Freiburg im Breisgau, 27.-30. August 1979. C. Winter: Heidelberg, 1980.

Jean Scot écrivain: actes du IVe colloque international, Montréal, 28 août-2 septembre 1983. Bellarmin ; Vrin: Montréal, Paris, 1986.

Eriugena Redivivus: zur Wirkungsgeschichte seines Denkens im Mittelalter und im Übergang zur Neuzeit: Vorträge des V. Internationalen Eriugena-Colloquiums, Werner-Reimers-Stiftung Bad Homburg, 26.-30. August 1985. Édouard Jeauneau 편집, C. Winter: Heidelberg, 1987.

Eriugena: East and West: Papers of the Eighth International Colloquium of the Society for the Promotion of Eriugenian Studies, Chicago and Notre Dame, 18-20 October 1991. Notre Dame, Ind.: University of Notre Dame Press, 1994.

Iohannes Scottus Eriugena: The Bible and Hermeneutics: Proceedings of the Ninth International Colloquium of the Society for the Promotion of Eriugenian Studies, held at Leuven and Louvain-La-Neuve, June 7-10, 1995. Leuven: Leuven University Press, 1996.

Johannes Scottus Eriugena, Wahrheit als Prozess: Eine theologische Interpretation von "Periphyseon". Innsbruck: Tyrolia-Verlag, 1996.

History and Eschatology in John Scottus Eriugena and His Time: Proceedings of the Tenth International Conference of the Society for the Promotion of Eriugenian Studies, [held at] Maynooth and Dublin, August 16-20, 2002. University Press: Leuven, 2002.

2차 문헌

Blumenthal, Uta-Renate 편집. *The Early Middle Ages*. London: King's College London (King's College Medieval Studies), 1988.

____________ 편집. *Carolingian Essays: Andrew W. Mellon Lectures in Early Christian studies*. Washington, D.C.: Catholic University of America Press, 1983.

Boiadjiev, T., G. Kapriev와 A. Speer 편집. *Die Dionysius-Rezeption im Mittelalter*. Brepols, 2000.

Cuming, G. J. 편집. *Studies in Church History III: Papers Read at the Third Winter and Summer Meetings of the Ecclesiastical History Society*. Leiden: E.J. Brill, 1966.

Dionysius. *Corpus Dionysiacum*. Vol. I, Beate Regina Suchla 편집, vol. 2 Gunter Heil과 Adolf Martin Ritter 편집. Berlin; New York: de Gruyter, 1990-1991.

Dionysius. *Pseudo-Dionysius: The Complete Works*. Colm Luibheid와 Paul

Rorem 편집. New York: Paulist Press, 1987.

Duclow, Donald F. "Denial or Promise of the Tree of Life? Eriugena, Augustine and Genesis 3:22b." *Johannes Scottus Eriugena*, 221-237.

________. "Dialectic and Christology in Eriugena's Periphyseon." *Dionysius* 4 (1980): 99-117.

________. "Isaiah Meets the Seraph: Breaking Ranks in Dionysius and Eriugena?" *Eriugena: East and West*, 233-252.

Erhardt-Siebold, E. von. *The Astronomy of Johannes Scotus Erigena*. Baltimore, 1940.

Evans, G. R. *The Medieval Theologians*. Malden, Mass.: Blackwell Publishers, 2001.

Finan, Thomas와 Vincent Twomey 편집. *The Relationship between Neoplatonism and Christianity*. Blackrock, Co. Dublin: Four Courts Press, 1992.

Fliche, A.와 V. Martin, 편집. *Le mouvement doctrinal du IXe au XIVe siècle*. Paris, 1951.

Gregory of Nyssa. *The Life of Moses*. A. Malherbe 번역. New York: Paulist Press, 1978.

Grimm, R.과 Medium Aevum 편집. *Paradisus Coelestis. Paradisus Terrestris. Zur Auslegungsgeschichte des Paradieses im Abendland bis um 1200* (Medium Aevum, Philologische Studien, 33). Munich: Wilhelm Fink, 1977.

Herren, Michael W. 편집. *Sacred Nectar of the Greeks: The Study of Greek in the West in the Early Middle Ages*. London: King's College London, 1988.

Jeauneau, Édouard와 Paul E. Dutton. *The Autograph of Eriugena. Autographa Medii Aevi* 3. Turnhout: Brepols, 1996.

________. *Études Érigéniennes*. Paris: Études Augustiniennes, 1987.

________. *Quatre thèmes Érigéniens*. Montreal: Institut d'études médiévales Albert-le-Grand, 1978.

Kletler, Paul. *Johannes Eriugena. Eine Untersuchung über die Entstehung der mittelalterlichen Geistigkeit*. Leipzig und Berlin: B. G. Teubner, 1931.

Louth, Andrew. *Denys the Areopagite*. Wilton, Conn.: Morehouse, 1989.

________. *Maximus the Confessor*. London: New York, 1996.

Marenbon, John, "Begriff und Metaphor: Sprachform des Denkens bei Eri-

ugena," *Journal of Theological Studies* 45, no. 1 (1994).
Marenbon, John. *Early Medieval Philosophy*. London; New York: Routledge, 1988.
Martin, F. Xavier. *From Augustine to Eriugena: Essays on Neoplatonism and Christianity in honor of John O'Meara*. Washington, D.C.: Catholic University of America Press, 1991.
Maximus. *Maximus Confessor: Selected Writings*. George C. Berthold 번역. New York: Paulist Press, 1985.
McGinn, Bernard J.와 John Meyendorff 편집. *Christian Spirituality. Origins to the Twelfth Century*. New York: Crossroad, 1985.
______________________________편집. *The Growth of Mysticism*. New York: Crossroad Publishing Company, 1994.
Moran, Dermot. *The Philosophy of John Scottus Eriugena: A Study of Idealism in the Middle Ages*. New York: Cambridge University Press, 1989.
O'Meara, Dominic J. 편집. *Neoplatonism and Christian Thought*. New York, 1982.
________________ 편집. *Eriugena*. Oxford: Clarendon, 1988.
Origen. *On First Principles*. G. W. Butterworth 번역과 서문. Gloucester, Mass., 1973.
Otten, Willemien. *The Anthropology of Johannes Scottus Eriugena*. Brill's Studies in Intellectual History 20. Leiden: E. J. Brill, 1991.
Plotinus. "On Beauty," *Enneads*. Stephen MacKenna 번역. Cambridge: Harvard University Press, 1966-1988.
Proclus. *The Elements of Theology*. E. R. Dodds 번역과 서문. Oxford: Clarendon Press, 1963.
Rorem, Paul. *Biblical and Liturgical Symbols in Pseudo-Dionysius*. Toronto: Pontifical Institute of Mediaeval Studies, 1984.
__________. *Eriugena's Commentary on the Dionysian Celestial Hierarchy*. Toronto: Pontifical Institute of Mediaeval Studies, 2005.
__________. *John of Scythopolis and the Dionysian Corpus: Annotating the Areopagite*. New York: Oxford University Press, 1998.
__________. *Pseudo-Dionysius: A Commentary on the Texts and an Introduction to Their Influence*. New York: Oxford University Press, 1993.
Sherwood, Polycarp. *An Annotated Date-List of the Works of Maximus the Confessor*. Rome, 1952.

Smalley, Beryl. *The Study of the Bible in the Middle Ages*. 2d. ed. Oxford, 1952.

Théry, P. Gabriel. *Études Dionysiennes: Hilduin, Traducteur de Denys*. Paris: Vrin, 1932.

Thunberg, Lars. *Man and the Cosmos: The Vision of St. Maximus the Confessor*. Crestwood, N.Y.: St. Vladimir's Seminary Press, 1985.

Wenin, Christian 편집. *L'homme et son univers au Moyen Âge: actes du septième congrès international de philosophie médiévale (1982)*. Louvain-la-Neuve: Éditions de l'Institut supérieur de philosophie, 1986.

Westra, Haijo Jan. 편집. *From Athens to Chartres: Neoplatonism and Medieval Thought: Studies in Honour of Édouard Jeauneau*. New York: E. J. Brill, 1992.

Zimmermann, A.와 A. Speer 편집. *Mensch und Natur im Mittelalter*. Berlin-New York: de Gruyter, 1991.

필자의 관련 논문과 책

김재현,『위-디오니시우스의 신비신학』, 키아츠, 2022.

"Angulus et Christus in the five-fold division and unification of the world and nature in Eriugena and Maximus the Confessor", 「중세영문학」, 2002, 102-116.

"De littera ad theologiam: 에리우제나의 '회귀' 개념 연구", 「서양중세사연구」 제20호, 2007. 9, 153-184.

"Pseudo-Dionysius의 remaining, procession, return 개념연구", 「서양중세사연구」 제13호, 2004. 3, 31-67.

"고백자 막시무스의 사상 연구-구분과 통합 개념을 중심으로", 「종교연구」 제52집, 2008. 가을, 161-190.

"디오니시우스의 사상과 중세 기독교에 미친 그의 영향", 「종교연구」 36, 2004. 가을, 73-101.

"에리우제나의 작품과 사상 - 발현과 회귀개념을 중심으로", 「서양중세사연구」 제17호, 2006. 3, 61-95.